LE LANGAGE

Jean-Adolphe Rondal

Le langage

De l'animal aux origines du langage humain

MARDAGA

© Pierre Mardaga, éditeur
Hayen, 11 - B-4140 Sprimont (Belgique)
D. 2000-0024-25

Une autre superstition de ces âges est arrivée jusqu'à nous : celle de l'Homme du Livre. Sur quelque étagère de quelque hexagone, raisonnait-on, il doit exister un livre qui est la clef et le résumé parfait <u>de tous les autres</u> : il y a un bibliothécaire qui a pris connaissance de ce livre et qui est semblable à un dieu.

Jorge Luis Borges, 1941
(*La bibliothèque de Babel*, in *Ficciones*; traduction Ibarra; soulignement de Borges)

A mes superbes chattes, Daily, arlequine tigresse, et Loly, siamoise aux yeux d'argent, dont je suis sûr au moins qu'elles ne comprennent pas le langage humain.

Préface

Etudiant en psychologie, il y a environ un quart de siècle, je m'étais vu confié par mon mentor liégeois Marc Richelle, le soin d'exposer à un séminaire de psychologie expérimentale, le travail séminal de David Premack, mené avec la guenon Sarah, dont il sera question dans le livre. J'en avais conçu le projet de reproduire les expériences de Premack; un projet qui ne put être réalisé faute de moyens matériels adéquats. Bien que ma formation et mes travaux de recherche en psychologie développementale, psycholinguistique, et patholinguistique, m'aient ensuite entraîné au long de sentiers théoriques et heuristiques divers, j'ai toujours gardé un vif intérêt pour les recherches sur le langage animal.

En 1984-1985, j'eus l'occasion de passer une année comme Visiting Professor au Département de Psychologie de l'Université de Hawaii à Honolulu-Manoa, sur l'enchanteresse île d'Oahu au milieu de l'océan pacifique, en compagnie d'un autre mentor, grand spécialiste de l'apprentissage du langage humain, mon ami Arthur Staats. Au cours de ce séjour, j'eus également la chance de nouer une relation cordiale avec Louis Herman, Directeur du Kewalo Basin, Marine Mammal Laboratory; un imposant centre d'étude de la cognition et du langage animal, situé à proximité de Waikiki à même le superbe Ala Moana Boulevard. Lou avait entamé depuis quelques années ses fascinantes expériences d'apprentissage langagier avec Phoenix et Akeakamai (du nom d'une déesse polynésienne), deux dauphins Tursiops truncatus. Je pus ainsi me familiariser avec cet extraordinaire travail (dont il sera largement question dans le livre).

De tels contacts conduisent à s'interroger sur les racines du langage humain et ses origines au cours du long processus d'hominisation qu'on a commencé de décrypter depuis quelques décennies. La question de l'origine des langues et du langage est une des plus passionnantes, mais aussi des plus mystérieuses, qui soient. Il est frappant de relever la relative proximité entre les capacités langagières démontrées chez les espèces animales supérieures et celles postulables avec quelques raisons chez les premiers humains. Aussi impressionnants que soient nos systèmes linguistiques modernes, ils ne semblent être en dernière analyse que la complexification de potentialités présentes antérieurement dans l'échelle phylogénétique.

J'adresse mes remerciements à mes collègues et à mes collaborateurs, Ezio Tirelli, Serge Brédart, Frédéric Simons, Andrea Ferrara, Jean-Pierre Thibaut, Annick Comblain, et Brigitte Théwis, pour les nombreuses informations et les aides généreusement fournies dans la préparation de l'ouvrage ; à Louis Herman, et à Jacques Vauclair (Centre de Recherche en Neurosciences Cognitives, CNRS, et Université de Provence), pour la mise à disposition d'articles, l'envoi de livres, et divers échanges personnels d'une grande richesse ; ainsi qu'à Jean-Marie Danze, mon distingué concitoyen aqualien, qui a bien voulu m'informer des travaux portant sur l'influence des champs électromagnétiques dans la communication chez les termites, et mettre à ma disposition plusieurs documents concernant la bioélectricité et la communication chez les insectes. Néanmoins, les imprécisions et les incorrections qui peuvent subsister dans le texte sont de ma seule responsabilité.

Mes remerciements vont également à Anastasia Piat-Di Nicolantonio, Secrétaire du Laboratoire de Psycholinguistique, pour sa compétence et sa motivation dans l'informatisation des diverses versions du manuscrit et les mille tâches liées à la longue préparation et à la publication d'un ouvrage de ce genre. Enfin, Nathalie Stoffe et Sophie Bylyna ont bien voulu prêter leur concours pour la relecture des épreuves et la vérification de la liste des références. Je leur en sais particulièrement gré.

Jean-Adolphe Rondal

Chapitre 1
Introduction

Les humains sont-ils seuls à disposer d'une *capacité* de langage ? La question est à la fois ancienne et d'actualité. Elle est aussi potentiellement circulaire ; la réponse dépendant largement de la façon dont on définit le langage. Question ancienne ; on la trouve formulée tout au long de l'histoire de la philosophie. D'actualité, également. On ne compte plus les articles de presse et les émissions radiophoniques ou télévisées dévolus à ce problème et le traitant avec plus ou moins de bonheur. En dépit de cette agitation, et peut-être en partie à cause d'elle, la perplexité commune reste grande et les confusions fréquentes. Certains sont persuadés que plusieurs espèces animales, par exemple les baleines et les dauphins, entretiennent des langages inconnus mais sophistiqués. Les singes pourraient utiliser des langages gestuels comparables à ceux des sourds profonds. D'autres personnes affirment que ces choses ne les étonnent guère. Ils ont eu maintes fois l'occasion de constater à quel point leur animal de compagnie comprend parfaitement le langage humain.

En 1661, un gentleman anglais, Samuel Pepys, impressionné à la vue d'un babouin femelle rapporté de Nouvelle Guinée, écrivait (cité par Latham & Mattews, 1970 ; ma traduction) : « Je crois vraiment qu'elle comprend déjà beaucoup d'anglais ; et mon opinion est qu'elle pourrait être amenée à parler où à faire des signes » (p. 160). Plus proche de nous, Rudyard Kipling (1891, 1907) raconte à son inimitable manière l'histoire d'un orang-outang nommé Bimi et de son dresseur Bertram. Kipling implique que le singe non seulement comprenait la parole de Bertram, mais encore s'exprimait verbalement. (Le terme *verbal*, du latin *verbalis*, signifie «de parole»). Darwin était d'avis que les singes, et d'autres animaux, pouvaient être amenés assez facilement à comprendre l'anglais. Il écrivait, en 1871, «Ce qui distingue l'homme des animaux inférieurs n'est pas la compréhension des sons articulés car, comme chacun sait, les chiens comprennent beaucoup de mots et de phrases» (p. 54, ma traduction).

Le problème du langage animal est souvent mal posé et incorrectement formulé. Une telle absence de contraintes notionnelles fait qu'on peut dire (et qu'on dit) sur le sujet à peu près n'importe quoi et son contraire. Mon ambition est d'offrir au lecteur un cadre conceptuel cohérent de façon à pouvoir y situer les données d'observation et d'expérience.

Un point de départ pertinent est avec René Descartes. Descartes écrit à Henry More, en 1649 [j'emprunte ici un passage d'un ouvrage de Chomsky (1969) traduit par N. Delanoë & D. Sperber] : «Mais de tous les arguments qui nous persuadent que les bêtes sont dénuées de pensées, le principal à mon avis est que, bien que les unes soient plus parfaites que les autres dans une même espèce, tout de même que chez les hommes comme on peut voir chez les chevaux et les chiens, dont les uns apprennent beaucoup plus aisément que d'autres ce qu'on leur enseigne, et bien que toutes nous signifient très facilement leurs impulsions naturelles, telles que la colère, la crainte, la faim ou d'autres états semblables, par la voix ou par d'autres mouvements du corps, jamais cependant jusqu'à ce jour on n'a pu observer qu'aucun animal en soit venu à ce point de perfection d'user d'un véritable langage, c'est-à-dire d'exprimer soit par la voix soit par les gestes, quelque chose qui puisse se rapporter à la seule pensée et non à l'impulsion naturelle. Ce langage est en effet le seul signe certain d'une pensée latente dans le corps; tous les hommes en usent, même ceux qui sont stupides ou privés d'esprit, ceux auxquels manquent la langue et les organes de la voix, mais aucune bête ne peut en user; c'est pourquoi il est permis de prendre le langage pour la vraie différence entre les hommes et les bêtes» (p. 24)[1].

Descartes s'était exprimé semblablement quelques années auparavant dans un passage du *Discours de la méthode* (1637, 1934) : «Car c'est une chose bien remarquable qu'il n'y a point d'hommes si hébétés et si stupides, sans en excepter même les insensés, qu'ils ne soient capables d'arranger ensemble diverses paroles et d'en composer un discours par lequel ils fassent entendre leurs pensées; et qu'au contraire il n'y a point d'autre animal, tant parfait et tant heureusement né qu'il puisse être, qui fasse le semblable. Ce qui n'arrive pas de ce qu'ils ont faute d'organes;

car on voit que les pies et les perroquets peuvent proférer des paroles ainsi que nous, et toutefois ne peuvent parler ainsi que nous, c'est-à-dire en témoignant qu'ils pensent ce qu'ils disent; au lieu que les hommes qui, étant nés sourds et muets, sont privés des organes qui servent aux autres pour parler, autant ou plus que les bêtes, ont coutume d'inventer d'eux-mêmes quelques signes par lesquels ils se font entendre à ceux qui étant d'ordinaire avec eux ont loisir d'apprendre leur langue » (p. 57-58).

On trouve une reprise du point de vue Cartésien dans Chomsky (1969). Dans un ouvrage immédiatement précédent (Chomsky, 1968), toutefois, le linguiste américain dépasse la position de Descartes au profit d'un radicalisme comparatif qui a parfois servi d'inspiration ou de justification pour des avis à l'emporte-pièce formulés par divers exégètes de la littérature animale. Chomsky (1968) écrit : « Tout qui est concerné par l'étude de la nature humaine et des capacités humaines doit d'une façon ou l'autre reconnaître le fait que tous les êtres humains normaux acquièrent le langage tandis que même l'acquisition des *rudiments les plus élémentaires* (*the barest rudiments*) est *tout à fait* au-delà des capacités d'un singe intelligent par ailleurs » (p. 59; ma traduction et mon soulignement).

Dans un opus plus récent, Chomsky (1997) exprime une position à peine moins extrême. Il stipule : « Le langage semble être en effet une véritable 'propriété d'espèce', essentiellement commune à l'ensemble des humains et, pour autant qu'on le sache, *sans aucun analogue significatif chez d'autres organismes*. Il n'y a *aucune raison sérieuse* de mettre en doute aujourd'hui l'idée cartésienne que la capacité à utiliser des signes linguistiques pour exprimer des pensées librement conçues constitue la véritable séparation entre l'homme et la bête » (p. XIII; ma traduction et mon soulignement).

Le passage n'est pas exempt d'ambiguïté. Que faut-il entendre par « analogue significatif » et par « raison sérieuse »? Comme on le verra, une bonne partie du problème comparatif est là. En outre, la dernière partie de la citation suggère que ce sont autant les « pensées librement conçues » (quel sens précis donner à cette expression dans le contexte d'une psychophysiologie mécaniste, et si on conteste philosophiquement cette dernière, pourquoi refuser la libre idéation à nos proches voisins biologiques?) qui séparent l'homme de la bête que la capacité linguistique elle-même; une curieuse concession cognitive pour qui connaît le (long) parcours conceptuel de Chomsky.

D'autres déclarations de Chomsky, reprises par la grande presse, confirment le radicalisme croissant de l'auteur américain sur le sujet.

Dans l'excellente biographie scientifique de Chomsky, publiée par Barsky (1997) — approuvée par Chomsky lui-même —, sont mentionnés deux extraits de presse. L'un est issu du *New York Times* (25 septembre 1975) et se lit : «... la communication entre chimpanzés est fondamentalement différente du langage humain (le texte original cite «la parole humaine»; ce qui, évidemment, rendrait la différence en question triviale), particulièrement en ce qui concerne les modalités d'utilisation, les propriétés structurales et le mode d'acquisition...», et «... le langage humain est acquis par exposition, pas à la suite d'un apprentissage dirigé..., comme la respiration» (Barsky, 1997, p. 174; ma traduction). L'analogie organiciste avec la respiration est formulée bizarrement. Il est évident que ni la respiration cellulaire, ni la respiration pulmonaire, chez aucun animal, y compris l'être humain, n'est «acquise» par exposition à un modèle. Elles sont régies, dès le départ, par des mécanismes intrinsèques (très heureusement pour la survie des organismes). L'autre extrait de presse provient du *London Times* (31 mars, 1995) et se lit : «... ce courant de recherche (c'est-à-dire, celui portant sur la communication et le «langage» animal) n'a pas la relation la plus distante avec la science, bien que ce soient des gens en tabliers blancs et équipés de machines et autres équipements sophistiqués qui l'effectuent»[2] (Barsky, 1997, p. 174; ma traduction).

Revenant sur les citations cartésiennes, elles invitent à deux remarques. Descartes et les philosophes cartésiens affirment que le langage est le «miroir» de la pensée (rationnelle). Cette position prépondérante en philosophie au moins jusqu'à Condillac (fin XVIIIe siècle), n'est plus de mise aujourd'hui. En sciences cognitives contemporaines, on considère, basé sur des milliers d'observations et de données expérimentales, que le fonctionnement cognitif (terme moderne pour la pensée) et le langage, bien qu'en relation étroite à certains points de vue, sont des entités séparables. Il existe des formes de pensée distinctes de la pensée verbale; par exemple, le fonctionnement cognitif non verbal exploitant les ressources des représentations mentales imagées. Le langage, contrairement à ce qu'affirme Descartes, ne peut être considéré comme le seul témoignage certain de l'existence d'une pensée. En second lieu, la définition du «véritable langage» qui insiste sur la nécessaire indépendance du langage par rapport à de simples impulsions et réflexes, sa dépendance par rapport à des processus psychiques de haut niveau, la nécessité d'avoir un exercice de pensée «derrière ce que l'on dit», ainsi que son aspect créatif [de Cordemoy, un disciple de Descartes, écrit en 1666, «Parler n'est pas répéter les mêmes paroles dont on a eu l'oreille frappée mais... c'est en proférer d'autres à propos de celle-là» (p. 9)], tout en étant fondée, est insuffisante. On envisagera, au Chapitre 2, les critères utilisables pour la caractérisation des langues humaines.

La distinction entretenue en français (à partir du XIIe siècle) entre *langage* (forme étymologiquement dérivée langue) et *langue* (distinction absente dans nombre d'autres langues y compris le latin) appelle une clarification. Par *langage*, il faut entendre la fonction de communication (inter- ou intra-personnelle) mise en œuvre au moyen de systèmes de signes, et impliquant un vocabulaire et une grammaire (les *langues* ou codes linguistiques). Cette fonction implique des structures mentales particulières qui en permettent l'exercice, un contexte spatio-temporal, une motivation à communiquer, et une ou plusieurs informations à transmettre; à l'exception peut-être des échanges langagiers dits phatiques (Jakobson, 1969; par exemple, «Il fait beau aujourd'hui»), dont le but n'est pas la communication informative, mais le maintien ouvert du canal de communication (entre voisins, proches, collègues, etc.) de façon à faciliter toute transmission ultérieure d'information pertinente.

Les dictionnaires (par exemple, le Robert, 1967, 1982) définissent volontiers le langage comme une fonction d'expression (et de communication) de la pensée. Il est clair que toute communication implique une expression, mais il est beaucoup moins assuré qu'une expression puisse se trouver sans valeur communicative (au minimum à destination de soi-même). Je préfère, de ce double fait, définir la fonction langagière par son objectif de communication (du latin et de l'ancien français «action de faire part de son projet»), lequel suppose une modalité particulière et un dispositif de représentation de la réalité extérieure ou d'états internes.

La distinction entre langue et langage est utile, mais il ne convient pas d'en exagérer la portée. Aucune étude sérieuse d'une fonction ne peut se faire sans tenir compte de la nature et des propriétés du système sous-jacent. Les deux notions sont interdépendantes. Le système permet la fonction et la fonction réalise concrètement le système. Si, comme l'écrit de Saussure (1916, p. 26), «... la langue est la règle de toutes les manifestations de langage», il est tout aussi vrai que le langage conditionne l'existence de la langue au-delà de la virtualité. Le système peut être «déposé» dans un traité, une bibliothèque, sous forme de répertoires de règles et de signes. Il s'apparente à un objet. Une langue «morte», comme le latin, existe encore comme objet d'étude. La fonction n'est pas ainsi réifiable. On peut seulement l'appréhender aux niveaux des structures mentales et organiques (par exemple, neurologiques) qui la sous-tendent et des comportements qui l'expriment; les trois niveaux étant causalement liés. Dans la suite de l'ouvrage, il m'arrive d'utiliser les termes langage et langue de façon interchangeable; c'est alors au sens général de langage impliquant langue et de langue impliquée par langage.

La notion d'*information* est distincte de celle de *signification* (voir le Chapitre 2 pour une définition de cette dernière). Par information, au sens technique (et mathématique; Shannon & Weaver, 1949), on entend la valeur de nouveauté du contenu d'un énoncé. Supposons que je lise dans mon quotidien « Le soleil s'est levé ce matin » (au sens commun du terme; en astrophysique, ce serait une révolution), « La France est située dans l'hémisphère Nord », ou « La journée d'hier a eu une durée de 24 heures », je demanderais probablement qu'on me rembourse mon abonnement; la raison étant que si je le sais déjà, il ne peut s'agir d'une information (nouvelle). Les indications précédentes ont un sens et elles sont vraies, mais elles n'informent en rien. De façon à informer, un message doit contenir au moins un élément de nouveauté relative (c'est-à-dire à l'aune du récepteur). Cette notion a permis de mesurer l'information par la réduction d'une incertitude préalable au message, spécifiable en termes de probabilités. Si le message permet au récepteur de choisir une parmi deux alternatives équiprobables (par exemple, « pair » plutôt que « impair », « femme » de préférence à « homme », etc.), on considère qu'un élément (un « bit ») d'information a été transmis. Il s'agit de l'unité de mesure mathématique de la quantité d'information, comme la calorie est l'unité physique de mesure de la chaleur. Plus généralement, la règle de calcul pour les événements équiprobables est que le contenu informatif d'un message est une fonction mathématique du logarithme en base deux du nombre de possibilités à priori. Si on prend l'exemple du jeu de cartes usuel, la probabilité d'obtenir une carte d'une parmi quatre catégories déterminées (cœur, carreau, pique ou trèfle) est égale à $\log_2 4$, soit 2 (cela s'explique par le fait qu'il suffit de deux informations — codées de la manière la plus économique possible — pour arriver à la bonne réponse (1 couleur; 1 dessin).

Mais revenons, de nouveau, à l'indication de Descartes selon laquelle le langage constitue le plus sûr élément de différentiation entre l'homme et l'animal et, plus encore, à l'implication que le langage véritable est spécifiquement humain. De nombreuses données sont disponibles aujourd'hui qui ne l'étaient (évidemment) pas à l'époque de Descartes. Elles amènent à nuancer la réponse à la question de la spécificité humaine du langage. On montrera, par exemple, que certaines aptitudes entrant dans la composition du langage humain sont accessibles à certaines espèces animales. De telles indications sont en congruence avec les théories modulaires et componentielles du langage (par exemple,

Chomsky, 1984 ; Rondal, 1994), lesquelles conçoivent ce dernier comme une fédération de composantes normalement intégrées mais dissociables les unes des autres et en partie autonomes. Les études en matière de pathologie langagière, en général, et les dissociations observables entre les composantes langagières dans les cas de lésions cérébrales focales, dégénérescences neurologiques, retard mental, autisme infantile, et dysphasies, confortent le point de vue componentiel (*cf.* Rondal, 1994, pour une analyse).

Brièvement dit, nombre de dissociations peuvent être observées dans les pathologies langagières. On met en évidence des syndromes ou des pathologies individuelles démontrant que les capacités articulatoires (parole) et le reste du langage sont fondamentalement indépendantes. Par exemple, le bégaiement coexiste habituellement avec un langage normal aux autres points de vue. L'anarthrie pure (pathologie articulatoire d'origine cérébrale) survient sans autre problème langagier. Dans le cas de lésions cérébrales localisées à d'autres endroits du cerveau, on peut observer une perte ou une diminution importante de la capacité grammaticale, tandis que les aspects lexicaux et sémantiques sont préservés (c'est le cas de l'agrammatisme expressif). Inversement, dans les aphasies réceptives (avec lésions cérébrales situées encore dans d'autres régions du cerveau), le tableau symptomatologique est inverse, à savoir une perte ou une diminution marquée des capacités lexicale et sémantique avec préservation des dispositifs grammaticaux.

Si l'organisation du langage est effectivement componentielle, on peut s'attendre à ce que certains dispositifs langagiers puissent être latents (capacités virtuelles) chez certaines espèces animales et qu'ils soient mobilisables par entraînement approprié. Lieberman (1989) exprime une idée idoine : « Bien que la capacité linguistique humaine en tant que telle soit unique, elle comprend des traits qui entrent également dans l'organisation des systèmes de communication des autres animaux, lesquels dès lors peuvent se voir reconnaître une capacité linguistique... Les animaux ont des langages animaux. Leurs langages de toute évidence ne comprennent pas toutes les caractéristiques du langage humain » (p. 222 ; ma traduction).

La quête de la spécificité humaine du langage et/ou celle, revue, des aspects langagiers spécifiquement humains, me fait penser, *mutatis mutandis*, à la question de l'unicité de l'intelligence humaine. On peut rappeler la réflexion du mathématicien Turing sur la « modélisabilité » de la pensée humaine, au départ des travaux relatifs à ce qu'on appelle aujourd'hui l'intelligence artificielle. Dans une publication datée de

1950, Turing suggère (utilisant, notamment, ce qui est devenu le « test de Turing ») qu'en opérant une séparation radicale entre le corps et l'esprit, il sera de plus difficile à mesure que le temps passera, de faire la différence entre un être humain et un ordinateur (Lassègue, 1998, p. 77). Je serais tenté de généraliser le propos au langage. Comme on le verra dans le présent ouvrage, il n'est déjà pas simple d'établir une différence nette entre les capacités langagières virtuelles des animaux supérieurs et les éléments de base du langage humain. Il pourrait être de plus en plus difficile à l'avenir, avec les progrès techniques et l'affinement des recherches, d'établir de claires différences qualitatives entre le langage humain et l'analyse informatique du langage, ainsi que peut-être entre certains aspects du langage humain et les capacités linguistiques animales. Cela tendrait à prouver que le propre de l'espèce humaine (si propre il y a) ne tient à aucune aptitude particulière, mais bien à un *ensemble intégré* de capacités [émergé selon l'opportunisme aveugle qui caractérise l'évolution (Dawkins, 1986; Danchin, 1998)].

Certes, on peut refuser la distinction de Turing entre corps et esprit et argumenter (avec Searle, 1980, notamment) que la preuve du langage ne peut se trouver que dans la tête de l'utilisateur. L'exemple préféré de Searle est celui de la « chambre chinoise ». Imaginons qu'une personne totalement ignorante d'une des langues chinoises soit placée dans une pièce équipée de tiroirs remplis de caractères chinois, et qu'on lui procure un manuel d'instructions de façon à construire des séquences grammaticales de caractères chinois en réponse à des énoncés que des observateurs extérieurs (ne pouvant voir ce qui se passe dans la pièce) lui présenteraient. Un tel dispositif permettrait à la personne en question (étant donné un temps illimité) de répondre aux phrases chinoises de façon à convaincre ses interlocuteurs qu'elle maîtrise effectivement le chinois. Mais ceci ne nous avance guère puisqu'on en revient à une exigence démonstrative purement introspective.

Le second centre d'intérêt du présent ouvrage concerne les origines du langage humain. Des indications en provenance de la paléoanthropologie et de la paléolinguistique conjuguées aux données sur les capacités linguistiques observables chez les espèces biologiquement les plus proches de nous, permettent de construire un scénario plausible de l'évolution des capacités langagières depuis *Homo abilis* jusqu'à *Sapiens sapiens* (notre espèce; cette dernière expression est de Linnaeus, dans la 10e édition de son *Systema naturae*, 1758, I, p. 7; elle avait pour objectif, comme le nom l'indique, de mettre l'accent sur la capacité réflexive et cognitive de cette espèce par contraste avec les espèces précédentes du genre *Homo*).

Comme on le verra, il est possible qu'il n'existe pas de vraie solution de continuité entre les capacités langagières virtuelles des singes anthropoïdes (primates non humains) et des mammifères marins et amphibiens les plus évolués, et celles des premiers hominidés. Ceci ne ravale en rien la considérable complexification des systèmes linguistiques intervenue, sans doute, avec *Sapiens sapiens*.

Vu d'aujourd'hui, Descartes a à la fois raison et tort. Raison, parce que le langage humain dans toute sa complexité est, en effet, spécifiquement humain (mais il s'agit en bonne partie d'une tautologie anthropocentrique); tort, parce que le fossé langagier d'avec les espèces animales supérieures, tout en étant respectable, n'est pas aussi profond que l'imaginait le philosophe français. Chomsky (1968, 1997), à la même aune, a simplement tort. On verra que les rudiments de ce qui constitue le langage humain sont à la portée de nos voisins phylogénétiques immédiats (mais non la modalité de parole). Sur ce point, un passage tiré des écrits du psychophysiologiste américain Lashley, me semble pertinent : « J'en viens de plus en plus à la conviction que les rudiments de chaque mécanisme comportemental humain peuvent être retrouvés très bas dans l'échelle phylogénétique et sont même représentés dans le fonctionnement de base du système nerveux. S'il existe dans le fonctionnement cérébral humain des processus qui semblent fondamentalement différents ou inexplicables selon nos théories actuelles en physiologie intégrative, il est possible que ces théories soient incomplètes ou fausses » (1951, p. 135 ; ma traduction).

NOTES

[1] C'est là une opinion encore répandue aujourd'hui. Cependant, Weinberg (1997) s'exprime de la façon suivante à ce sujet et je suis en sympathie avec son avis : « On déclare parfois que c'est le langage qui fait la différence entre l'homme et les animaux, et que les humains ne deviennent conscients que quand ils se mettent à parler. Pourtant, les ordinateurs recourent au langage et ne paraissent pas conscients, tandis que tai tai, notre vieux chat siamois, s'il n'a jamais parlé (et ne dispose que d'une gamme limitée d'expressions faciales), a toujours semblé par ailleurs montrer les mêmes signes de conscience que les humains » (p. 247, note 22).

[2] Je ne m'explique pas le parti pris de Noam Chomsky (également Atherton & Schwartz, 1983, et Greenfield & Savage-Rumbaugh, 1990), que j'ai le privilège de connaître personnellement et pour lequel j'ai un profond respect, contre la recherche animale en matière de capacité langagière. Que peut donc craindre le maître américain de ce courant de recherche? Pourquoi l'établissement d'une éventuelle compétence langagière (limitée) chez certaines espèces animales (supérieures) serait-elle de nature à falsifier une théorie

innéiste (ou non innéiste, en fait) de l'ontogenèse langagière chez l'être humain? Comme on sait aujourd'hui, l'ontogenèse ne récapitule pas la phylogenèse (même si elle en donne parfois l'impression superficiellement), contrairement aux pétitions de principe (à défaut de données précises) formulées par Haeckel et ses continuateurs, au xixe siècle (et parfois encore au xxe siècle). A la limite, la recherche animale devrait être d'un intérêt considérable pour Chomsky, ne fusse que pour établir le statut biologique de la faculté de langage qu'il postule. Soit un rudiment de faculté langagière, au sens de Chomsky, existe chez les espèces animales, soit ce n'est pas le cas. Le constat est important et participe entièrement de l'entreprise scientifique. Comme l'indique Gee (1999), les questions portant sur la nature humaine et les origines du langage sont logiquement séparables, bien qu'étant en rapport. Si nous posons que le premier membre de la paire a été la raison du second, ou inversément, nous n'apprendrons jamais rien de neuf sur l'histoire évolutive.

Chapitre 2
Langage et langue

1. CARACTÉRISTIQUES DES LANGUES HUMAINES

Les caractéristiques majeures des langues humaines[1] sont au nombre de cinq, fournies dans ce qui suit sans ordre de préséance. Un tel ordre serait d'ailleurs difficile à justifier objectivement. Il s'agit de l'expressivité, l'arbitrarité, l'analysabilité, la combinabilité, et la grammaticalité. Certains de ces critères ne sont pas entièrement indépendants des autres.

Le caractère d'*expressivité* correspond au fait que les langues ont le pouvoir d'exprimer toutes les significations concevables. Il n'existe aucune limitation de principe quant au nombre et au type de significations exprimables. L'expression significative couvre un éventail allant du morphème (unité minimale dotée de sens) au discours. Le critère d'expressivité est lié à la notion de créativité linguistique telle que l'appréhendait de Cordemoy dans sa définition du langage (Chapitre 1). Il implique également la notion de « déplacement », soit la possibilité de communiquer à propos d'événements distants dans le temps ou l'espace. Pour autant qu'on sache, la plus grande partie des communications animales dans la nature est dénuée de cette possibilité (Pearce, 1996).

Selon le caractère d'*arbitrarité*, le rapport entre les formes de la langue et leurs significations n'est pas motivé. Il n'existe pas de relation nécessaire entre le signifiant des morphèmes des mots, les marques grammaticales, les dispositifs syntaxiques, etc., et les signifiés correspondants. Par exemple, il n'existe aucune nécessité physique ou logique de désigner la classe des bananes par la séquence de phonèmes /b-a-n-a-n-e/.

L'arbitrarité des formes permet l'invention libre des signes selon les besoins de la communication; sans limitation au plan de la correspondance forme-sens. Un système linguistique qui contraindrait ses signes à ressembler d'une façon ou de l'autre à leurs référents (correspondants externes des signifiés) restreindrait sévèrement le potentiel de créativité de ses usagers.

Le caractère d'*analysabilité* correspond au fait que les unités constituant les systèmes linguistiques sont emboîtées les unes dans les autres à l'instar des poupées russes. Les sujets parlant (ou écrivant, ou utilisant un langage de signes gestuels) produisent des *discours* (narration, description, plaidoyer, explication, etc.) composés de *paragraphes* (sous-composantes séquentielles des discours); ceux-ci étant formés de *phrases*. Les phrases sont constituées par des *syntagmes* (ou groupes), lesquels contiennent des *mots ou lexèmes*. Les mots sont formés à partir des *morphèmes*. Les morphèmes sont constitués de *phonèmes* disposés séquentiellement (il s'agit des sons propres à chaque langue; en français, on en dénombre 36 — 17 consonnes, 16 voyelles, et 3 semi-consonnes). Enfin, les phonèmes s'obtiennent par intégration de *traits articulatoires* (treize pour les consonnes françaises et sept pour les voyelles). A titre d'exemple, on peut citer le caractère voisé d'un son (vibration des cordes vocales), la nasalisation (passage de l'air articulatoire par le nez), la labialisation (intervention des lèvres dans la réalisation du son), etc. Une infinité de discours français peut être produite à partir d'une vingtaine de traits articulatoires.

Avec les 20 traits articulatoires en question, on peut réaliser les 36 phonèmes du français mais aussi quantités d'autres phonèmes n'existant pas dans cette langue (en combinant les traits articulatoires par groupe de deux traits différents, on a déjà 380 possibilités). Avec un répertoire de 40 phonèmes (et sans éliminer les répétitions à l'identique, pour faire simple), on peut former 1.600 morphèmes comprenant 2 phonèmes, 64.000 morphèmes en comprenant trois, 2.560.000 morphèmes comprenant 4 phonèmes, etc. Une langue n'utilise que quelques dizaines de milliers de morphèmes. Des contraintes internes à la structure des morphèmes, variables selon les langues, éliminent une très grande partie des combinaisons possibles (par exemple, aucun morphème français ne contient une séquence de 4 consonnes contiguës). Ces dizaines de milliers de morphèmes permettent de constituer un nombre très élevé de mots. Une langue comme le français en comporte plusieurs centaines de mille.

Pour les agencements des mots en syntagmes et en phrases, il ne saurait plus être question d'énumérer les combinaisons autorisées. Bien que les règles syntaxiques de composition des syntagmes et des phrases soient en nombres finis, extrêmement contraignantes, et aboutissent à éliminer un très grand nombre de séquences, déclarées non grammaticales, le nombre de suites grammaticales possibles est virtuellement infini. Il est toujours loisible de modifier un syntagme ou une phrase en l'allongeant au moyen de structures récursives comme la coordination («*Il lui a dit ceci, et cela, et ceci, et cela,* etc.») ou la relativisation («*L'homme qui a vu l'homme qui a vu l'homme qui a vu l'homme... qui a vu l'ours*»). Enfin, on peut allonger un paragraphe en y insérant de nouvelles phrases et un discours en y ajoutant de nouveaux paragraphes.

Les indications précédentes montrent que si les langues disposent de considérables ressources formelles à chaque niveau de leur organisation, elles effectuent une sélection drastique, ne retenant qu'un nombre limité d'éléments (lorsque ce nombre est limitable comme c'est le cas pour les traits articulatoires, les phonèmes, les morphèmes, et les lexèmes). Il y a à cela une double raison. Le fait de disposer d'un nombre élevé d'éléments formels offrirait de grandes possibilités expressives. Mais l'avantage serait négativement compensé par les effets délétères de la charge supplémentaire en mémoire [si on considère que le temps de réponse est une fonction linéaire de l'incertitude (logarithme décimal de N), il faudrait 1,2 fois plus de temps pour retrouver en mémoire 1 lexème parmi 10^6 que parmi 10^5 lexèmes, toutes choses étant égales par ailleurs], et par l'augmentation de l'incertitude dans la perception de la parole. Les langues opèrent un compromis entre potentiel expressif, restrictions sélectives, et efficacité fonctionnelle.

Corollaire du caractère d'analysabilité, est celui *discret* (discontinu) des signes et des constituants de ces unités (traits articulatoires, phonèmes, morphèmes).

Un quatrième caractère est celui de la *combinabilité* des formes linguistiques. Analysées et discrètes, les unités linguistiques deviennent combinables. La combinatoire accroît énormément le potentiel expressif des langues. Produire plusieurs lexèmes dans le même énoncé permet d'exprimer davantage de significations et des significations plus complexes. Cependant, les ajouter les unes aux autres sans architecture grammaticale aboutirait à augmenter de façon exponentielle l'indétermination des significations relationnelles (celles qui dépendent des relations entre les mots).

Dès lors, le cinquième caractère des langues humaines est celui de *grammaticalité*, le fait de disposer d'une grammaire. Par *grammaire*, il faut entendre le sous-système qui organise la réalisation des relations de sens selon des séquences de lexèmes. Un tel dispositif doit permettre de produire toutes les phrases formellement correctes de la langue (phrases grammaticales) et seulement celles-là. Les relations de sens sont au cœur des significations. Il s'agit des indications d'existence-non-existence (quelque chose est, est là, n'est pas, n'est pas là), de l'attribution qualitative ou quantitative (tel objet dispose de telle qualité, existe ou est présent en telle quantité), de l'instrumentation (tel instrument peut être utilisé à telle fin), de l'accompagnement (tel objet, telle personne se meut ou se trouve en compagnie de tel autre objet ou de telle autre personne), des indications de transitivité (tel effet est obtenu quant à tel patient par l'action ou l'intervention de tel agent), des indications relatives au temps (le rapport de temps entre le moment de l'énonciation et celui de l'état, de l'action, ou de l'événement référé ; le rapport de temps entre l'état, l'action, ou l'événement référé dans la première et la seconde proposition au sein d'une phrase complexe, etc.), et des indications relatives à l'espace (localisation d'un objet, d'une personne, d'un état, d'une action, ou d'un événement dans l'espace ; rapports spatiaux entre objets, personnes, etc.). Les règles qui permettent d'établir une correspondance biunivoque (ou tendant vers la biunivocité) entre les structures de sens et les structures formelles concernent : (1) l'ordre des mots (dans les langues à ordre relativement fixe, comme le français ou l'anglais) ; (2) les morphèmes grammaticaux positionnels, c'est-à-dire, en ordre principal, les prépositions (et/ou les postpositions, selon les langues), les conjonctions, les particules, et les divers affixes (préfixes, infixes, et suffixes) ; et (3) les flexions (morphologie inflexionnelle ; particulièrement dans les langues casuelles, comme le russe) qui modifient la forme des lexèmes (par exemple, de façon à marquer le temps, l'aspect, le mode, et la personne de la conjugaison des verbes ; le marquage de la pluralité, du genre et du cas grammatical, sur les noms communs ; le marquage de la pluralité, du genre, de la personne et du cas, sur les pronoms personnels, les pronoms, et les adjectifs possessifs). La composante de la grammaire qui régit les dispositifs séquentiels, positionnels, et inflexionnels, est la syntaxe ou morpho-syntaxe [du grec *sintaxis* : mise en ordre (étymologiquement « de bataille »)] que de Saussure (1916) définissait (restrictivement) comme la théorie des groupements de mots.

J'emploie le terme syntaxe en référence aux séquences organisées de lexèmes et non à la concaténation des phonèmes dans la parole ou des graphèmes dans l'écriture alphabétique, que certains auteurs désignent parfois sous l'appellation «syntaxe phonétique» (par exemple, Marler, 1977). Des règles élémentaires de concaténation sonore sont déjà observables dans le chant des oiseaux et dans les signaux vocaux échangés par diverses espèces de mammifères, y compris les singes inférieurs (Cleveland & Snowdon, 1982; Robinson, 1984). Dans un sens trivial, tout signal ou signe peut être décomposé en éléments constitutifs qui doivent impérativement être combinés selon certaines formes et/ou séquences. Cette organisation ne me retient pas ici mais on peut admettre qu'elle constitue une préfiguration de la syntaxe grammaticale.

Les grammaires des langues humaines présentent plusieurs propriétés importantes. Il s'agit : (1) de l'existence de *constituants syntaxiques discontinus*; (2) de la *récursivité formelle*; et (3) des *règles de mouvement*. Ces propriétés sont sous-tendues par la *hiérarchisation des constituants* des syntagmes et des phrases, bien analysée par la linguistique structurale depuis le début du siècle (Hockett, 1958). La figure 1 illustre l'organisation hiérarchique en quesiton.

Comme on peut le voir à la figure 1, les constituants immédiats de la phrase sont organisés selon des rapports de dépendance (pouvant couvrir plusieurs niveaux). On peut également exprimer ces rapports sous forme linéaire au moyen de règles dites de réécriture (correspondant à un formalisme x → y) du type de celles reprises au bas de la Figure 2-1 (où les parenthèses dénotent les constituants facultatifs).

Il existe des dispositifs récursifs dans les langues humaines. Ainsi, dans *la fille du mari de la sœur de Robert...*, on a des syntagmes nominaux enchâssés dans d'autres syntagmes nominaux. De même dans *Le gangster qui a tué le policier qui était de garde devant la banque a été arrêté par la brigade criminelle*, on trouve une proposition *Le policier était de garde devant la banque*, enchâssée dans une autre proposition, *Le gangster a tué le policier*, elle-même insérée dans une troisième proposition *Le gangster a été arrêté par la brigade criminelle*. Les enchâssements se font au prix de modifications formelles qui répondent à un type de règle particulier qui fait figurer un même élément syntaxique à la fois «à gauche» et «à droite» de la flèche. Dans le premier exemple ci-dessus : SN → ART N SP, SP peut être réécrit P SN, comme indiqué à la figure 1. Dans le second exemple ci-dessus, PROPOSITION → a PROPOSITION b, où a et b symbolisent un contexte syntaxique déterminé. Des règles du genre permettent de générer des séries théoriquement infinies de syntagmes et de propositions puisqu'elles peuvent s'appliquer un nombre infini de fois (extensibilité infinie des langages humains autre que par répétition monotone des mêmes éléments).

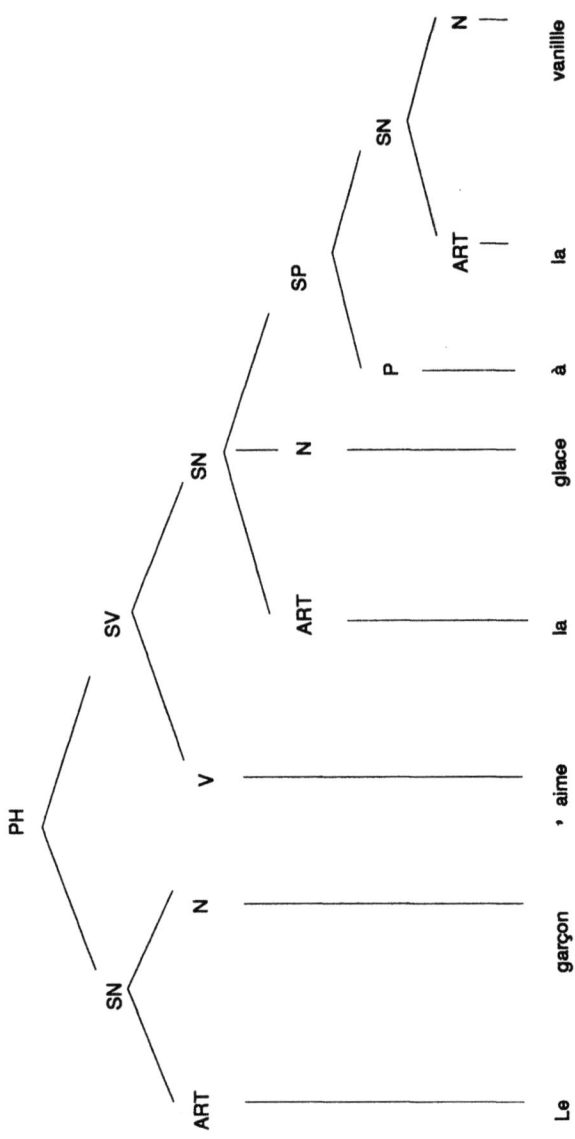

Figure 1 — Structure hiérarchique des constituants immédiats dans une phrase simple.
Légende des symboles
PH : phrase; SN : syntagme nominal; SV : syntagme verbal; SP : syntagme prépositionnel; ART : article; N : nom; P : préposition.
Règles de réécriture
PH → SN SV; SN → (ART) N (SP); SV → V SN (SP); SP → P SN; ART → le, la, etc.; N → garçon, glace, vanille, etc.; V → aime, etc.; P → à, etc.

Revenant à la question des constituants syntaxiques discontinus, on précisera que ceux-ci concernent plusieurs aspects parmi les plus productifs du langage : le rapport de l'adjectif épithète ou du comparatif au complément du nom (par exemple, dans *le meilleur joueur du monde*), la marque de la négation verbale (par exemple, *ne... pas*), le rapport entre l'auxiliaire et la désinence du participe passé (par exemple, le rapport entre *est* et *é* dans *... est arrivé*), la coordination (par exemple, dans la phrase *Un ami de Jean et de Robert a été nommé président*), et certaines formes de subordination (par exemple, *Le fils de la femme qui était là ce matin a passé cinq ans en Bolivie*). Enfin, des règles existent qui spécifient les déplacements autorisés des constituants de phrases, les conditions dans lesquelles ces déplacements peuvent intervenir, ainsi que leurs conséquences structurales. C'est ce qui permet la parataxe (coordination de constituants de mêmes niveaux hiérarchiques), l'hypotaxe (subordination d'une ou plusieurs propositions « subalternes » à une proposition rectrice), et la réalisation des divers types illocutoires de phrases (affirmatives, négatives, impératives, interrogatives).

Les critères exposés n'incluent nullement la parole, alors qu'il était coutumier de le faire dans le passé. Benveniste (1966) affirmait : « Il n'y a pas de langage sans voix » (p. 60). Bierens de Haan (1929, cité par Oléron, 1975, p. 19), retenait six caractéristiques définitionnelles du langage humain : vocal, articulé, exprimant des significations conventionnelles, référentiel, indicatif, et permettant de réaliser des combinaisons nouvelles. Hockett (1958, 1960) et Hockett & Altman (1968) décrivaient le langage humain comme nécessairement vocal et auditif. Ils y ajoutaient une série de caractéristiques (jusqu'à 19) dont une bonne partie n'a qu'une importance secondaire [par exemple, une émission et une réception directionnelle, un affaiblissement rapide (*sic*), être ouvert (à quoi?), avoir été soumis à une histoire commune entre individus, etc.].

Le critère vocal est évidemment non pertinent puisqu'en dehors même des langues de signes gestuels, les humains utilisent depuis au moins 5.000 ans[2] (Sampson, 1985) une modalité langagière visuelle (écriture et lecture), laquelle a varié depuis les logogrammes du Sumérien jusqu'aux systèmes alphabétiques modernes (où les graphèmes renvoient aux phonèmes du langage parlé[3]). Ces derniers ont leur origine dans un alphabet consonantique inventé au pays de Canaan (territoires Israélo-Palestiniens actuels), il y a 3.500 ans. Le principe était connu des Egyptiens (une trentaine de signes parmi leurs centaines d'hiéroglyphes représentaient les sons de la parole (Swerdlow, 1999). L'alphabet sémitique a été répandu autour de la Méditerranée par les Phéniciens. Les Grecs y ajoutèrent les voyelles.

Les langues de signes gestuels (Langue française des signes -LFS-, Langue italienne des signes -LIS-, American sign language -ASL-, etc.), couramment employées par des milliers de personnes sourdes dans le monde, sont des langues au sens plein du terme. Elles correspondent en tous points aux critères énoncés. Il est pas inutile d'y insister car on a souvent affirmé le contraire. Les analyses linguistiques ont forcé les derniers sceptiques (de bonne foi) à admettre le fait (*cf.* Rondal, Henrot & Charlier, 1986; Bouvet, 1998; Jouison, 1998).

Pour Descartes déjà (*cf.* les citations du Chapitre 1), les gestes fournissent une modalité acceptable pour le «langage véritable», et le problème définitionnel concerne non la modalité mais la capacité langagière. Il est admis aujourd'hui que les langues humaines peuvent exister en trois modalités principales : *auditivo-orale* (ou de parole), *visuo-manuelle* (écrite), et *visuo-motrice* (gestuelle).

D'autres modalités se trouvent également. A La Gomera (Canaries), on utilise un *langage sifflé*, motivé par le relief accidenté de cette île et la portée relativement longue des fréquences aiguës du sifflement. Un bon siffleur peut communiquer à plus de 5 kilomètres par delà les collines et les gorges montagneuses (Classe, 1997). Ce moyen de communication a été inventé par les aborigènes Guanches qui occupaient les Iles Canaries avant l'arrivée des Espagnols. Le Silbo (castillan sifflé) consiste à siffler en même temps qu'on articule les mots. C'est la variation de hauteur (interruption du sifflement par les consonnes occlusives) qui fournit les éléments pertinents. L'intensité du sifflement est toujours maximale si le message doit porter à grande distance.

Il existe également des *langages tambourinés*. Cloarec-Heiss (1997) a étudié celui des Banda-Linda, établis dans les savanes de la République Centrafricaine. La langue parlée des Banda-Linda est une langue à tons. Contrairement à nos langues européennes, ce sont les variations de la hauteur tonale des voyelles qui sont pertinentes pour le sens des lexèmes. Le Banda-Linda comporte trois tons (grave, moyen et aigu). Pour passer du langage parlé au langage tambouriné, on élimine les traits articulatoires des voyelles et des consonnes pour ne conserver que les tons réalisés au moyen de tambours. Ce mode permet une identification suffisante à distance des mots du Banda-Linda.

2. LIMITES DE LA NOTION DE LANGAGE

Sur la base des critères proposés, il est possible d'explorer les limites de la notion de langage. Une stratégie pertinente est de soustraire une à une les caractéristiques identifiées et de voir ce qui subsiste d'un point de vue linguistique.

Que serait un langage ne répondant pas ou pas complètement aux critères d'expressivité, arbitrarité, analysabilité, combinabilité, et grammaticalité ? Il ne pourrait s'agir, par définition, de langage humain. Mais s'agirait-il encore de langage et si oui de quel type ?

Un système de communication exploitant un registre de signes (*cf.* définition *infra*) ne permettant qu'une expressivité limitée serait néanmoins fondamentalement un langage, tout restreint qu'il soit. Il en irait de même pour un langage rudimentaire ne disposant que de signes motivés.

Est-ce qu'un système communicatif disposant de moins d'analysabilité et de combinabilité que les langues actuelles répondrait encore à la notion de langage ? La réponse semble devoir être positive. Une langage non combinable au-delà du niveau lexémique aurait un potentiel expressif fortement limité, à moins d'exprimer chaque signification relationnelle possible par un élément lexical distinct des éléments lexicaux référentiels ; ce qui serait neuropsychologiquement coûteux (énorme charge sur la mémoire sémantique en raison du nombre pléthorique d'items lexicaux).

Qu'en serait-il d'un langage combinable mais dénué de dispositif grammatical ? Sans règle organisant l'expression combinatoire, on se trouverait confronté à un chaos sémantique relationnel. Les significations lexicales seraient, certes, préservées ; mais celles relationnelles deviendraient vite indéchiffrables parce que maximalement ambiguës au-delà des énoncés ne comptant que quelques mots. Avec un dispositif grammatical non nul mais rudimentaire, est-ce qu'un langage pourrait fonctionner correctement, même si minimalement du point de vue de la puissance et de la précision expressive ? La réponse est « oui ». Tous les intermédiaires peuvent exister entre les grammaires humaines modernes et le niveau zéro. On ne peut contester, me semble-t-il, qu'une grammaire composée seulement de quelques règles positionnelles ou séquentielles simples (par exemple, « un attribut ou un déterminant se rapportent à une entité formelle immédiatement précédente dans l'énoncé » ; « l'agent de l'action est l'entité placée juste avant le verbe dans l'énoncé», ou inversement; etc.) puisse satisfaire à l'exigence d'une communication minimalement efficace.

Les systèmes linguistiques humains et ceux que l'on peut imaginer par défaut à partir d'eux forment des *continua* en termes de complexité formelle et de puissance fonctionnelle. De façon à faciliter l'interprétation des données empiriques portant sur les capacités langagières animales, il est intéressant d'effectuer sur les continua en question des repérages qu'on pourrait nommer «niveaux de langage».

3. NIVEAUX DE LANGAGE

Une échelle comportant quelques niveaux de langage peut être construite en prenant en compte deux dimensions, à savoir (1) le continuum allant du signal au signe arbitraire; et (2) les continua qui concernent l'analysabilité, la combinabilité, et la grammaticalité des systèmes langagiers.

Envisageant les relations entre les entités communicatives non ou non complètement représentatives de la réalité (comme les signaux) et les substituts représentatifs de cette réalité (comme les signes linguistiques), on est amené à considérer le statut langagier de systèmes de communication rudimentaires utilisés naturellement par de très nombreuses espèces biologiques (depuis les virus, bactéries, et autres protistes jusqu'aux espèces supérieures) et basés sur l'exploitation de *signaux ou de signes isolés* (non combinables, mais qui peuvent se succéder, semblables ou différents, endéans un intervalle de temps déterminé). Il s'agit d'un niveau élémentaire de langage ou L1.

Par *signal*, j'entends un élément de communication faisant partie de la réalité à laquelle il renvoie; par exemple, le coup de pistolet qui donne le départ d'une course. Les *indices*, *traces*, ou *symptômes* font également partie de la réalité référée et ne peuvent, de ce fait, non plus, être utilisés pour la représenter — à strictement parler — [re-présenter, c'est-à-dire présenter à nouveau, rendre une réalité (objective ou imaginaire) présente]. Les *images* (peintures, photographies, radiographies, etc.) et les *signes* sont de «vrais» substituts représentatifs. Ne procédant pas de la réalité à laquelle ils renvoient, ils peuvent effectivement la représenter. Parmi les signes, on distingue, comme indiqué précédemment, les signes motivés et les signes arbitraires. Le caducée, par exemple, est le symbole de la profession médicale. Il ne fait pas partie de cette dernière (un caducée n'a jamais soigné personne). Un signe est dit motivé si sa composition rappelle l'objet désigné d'une quelconque manière. Par exemple, le geste de boire pour signaler qu'on a soif, qu'on veut boire, etc., est un signe motivé parce qu'il correspond à l'action d'ingurgiter un liquide ; le signe du code de la route figurant un zigzag pour avertir d'un virage dangereux est également motivé. Le caducée est un signe motivé car il rappelle dans sa configuration le serpent dit d'Epidaure (une ville de la Grèce antique célèbre pour son sanctuaire d'Asclépias, dieu de la médecine, et les guérisons qui s'y opéraient). Un petit nombre de mots dans les langues (les onomatopées, y compris le mot *zigzag* ci-dessus) sont des signes motivés parce qu'ils rappellent dans les combinaisons de phonèmes qui les constituent, telle ou telle caractéristique de l'action, de l'état, de l'objet, ou de l'événement désigné. Un signe (linguistique ou autre) est arbitraire si rien dans sa constitution n'évoque directement sa signification.

Dans le cadre d'une théorie de la représentation, il convient d'insister sur le fait que les entités envisagées forment davantage un continuum qu'un ensemble de catégories discrètes (symptômes, traces, signaux et signes ; également Lalande, 1968). Si le symptôme fait partie de l'état de fait du syndrome ou de la maladie, si la trace est le résidu laissé par l'événement (déplacement temporel), et si le pur signal ne peut se substituer à l'événement, ils n'en *réfèrent* pas moins à des éléments de la réalité et y trouvent leur signification indicative. Par référence (référenciation), on désigne la fonction par laquelle un élément de communication renvoie à la réalité extrasémiotique. La représentation inclut habituellement la référenciation. Cependant, de nombreux signes linguistiques (dits abstraits pour cette raison) n'ont pas de référent « immédiat » ; par exemple, les termes *liberté*, *fraternité*, *égalité* (ce qui ne veut pas dire qu'on ne puisse en fournir une illustration allégorique ou métaphorique).

On verra plus loin que dans la communication animale en milieu naturel, et particulièrement chez les espèces plus évoluées (mammifères, par exemple), les signaux peuvent incorporer des indications relatives à la situation, et/ou à un prédateur potentiel. De tels signaux se constituent, au-delà de la « pure » référenciation, en signes ou protosignes ; disons en entités intermédiaires entre signaux et signes tels qu'habituellement définis.

La figure 2, reprenant le classique triangle de la signification lexicale, permet de concrétiser la présentation.

Les signifiants lexicaux sont décomposables en unités constitutives (les phonèmes en langage parlé, les graphèmes en langage écrit, et les

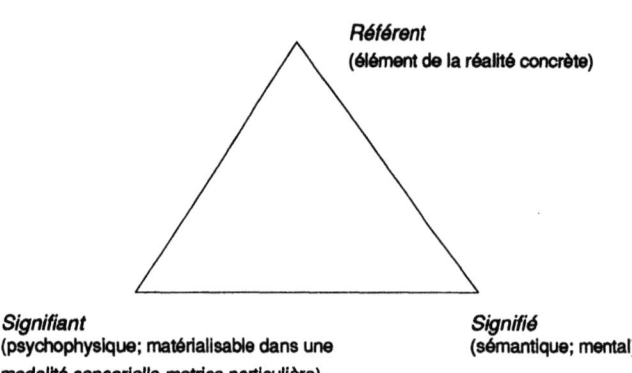

Figure 2 — Triangle de la signification lexicale.

kinèmes en langage gestuel). Les signifiés sont également analysables en traits sémantiques ou sèmes. Par l'étude du développement lexical chez l'enfant et en analysant le sens que les adultes attachent aux lexèmes, nous savons que les sèmes sont indépendants les uns des autres et qu'ils se combinent pour donner le sens dénotatif (conventionnel) des morphèmes et des lexèmes[4]. Enfin, un utilisateur d'un langage peut ne disposer vis-à-vis d'un lexème que de quelques sèmes, éventuellement suffisants pour permettre une communication correcte dans un contexte déterminé mais non pour assurer un compréhension complète du terme (en extension et/ou en intension). C'est le cas des jeunes enfants pour la plupart des lexèmes auxquels ils sont exposés, et notre cas à tous quant à de nombreux termes techniques de notre langue.

Un niveau plus élevé dans la hiérarchie -L2- serait celui caractéristique de systèmes de communication constitués de signes combinables de façon à exprimer des significations relationnelles et répondant à quelques règles minimales d'organisation combinatoire.

Enfin, *un troisième niveau* -L3- serait celui des langages humains modernes dans toute leur complexité sémantique et formelle.

Chacun des trois niveaux identifiés se conforme à la définition du langage admise précédemment. Le caractère systémique de L1 est discutable puisqu'il s'agit de signaux ou de signes isolés. Cependant, dès qu'au moins deux signaux font simultanément partie d'un répertoire, il y a, en principe, système puisque les signaux en question se limitant mutuellement dans l'espace communicatif, sont interdépendants.

In fine, on voit bien que la particularité des niveaux plus élevés de langage n'est pas la fonction communicative en elle-même, ni l'effet recherché sur autrui, les codes de signaux suffisent pour ces finalités, mais bien une représentation complexe de la réalité entraînant l'emploi de moyens formels sophistiqués.

Le tableau 1 reprend les niveaux de langage proposés.

Tableau 1 — Niveaux de langage.

L1	Systèmes de signaux et/ou signes isolés, éventuellement arbitraires et analysables.
L2	Systèmes de signes combinables utilisables pour la communication de significations relationnelles.
L3	Langages humains modernes.

NOTES

[1] On parle parfois de langues «naturelles». C'est un libellé inadéquat, toute langue étant culturelle par définition.
[2] Anati (1999) relève que des séquences d'idéogrammes incisés sur de l'os ont été trouvées, en France, datant de la période magdalénienne ; soit une bonne dizaine de milliers d'années avant l'époque sumérienne.
[3] Lorsque, comme c'est le cas en français et en anglais (notamment), la correspondance entre la série des phonèmes et celle des graphèmes n'est pas biunivoque, on est inévitablement exposé à des difficultés orthographiques.
[4] C'est celui qui nous intéresse ici. On peut lui adjoindre, dans un souci d'exhaustivité, les éléments de signification évocative, dits connotatifs, qui interviennent dans le sens (potentiellement idiosyncratique) que nous attachons personnellement aux mots de notre langage, ou au moins à certains d'entre eux, selon nos expériences de vie, notre fantaisie, imagination, inclinaison poétique, etc.

Chapitre 3
Les capacités langagières animales

Une distinction d'importance est entre l'exploitation *fonctionnelle* d'une capacité langagière et une capacité *virtuelle* de langage (au sens où une telle capacité pourrait exister sans être utilisée en pratique, donc sans équivalent fonctionnel). Une capacité virtuelle ne peut être mise en évidence que par l'application de procédures d'apprentissage particulières. Tyack (1993) note que certaines expériences animales en matière de langage révèlent des capacités non démontrées par les mêmes espèces en conditions naturelles d'existence. Il ajoute «Beaucoup de chercheurs concluent que leur entraînement langagier a créé les savoir-faire linguistiques non présents chez les congénères sauvages» (p. 124; ma traduction). Tyack insiste sur le fait que rien ne permet, en réalité, de soutenir que les capacités démontrées en laboratoire n'existent pas à titre virtuel dans le fonctionnement naturel des espèces en question. Je suis en accord avec cette interprétation. C'est pourquoi j'utilise l'expression «capacités langagières virtuelles» à plusieurs reprises dans l'ouvrage.

Parmi les données cardinales, observationnelles et expérimentales, concernant les capacités langagières infrahumaines, figurent : (1) les travaux effectués sur le langage dansé des abeilles; (2) les expérimentations effectuées avec des singes anthropoïdes; et (3) les recherches expérimentales conduites avec des mammifères marins et amphibiens.

1. LANGAGE DANSÉ DES ABEILLES (*APIS MELLIFICA*)

Pendant des siècles (déjà Aristote et Pline), les naturalistes ont rapporté que les abeilles mellifiques se transmettent certaines informations concernant les sources de nectar, mais sans pouvoir expliquer le comment de cette transmission. Il appartint à von Frisch, de l'Université de Munich, de commencer à percer ce mystère biologique dans les années quarante. En observant les comportements des abeilles autour et à l'intérieur de la ruche (au moyen d'un dispositif de cloisons transparentes), von Frisch et ses collaborateurs (*cf.* von Frisch, 1950, 1954, 1967; Lindauer, 1967) s'aperçurent que les mouvements de translation latérale (course frétillante ou « danse ») effectués par une abeille qui a découvert une source de nectar, une fois cette abeille revenue à la ruche, sont en rapport avec la *distance* et la *direction* à suivre à partir de la ruche de façon à trouver le nectar. L'abeille exploratrice parcourt les rayonnages verticaux de la ruche en effectuant un tracé circulaire, une fois par la droite et une fois par la gauche; décrivant une sorte de huit. A chaque tour, parcourant le segment central (rectiligne) du huit, elle secoue latéralement son corps en moyenne 15 fois par seconde et produit avec ses ailes des vibrations de l'ordre de 280 cycles par seconde (Michelsen,

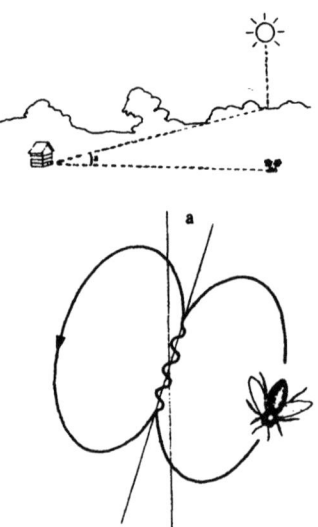

Figure 1 — La danse en huit de l'abeille mellifique. L'angle a, entre l'axe central de la danse et la verticale, correspond à l'angle entre l'azimut solaire et le trajet vers la source de nectar.

1998). Ces comportements attirent autour d'elle d'autres abeilles qui la suivent pendant quelques moments et s'envolent ensuite dans la direction de la source de nectar.

L'orientation de l'abeille exploratrice quant au rayonnage de la ruche au moment où elle effectue ses mouvements de translation latérale, est en relation trigonométrique avec la direction de la source de nectar et la projection verticale du soleil (azimut solaire)(figure 1).

Si l'abeille exploratrice s'oriente tête vers le haut au moment de la danse, soit à 12 heures en termes d'aéronautique, la source de nectar est à chercher dans la direction même de l'azimut solaire. Si l'orientation est à 10 heures, le nectar se trouve dans une direction située à 60° à gauche de l'azimut solaire. La distance de la ruche au nectar est révélée par la longueur relative de segment rectiligne de la danse en huit. Plus cette section est longue, plus la source est loin de la ruche. Le rythme des comportements de translation étant constant pendant le parcours du tracé rectiligne, il s'ensuit que la distance à la source de nectar est également une fonction mathématique du nombre de mouvements translatifs. En outre, comme la longueur relative du tracé rectiligne détermine, en partie au moins, la rapidité avec laquelle la figure en huit est parcourue, cette indication temporelle est également en rapport avec la distance à la source de nectar (Pearce, 1996). L'indication de distance est donc codée de façon redondante dans la dance en huit. Cette danse, toutefois, ne vaut que pour les distances comprises entre environ 100 et 6.000 mètres de la ruche. En deçà de 100 mètres, l'abeille exploratrice utilise une *danse en rond* sans indication de direction ni autre précision quant à l'emplacement du nectar (McFarland, 1987).

Les indications de von Frisch sont aujourd'hui largement confirmées bien qu'elles aient été mises en doute dans les années soixante-dix (par exemple, Wenner, 1971). Contrairement à une opinion répandue, les abeilles (et d'autres insectes) ne sont pas insensibles aux stimulations sonores. Leurs organes récepteurs ne répondent pas aux changements de pression aérienne, comme les récepteurs des mammifères, mais réagissent aux oscillations des molécules d'air situées à proximité. Il se trouve (on verra l'analyse de Kirchner & Towne, 1994, eux-mêmes protagonistes des recherches résumées ici, pour davantage de détails techniques et pour une revue de la littérature ; ainsi que la synthèse préparée par Michelsen, 1998) que l'abeille exploratrice frappe ses ailes l'une contre l'autre pendant les mouvements de translation latérale au cours du tracé en huit et que ces déplacements d'air peuvent atteindre une vitesse d'un mètre par seconde avec une amplitude variant de 0,1 à 1 mm. Ils sont donc rapidement détectables à quelques millimètres, ce qui représente la distance entre l'abeille exploratrice et au moins 25 % des abeilles suiveuses à tout moment.

On a pu montrer, par une série d'expériences ingénieuses menées notamment avec des «abeilles» artificielles contrôlées par ordinateur, que les vibrations émises par l'abeille exploratrice sont captées par les abeilles suiveuses (au moyen d'organes bilatéraux situés sur leurs antennes). Ces perceptions permettent aux suiveuses de repérer l'endroit où se trouve l'exploratrice et la façon dont elle se meut dans l'obscurité de la ruche. Par ailleurs, les abeilles suiveuses pressent leur thorax contre le rayonnage de la ruche où elles se trouvent à observer et à suivre l'abeille exploratrice, ce qui fait vibrer légèrement la ruche. Ces vibrations, quoique faibles, sont suffisantes pour être captées par l'abeille exploratrice, ce qui l'amène à interrompre sa danse pour distribuer des particules de nectar. Les abeilles suiveuses sont ainsi renseignées sur l'odeur et le goût du nectar.

Divers mécanismes interviennent de façon à assurer une transmission effective du message localisationnel entre abeille exploratrice et abeilles réceptrices. Warnke (1975, cité par Becker, 1979) et Eskov & Sapozhnikov (1976) ont proposé que les abeilles mellifiques produisent des champs électromagnétiques durant leurs vols et battements d'ailes, lesquels sont perçus et provoquent une réaction chez les congénères situés à proximité. Leurs observations suggèrent qu'une modulation de fréquence entre approximativement 200 et 280 hertz (cycles par seconde) peut être d'une importance particulière à cet effet.

Les abeilles mellifiques utilisent également le «code» dansé pour indiquer les emplacements d'eau, de résine (utilisée pour boucher les fentes de la ruche et fixer les gâteaux de cire); d'où l'importance de l'information tactile et olfactive qui permet de spécifier l'objet du message). La danse en huit est encore utilisée pour signaler les endroits jugés favorables à l'établissement d'un nouveau nid pendant l'essaimage. Dans ce dernier cas, les abeilles exploratrices marquent la destination avec une substance odorante sécrétée par une de leurs glandes (Michelsen, 1998).

Une question qui s'est posée est celle de savoir comment l'abeille exploratrice et les abeilles réceptrices compensent les changements de l'azimut solaire au fur et à mesure du déplacement du soleil dans le ciel. Des danseuses très motivées peuvent danser pendant une heure, voire davantage (Michelsen, 1998). Les réceptrices attendent souvent longtemps avant de quitter la ruche. En Europe occidentale, en milieu de journée, l'été, l'azimut solaire change d'environ 20° degrés d'angle par heure. Les abeilles réceptrices feraient de notables erreurs de direction si elles ne pouvaient corriger leur trajectoire en tenant compte du déplacement solaire. La réponse est venue des travaux en chronobiologie. Diverses expériences ont montré que les abeilles, comme tous les êtres vivants, disposent d'horloges biologiques (notamment circadienne — c'est-à-dire correspondant à l'alternance jour-nuit et à la durée de la journée). Les abeilles peuvent ainsi ajuster la direction de la danse et l'information directionnelle qui en résulte selon le temps circadien.

Une autre question est celle de savoir comment les abeilles se tirent d'affaire lorsque le ciel est couvert. Les yeux des abeilles, comme ceux des fourmis et d'autres insectes, sont sensibles au plan de polarisation de la lumière. Or, la polarisation lumineuse du ciel est fonction de la position du soleil (et donc de l'heure de la journée). Les abeilles peuvent profiter de cet atout sensoriel pour déterminer la position exacte du soleil lorsque le ciel est couvert, à condition que subsiste au moins un coin de ciel clair. On a effectivement montré que l'abeille est capable de reconstituer une carte de la polarisation moyenne du ciel à partir d'un petit échantillon de lumière polarisée (celui perçu par environ une centaine de facette de son œil composé; Wenner, 1971).

Les réglages comportementaux des abeilles mellifiques témoignent d'une aptitude à intégrer plusieurs informations à partir de récepteurs sensoriels divers (vision, olfaction-gustation, sensibilité vibratoire), d'une capacité de coder la distance approximative de la source de nectar par rapport à la ruche en termes de vitesse relative de la danse en huit pour l'abeille exploratrice, et l'opération inverse pour les abeilles suiveuses, d'une capacité de calcul angulaire au moment de coder l'orientation de la source de nectar par rapport à la ruche et l'azimut solaire, pour l'abeille exploratrice, et de décoder l'angle effectué par l'axe central de la danse en huit par rapport à la paroi verticale de la ruche puis de transposer cette information en direction à suivre par rapport à l'azimut solaire, pour les abeilles suiveuses.

La façon dont ces aptitudes (entièrement innées, autant qu'on sache) se sont installées au cours de l'évolution n'est pas connue. On a étudié les comportements de signalisation des congénères apidés (famille de l'ordre des hyménoptères) proches des abeilles mellifiques (guêpes, bourdons, autres abeilles). Les guêpes et les bourdons ne recrutent pas leurs congénères. A l'intérieur du genre *Apis*, on distingue, outre *Mellifica*, l'espèce *Melipona* (abeilles au dard atrophié vivant en Amérique tropicale) et l'espèce *Megachile* (abeilles «maçonnes»). Les espèces

Melipona et *Megachile* recrutent mais n'ont pas développé de code spécialisé.

Certes, le code communicatif des abeilles mellifiques repose en partie sur l'exploitation de capacités de base assez répandues chez les d'insectes (Gould, 1982). La forme communicative la plus simple est chimique. On trouve chez la plupart des insectes des récepteurs spécifiques concernant les senteurs particulières dont ils dépendent pour leur habitat, nourriture, reproduction, etc.

En fait, la communication chimique joue un rôle important dans le fonctionnement des groupes sociaux du règne animal tout entier. Chez les vertébrés supérieurs, l'odeur des individus est déterminée par certains gènes à haute variabilité allélique. Nous produisons une odeur qui nous est propre. D'autres espèces, les fourmis, par exemple, construisent, une signature chimique collective, apprise en quelques heures après l'éclosion, qui reflète par brassage la composition de la colonie à un instant donné et assure la fermeture coloniale (Dahbi, Jaisson, Lenoir & Hefetz, 1998). L'utilisation de systèmes visuels de signalisation est également très répandue chez les arthropodes aquatiques, particulièrement les systèmes rythmiques propres à chaque espèce. Par exemple, les mâles de certaines espèces de crabes «font signe» aux femelles au moyen d'une ondulation de leur pince selon un rythme propre à chaque espèce et spécifiquement reconnu par les femelles. Des codes auditifs sont aussi en existence chez diverses espèces d'insectes. Il est probable que des dispositifs similaires à des oscillateurs produisant ou réglant la distribution temporelle de la production de signaux particuliers ou capables de détecter la structure rythmique de signaux particuliers, sont utilisés par ces organismes. On retrouve des capacités correspondantes chez les abeilles mellifiques au niveau de la communication olfactive-gustative et des sensibilités rythmiques signalées.

Centrale est la question de la nature représentationnelle des messages délivrés par les abeilles exploratrices. Je me démarque ici de l'analyse de Benveniste (1966), lequel interprète le langage des abeilles comme un simple code de signaux (p. 602). Le fait que les abeilles représentent certains aspects de la réalité, pertinents pour elles, permet d'éliminer cette interprétation. Comme indiqué, deux informations figurent dans la danse en huit : la distance entre la source et la ruche, et la direction à prendre pour parvenir au nectar. Dans les deux cas, on a affaire *à l'équivalent* Apis mellifica *de deux éléments lexicaux* des langages humains ; à la différence que les éléments en question sont des continua et non des signes discrets (ils varient en continuité entre certaines limites pour accommoder l'information sur la distance et sur les coordonnées angulaires de direction) et qu'il s'agit de signes motivés et non de signes arbitraires (dans les deux lexèmes, on transpose une information extérieure en coordonnée spatiale). Concernant la danse en rond, il s'agit plus simplement d'un signal (« nectar à proximité ») avec valeur référentielle mais non représentationnelle (sinon indirectement, c'est-à-dire par « soustraction » d'avec le seuil inférieur de distance de la danse en huit). Le lexique des abeilles mellifiques est la seule composante de leur langage. Il est constitué de deux séries de termes formés à partir de la même racine. Aussi restreint soit-il, ce système ressortit au niveau L1 identifié précédemment.

2. COMMUNICATION ANIMALE

Il ne se trouve pas d'observations probantes attestant l'utilisation, en conditions naturelles, de systèmes de communication sophistiqués et détachables des contingences biologiques chez les espèces infrahumaines même les plus évoluées. On doit cependant rester prudent. Les dauphins, par exemple, disposent de systèmes de production et de réception sonore particuliers. La partie antérieure de leur tête, arrondie, constitue une sorte de lentille qui focalise l'énergie acoustique entrante. Ils sont doués pour l'écholocation et l'écho-« palpation ». Les dauphins sont sensibles à de subtiles différences de phase et d'autres caractéristiques temporelles des stimuli sonores, auxquelles les humains n'ont pas accès. Il est probable que les dauphins utilisent ces particularités dans leurs communications naturelles (Churchland, 1995). Les sons sous-marins diffèrent des sons atmosphériques à plusieurs points de vue. Ils ont une vitesse de déplacement supérieure et des longueurs d'onde plus grandes. L'équipement auditif des dauphins a évolué de façon à exploiter au mieux ces propriétés physiques. Cela rend les structures de leur « parole » d'autant plus difficiles à étudier par des humains.

Des observations fallacieuses, fictives et/ou imprudemment interprétées ont parfois été proposées. En son temps, Lilly (1961, 1963 ; Lilly & Miller, 1961) avait défrayé la chronique en publiant des rapports considérés par les exégètes (par exemple, Dröscher, 1969) comme témoignant d'une capacité conversationnelle et langagière avancée chez les dauphins (utilisable de façon à échanger des informations complexes avec des êtres humains) ; alors que tout ce qui était observé se ramenait à des échanges de signaux.

Dans un film de Mike Nichols intitulé, «The day of the dolphin», tourné aux Etats Unis en 1973, avec George C. Scott dans le rôle du Dr. Jake Terell, un biologiste aventureux, on assiste à des «conversations» (élémentaires, mais réelles et en modalité orale privilégiant les fréquences élevées du spectre acoustique humain) entre un dauphin femelle nommé Alpha, vivant en laboratoire marin, et ses entraîneurs. Le dauphin se met à parler sur incitation répétée des humains, sans apprentissage préalable. Il «enseigne» ensuite la parole humaine à un second dauphin appelé Bêta. Moins grave, mais peut-être subtilement aussi révélateur, on trouve dans un numéro récent de la belle revue américaine *National Geographic* (1998, *193*, *1*, p. 88-89), une photographie représentant un groupe de jeunes dauphins des Bahamas nageant sous l'eau en compagnie de la biologiste Kathleen Dudzinski, illustration accompagnée de l'intitulé ambigu «Dolphin talk».

Une importante littérature scientifique existe sur la communication naturelle chez les animaux. Le lecteur intéressé pourra consulter les synthèses de Leroy (1977, 1979, 1982), Kreutzer (1983) et McFarland (1987), ainsi que plusieurs chapitres dans l'ouvrage de Roitblat, Herman & Nachtigall (1993). Les communications se font au moyen de codes de signaux plus ou moins nombreux et élaborés selon les espèces. Les signaux élémentaires sont innés, bien que certaines modifications puissent intervenir par apprentissage. Ils correspondent à un petit nombre de significations figées (principalement : danger, approche d'un prédateur, commande de l'envol ou de la fuite, invite au rassemblement, contrôle, localisation et regroupement de la progéniture, présence d'aliments ou de proies, invite sexuelle, localisation du partenaire, manifestation d'hostilité inter- ou intra-spécielle). Chez les mammifères, des signaux diversifiés (en nombre limité) proches des signes existent (*cf. infra*).

Un signal doit être transmis de l'émetteur au(x) destinataire(s) (récepteurs) par le moyen d'un intermédiaire physique. Les media physiques correspondent aux principales modalités sensorielles (vision, audition, toucher, odorat et goût) et varient selon les espèces. Il est vraisemblable que les premiers systèmes de communication ayant fourni matière à l'évolution aient été de nature *chimique* (par exemple, les phéromones, composées d'atomes de carbone et utilisées comme signaux par les insectes, les poissons, et les mammifères). Pour une revue des techniques de communication olfactive à fins sociales chez les mammifères, on verra Thiessen & Rice (1979). La difficulté avec les signaux chimiques, comparés aux signaux auditifs et visuels, est qu'ils ne sont pas localisables avec grande précision (particulièrement leur source) et que leur timing est lent. Certaines espèces d'insectes paraissent dotées d'une capacité de communiquer élémentairement (outre les phéromones et les stimulations tactiles) — ou, au moins, de s'influencer interindividuellement — au moyen de la production de champs électriques (alternatifs), à quelques centimètres de distance. Un plus grand nombre d'individus impliqués accroît d'autant l'intensité du champ électrique et, toutes choses étant égales par ailleurs, ses effets sur l'activité des congénères. C'est le cas des termites de l'espèce *Heterotermes indicola*, une petite termite de la famille des *Rhinotermitidae*, originaire de la partie septentrionale de l'Inde. Becker (1979) rapporte plusieurs expériences montrant qu'à environ 4 centimètres de distance, ces termites, rassemblées en groupes de plusieurs centaines d'individus, produisent des champs électromagnétiques, déterminant une uniformisation de l'orientation de l'activité de creusement des galeries par les termites ouvrières aveugles (c'est-à-dire moins négativement phototactique) dans des directions avantageuses pour la collectivité (par exemple, de façon centrifuge et verticalement ; évitant de dépenser de l'énergie à construire d'encombrantes galeries à partir du centre du nid).

Les signaux *auditifs* se transmettent rapidement (340 mètres par seconde environ, dans l'air ambiant, entre 15 et 15.000 Hertz) et peuvent être interrompus instantanément. Ils permettent une diversité considérable (variations de fréquence, d'intensité, de phase et de spectre acoustique), ce qui fournit la base matérielle pour une grande spécificité. Par exemples, les criquets mâles des différentes espèces (familles des *Grillidae*) n'utilisent qu'une seule note variant en hauteur tonale d'espèce à espèce. Ce qui importe à l'intérieur d'une même espèce, ce sont les intervalles de temps entre les émissions sonores et la durée totale des périodes de chant. Les mâles qui ont le plus de succès auprès des femelles sont ceux qui ont la capacité de chanter plus longtemps. Les cicadas australiens mâles (*Cyclochila australasiae*) rivalisent d'intensité sonore dans leurs chants. Insectes de quelques centimètres de longueur, ils sont en mesure d'émettre des sons d'une fréquence de 4.000 cycles par seconde (Hertz) avec une intensité de 100 décibels (db) à un mètre de distance ; ce qui en fait les insectes les plus bruyants connus (Bennet-Clark, 1998).

Les vertébrés tendent à utiliser à la fois la hauteur tonale et l'organisation séquentielle dans leurs signaux sonores. Les réalisations les plus élaborées dans ce domaine sont le fait des oiseaux et des baleines (en dehors de la parole humaine caractérisée par une grande diversité vocale).

Seuls les oscines, qui fournissent les espèces d'oiseaux les plus évoluées, chantent (Catchpole, 1979). Chaque espèce d'oscines a son chant propre; cela permet aux congénères de s'identifier sans se voir. La durée du chant varie d'une espèce à l'autre (de quelques secondes, le plus souvent, à plusieurs minutes chez le rossignol ou le merle). L'étendue du répertoire constitue un autre critère de différenciation. Chez les espèces à chant court, on évalue le nombre moyen de chants différents dont disposent les individus (de quelques unités à une centaine). Chez les espèces à chant long, l'étendue du répertoire est déterminé à partir du nombre moyen de «syllabes» différentes produites (souvent plusieurs centaines). Un oiseau, considéré individuellement, possède habituellement plusieurs types de chants (de deux à six), lesquels forment son répertoire. Mais certains individus peuvent n'en avoir qu'un. Les similarités spéciales augmentent avec la proximité géographique, constituant des «dialectes»; une syllabe ou une séquence de syllabes («phrase musicale») sont caractéristiques d'une région et d'une population d'oiseaux. S'il existe une diversité intra-spécifique, elle est nécessairement limitée, sans quoi les congénères finiraient par ne plus se reconnaître. Les contraintes écologiques jouent également un rôle. Par exemple, la tonalité des chants est plus grave en milieu dense (forêt, particulièrement équatoriale) qu'en milieu ouvert (savane), car les écrans naturels absorbent davantage les sons aigus (Kreutzer, 1983).

Généralement, seuls les mâles chantent et le développement du chant correspond au moment où le mâle devient apte à se reproduire. Mais il existe des exceptions. Chez certaines espèces, le mâle et la femelle chantent en duo, soit simultanément, soit alternativement.

Les chants d'oiseaux sont-ils appris? Le développement s'effectue en deux phases. Dans un premier temps, au cours des premiers mois de vie, les oisillons mémorisent les chants qu'ils auront à leur répertoire. Un isolement acoustique à cette époque prévient l'acquisition de chants normaux. Au-delà, l'isolement acoustique n'empêche nullement l'apparition d'un chant normal à l'âge adulte. Au printemps, avec l'effet de la luminosité sur les mécanismes hormonaux, le chant se développe en même temps qu'augmente la sécrétion de testostérone. A ce moment, le jeune oiseau passe par une période de mise au point de son répertoire et on peut observer des épisodes atypiques et/ou mal structurés. Ensuite, les chants se normalisent rapidement. Durant la phase de mise au point, l'oiseau doit pouvoir s'entendre. Un jeune oiseau ne chantera pas s'il est rendu sourd avant le début de la période de pratique. Les oiseaux apprennent donc bien leur chant, mais pas n'importe quel chant. Ils sont programmés génétiquement pour n'apprendre que le chant de leur espèce.

Les fonctions du chant des oiseaux sont exclusivement signalantes : établir un territoire et le défendre contre les congénères, attirer les femelles, et maintenir le lien avec la femelle une fois l'accouplement effectué. Aucune fonction de représentation de la réalité n'est impliquée. A un message spécifique et figé correspond une signalisation particulière également figée. Cependant, on peut observer des variations limitées dans le chant caractéristique de certaines espèces selon le contexte écologique. Une variante peut être utilisée à la périphérie du territoire, par exemple, comme moyen de dissuasion contre les envahisseurs aviaires, tandis qu'une autre variante sert à communiquer avec les congénères à l'intérieur du territoire ou à proximité plus immédiate des nids (Snowdon, 1993).

Le chant de quelques espèces de baleines a été étudié. Celui des baleines « à bosse » (humpback ou *Megaptera novaeangliae*, dont faisait partie le Moby Dick d'Herman Melville) couvre l'étendue du spectre sonore humain (de quelques cycles à environ 18.000 cycles par secondes) et au-delà. Les comportements de communication des baleines humpback du Pacifique nord ont été documentés au cours des vingt dernières années dans les Iles Hawaii, où elles « descendent » à la saison de reproduction et pour élever les baleineaux avant de remonter se nourrir plus substantiellement dans les froides eaux septentrionales (Herman & Forestell, 1977). Un chant peut être composé de 4 à 8 thèmes ordonnés séquentiellement et constitués d'un certain nombre d'unités répétées à diverses reprises. Le chant lui-même peut être répétés plusieurs fois et l'épisode chanté peut durer 30 ou 40 minutes (parfois bien davantage ; Winn & Winn, 1978). Toutes les baleines humpback d'une même région géographique chantent les mêmes chants et traitent les mêmes thèmes musicaux, bien que ceux-ci puissent varier sensiblement d'une saison à l'autre (Chadwick & Nicklin, 1999). Seuls les mâles chantent, au moins en période de reproduction. Les chants interviennent dans l'établissement des hiérarchies de dominance entre mâles, le rapprochement des partenaires sexuels et l'organisation des comportements de cour (Clark, 1982 ; Chadwick & Nicklin, 1999).

L'éventuelle structuration linguistique des chants des baleines a échappé jusqu'ici à la perspicacité des chercheurs, tant les difficultés techniques de l'étude *in situ* sont énormes.

Plus primitivement, les phoques à crinière mâles ou lions de mer (*Zalophus californianus*; il s'agit de mammifères amphibiens) font varier le nombre et le rythme de leurs aboiements selon le contexte social. Ils contrôlent, de cette manière, les comportements de leurs congénères (Schusterman, 1977).

La communication « sifflée » chez les dauphins et la plasticité vocale que certaines espèces de dauphins, comme les *Tursiops truncatus*, manifestent ont été étudiées également (Reiss, McCowan & Marino, 1997 ; Herman & Tavolga, 1980). En conditions naturelles, ces animaux utilisent trois classes de signaux : (1) des émissions à large spectre fréquentiel dont la fonction reste imprécise ; (2) des sons de courte durée à spectre étroit utilisés de façon échoïque pour s'orienter, percevoir les objets à moyenne distance et naviguer ; et (3) des sons à large et/ou à étroite bande acoustique dont la fonction est sociale. Peu de choses sont connues quant à l'organisation de ces répertoires communicatifs. Il semblerait que les dauphins puissent combiner deux ou trois signaux dans leurs messages et établir des associations stables entre productions sonores et éléments objectaux et/ou événementiels de l'environnement. La question de la « signature acoustique personnelle » des dauphins (par exemple, *Tursiops truncatus*) et autres mammifères marins (par exemple, les baleines humpback) a été posée. Ces animaux pourraient produire des séquences de vocalisations propres à chaque individu du groupe, permettant de les reconnaître en tant que tels. Mais le problème reste controversé de même que la question connexe de savoir si les éventuelles signatures personnelles contiennent d'autres informations à destination des congénères (McCowan & Reiss, 1997).

La communication sur base acoustique est fréquente et souvent bien développée chez les mammifères terrestres vivant en groupes. Les faits saillants en sont la variabilité des sons selon l'état d'excitation de l'émetteur en rapport avec les circonstances et la fonction sociale poursuivie. A distance et lorsque l'organisme agit seul, le signal acoustique est davantage uniforme. Les signaux variés sont émis à proximité des récepteurs et les variations dépendent largement des réactions de ces derniers.

Certains modes de communication *vibrationnelle* ont été documentés chez les mammifères (par exemple, chez les taupes souterraines, dans le contexte des accouplements pré-reproducteurs, une frappe rythmique contre le plafond de la galerie de façon à signaler la présence et à maintenir les autres mâles à distance).

La *lumière*, comme moyen de communication dans la nature, dispose de beaucoup des avantages du son. Les stimuli lumineux peuvent, en outre, être exposés en permanence. Cela est vrai des traits anatomiques externes ou déployables qui peuvent servir de signaux permanents ou intermittents à destination des congénères ou d'autres espèces. Certaines espèces fabriquent leur propre lumière, se libérant ainsi de la dépendance du rayonnement solaire ou du reflet lunaire. Les lucioles reconnaissent les membres de leur propre espèce selon un intervalle temporel unique entre les flashs lumineux émis sur le mode des signaux morse, sans considération pour la couleur. Le mâle *Photinus pyralis* (luciole du continent nord-américain) émet des flashs à intervalle de six secondes. La femelle répond par une émission lumineuse de deux secondes après chaque flash du mâle. Ce dernier peut ainsi identifier et localiser les femelles de son espèce (Carlson & Copeland, 1978). La rivalité entre mâles se traduit par la synchronisation des signaux lumineux émis à destination des femelles jusqu'à épuisement de l'activité lumineuse d'un des protagonistes, lequel perd la compétition reproductive (Landa, Drobschenko & Bolshakov, 1994).

Enfin, les signaux *tactiles* peuvent être utilisés également, mais ne sont utiles, par définition, qu'au contact. Ils n'interviennent pas dans la transmission d'informations complexes.

La communication chez les insectes et les oiseaux ne dépasse pas le niveau des codes de signaux, comme indiqué précédemment; à l'exception des abeilles mellifiques pour les insectes. Une exception chez les oiseaux pourrait être fournies par certaines espèces de perroquets. Pepperberg (1981, 1993) rapporte que ces oiseaux, connus pour leur capacité à imiter (mécaniquement) certains aspects de la parole humaine, peuvent être entraînés à reproduire quelques dizaines de mots (noms d'entités concrètes, par exemple, alimentaires — *pasta* —, couleurs, formes, nombres, le terme négatif *non*) et à les utiliser à bon escient (par exemple, en répondant à des questions du type *Quelle couleur?* prononcée par le collègue humain en présence d'un objet). Alex, un perroquet de l'espèce *Psittacus erithacus*, entraîné par Pepperberg, était capable d'utiliser une formule déclarative du type «*wanna-go* + location» [par exemple, *wanna-go gym*, «veux aller (au) gymnase»] de façon à faire valoir ses intentions immédiates. Bien que le contexte soit expérimental (technique d'apprentissage par modelage des réponses et conditionnement operant), les travaux de Pepperberg montrent qu'on peut dépasser le niveau du signal au profit de la saisie et de l'utilisation de véritables signes (et même de combinaisons stéréotypées composées de deux signes) chez certaines espèces d'oiseaux, comme les perroquets.

Chez les mammifères, les signaux peuvent incorporer des informations particulières relatives à la localisation de l'émetteur, son identité, s'il a besoin d'aide ou non [comme c'est le cas, par exemple, chez les hyènes mouchetées (*Crocuta crocuta*); East & Hofer, 1991], l'identification d'un type particulier de prédateur, ou divers aspects du contexte physique ou social dans lesquels le signal est produit [par exemple, chez les écureuils californiens (Owings & Leger, 1980); les singes vervet du Parc National Amboseli, au Kenya (Seyfarth, Cheney & Marler, 1980; Seyfarth & Cheney, 1984; voir aussi Seyfarth & Cheney, 1993); les singes macaques du Japon (Takasaki, 1981); et les chiens de prairie (*Cynomys ludovicianus*; Slobodchikoff, Kiriazis, Fischer & Creef, 1991)].

L'étude de Seyfarth et collaborateurs (1980) montre que certains cris enregistrés parmi les singes vervet, et reproposés ensuite en l'absence des prédateurs, provoquent la fuite dans les arbres s'il s'agit d'un cri d'alarme « léopard », la scrutation du ciel pour une alarme « aigle », et celle du sol pour une alarme « serpent ». Les jeunes singes produisent erronément des alarmes « léopard » en présence de divers mammifères, des alarmes « aigle » pour une grande variété d'oiseaux, et des alarmes « serpent » pour divers objets présentant certaines caractéristiques des serpents. Les observateurs relèvent qu'un apprentissage discriminatif est nécessaire de façon à restreindre les catégories d'alarmes aux prédateurs appropriés. Une telle réduction de l'extension des champs sémantiques des cris d'alarmes (avec modification appropriée du nombre et du type de sèmes impliqués) fait penser à la réduction, également graduelle, des surgénéralisations dans le développement lexical humain (le terme *papa*, par exemple, référant d'abord pratiquement à tous les hommes à proximité du jeune enfant avant d'être restreint au père naturel et/ou subrogé).

Les échanges humains exploitent principalement le canal auditivo-vocal de façon à matérialiser les messages langagiers; le canal visuel pouvant servir à exprimer des significations additionnelles ou concurrentes. Chez les primates non humains en situations naturelles, on a souvent une communication empruntant plusieurs canaux parallèlement. Les vocalisations peuvent servir à attirer l'attention du partenaire sur un complexe de stimuli expressifs, visuels, olfactifs et/ou tactiles (Wallman, 1992).

Les observations concernant la diversification sémantique des signaux relativement aux divers événements des contextes de vie chez les chiens ne surprendront guère les familiers de la « race canine ». On peut mentionner l'observation de Warden & Warner (1928) à propos d'un chien nommé *Fellow*, lequel était capable de réagir adéquatement à une cinquantaine de commandes orales (*assis, debout, couché, Mets la patte sur le fauteuil*, etc.). En présence de l'instruction « Fais ça encore une fois », il répétait une seule fois sa dernière action.

Malgré les difficultés inhérentes à la classification des signaux et à la détermination des catégories comportementales correspondantes (*cf.* Owren, Seyfarth & Hopp, 1992, pour une discussion), les indications précédentes attestent qu'en situation naturelle (ou quasi naturelle), nombre d'espèces supérieures utilisent effectivement des signaux que les chercheurs de ce courant appellent «catégoriels», c'est-à-dire des signaux allant au-delà de la simple référenciation et impliquant un début de représentation de la réalité.

On pose parfois la question de savoir, particulièrement pour les classes zoologiques inférieures, si les signaux sont véritablement de nature communicative et référentielle, ou s'il ne s'agit pas plus simplement de «corrélats motivationnels». Marler, Evans & Hauser (1992) font valoir que les aspects émotionnel-expressif et significatif des signaux (particulièrement des signaux acoustiques et des vocalisations; mais l'argument peut être généralisé aux autres modalités de communication) ne sont pas mutuellement exclusifs. L'opposition en question, si on la pousse trop loin, est un faux problème. Il s'agit, une fois encore, d'un continuum (englobant la communication humaine). A l'une des extrémités, on peut avoir des instances de «décharge» émotionnelle sans objectif communicatif particulier; à l'autre extrémité du continuum, on trouve des productions référentielles sans implication émotionnelle. En outre, une manifestation purement expressive, du point de vue de l'émetteur, peut comporter des éléments d'information pour un récepteur (ne fut-ce que sur l'état émotionnel de l'émetteur). Comme le notait Watzlawick dans sa *Logique de la communication* (1972), «On ne peut pas ne pas communiquer».

Rappelons, enfin, que Bühler (1934; Scherer, 1992, pour une reprise) attribuait à *tout* signe, à la fois, une valeur de *signal* (rapport entre le signe et le receveur), de *symbole* (rapport entre le signe et l'objet ou l'événement représenté), et de *symptôme* (rapport expressif entre l'émetteur et le signe émis). Je n'adhère pas à une telle conception car en incluant dans le champ du signe les notions de signal, symptôme, symbole, représentation et expression, on confond beaucoup plus qu'on ne clarifie. Le rappel de la théorie de Bühler souligne simplement la parenté évoquée entre les éléments communicatifs considérés.

3. CAPACITÉ LANGAGIÈRE DES SINGES ANTHROPOÏDES

Comme le rappelle Lorenz (1952), l'homme, depuis les temps bibliques au moins, a rêvé de communiquer avec les animaux. Le roi Salomon avait la réputation de parler aux oiseaux et aux poissons. De même,

Francesco d'Assisi, le merveilleux poverello, au début du XIIIe siècle de notre ère. Pour la plupart d'entre nous, plus modestes créatures, ce genre de performance est hors de portée. Dans les temps modernes, le projet de faire parler les animaux s'est cristallisé sur nos voisins immédiats dans l'échelle des espèces, les primates non humains.

Le terme *primate* (c'est-à-dire premier) désigne l'ordre du règne animal qui comprend les prosimiens (petits mammifères arboricoles de l'Asie du Sud-Est — certains, comme le tarsier, pas plus grands que le rat commun), les singes («inférieurs», par exemple, les tamarins, les babouins et les macaques), les singes anthropoïdes [singes «supérieurs, ou encore «pongidés», soit principalement les orangs-outangs, les gorilles, les bonobos et les chimpanzés; le statut taxinomique des gibbons n'étant pas clarifié à ce stade (Dutrillaux & Richard, 1997)], et les humains (genre *Homo*). On sait aujourd'hui que tous les primates descendent d'un petit mammifère, semblable à une musaraigne, apparu sur terre il y a environ cent millions d'années (DeVore & Eimerl, 1969).

Les biologistes catégorisent les espèces vivantes selon une taxinomie complexe qui va du règne (animal, végétal, champignon et protiste) aux espèces et sous-espèces (par exemple, *Sapiens sapiens*, notre sous-espèce), en passant par les phylums, sous-phylums, les classes (par exemple, les arthropodes, les poissons, les reptiles, les oiseaux, les mammifères), les ordres (les carnivores, les primates, etc.), les familles (les pongidés, les hominidés, etc.), les genres (*Homo*, *Pan*, etc.). Le concept d'espèce n'est pas aisé à définir. Il existe au moins une dizaine de définitions. Pour Mayr (1981) — définition négative mais populaire —, deux espèces différentes sont dans l'impossibilité de créer une descendance. Ammann (1999) remarque que la définition de Mayr est surtout ornithologique. Elle n'est pas correcte pour les plantes (la plupart étant hermaphrodites), par exemple. Pour Ammann (1999), on peut identifier quatre ensembles de critères pour définir une espèce : les critères écologiques, morphologiques, biochimiques et cytologiques/génétiques. En général, les quatre critères sont réunis, mais deux peuvent suffire.

Parmi les deux cents espèces (environ) de primates, les chimpanzés (genre *Pan*) sont non seulement les animaux biologiquement les plus proches de l'homme, ils sont également plus proches du genre humain que de n'importe quelle autre genre. Le patrimoine génétique des chimpanzés a 98% d'acide désoxyribonucléique (ADN, le matériau de base de la transmission des caractères héréditaires) en commun avec l'espèce humaine (King & Wilson, 1975). Contrairement à une erreur répandue, l'homme ne descend nullement du singe (anthropoïde). Les deux familles ont un même ancêtre qui vivait il y a environ 20 millions d'années. D'une évolution en réseau (Dutrillaux & Richard, 1997) sont issues les trois branches menant aux genres et espèces de primates actuels. Les premiers à se détacher du tronc commun ont été les gibbons et les orangs-outangs. On aboutit ensuite à un autre tronc commun d'où émergent trois rameaux, l'un menant aux gorilles, le deuxième aux chimpanzés (*Pan troglodytes*), et puis de là aux bonobos (*Pan paniscus*), et le troisième au genre *Homo*. Il n'y a non plus aucune raison d'affirmer, comme on le fait parfois, que les singes bonobos sont biologiquement plus proches des humains que les chimpanzés.

Le premier développement des petits chimpanzés présente nombre de traits comparables avec celui des enfants humains. Le sevrage n'intervient pas avec 5 ans d'âge. Les petits restent en compagnie de la mère jusqu'à 7 ou 8 ans. Les premiers signes de maturité sexuelle apparaissent vers 8 ans. Goodall (citée par R. Gardner & B. Gardner, 1975) rapporte que la plus jeune mère chimpanzé observée par elle était âgée de 12 ans. L'état adulte est atteint entre 12 et 16 ans et l'espérance de vie (en captivité) est de l'ordre de 40 à 50 ans. Les systèmes sensoriels et sensorimoteurs des chimpanzés (des singes supérieurs en général) et des humains sont semblables quant à leurs structures et leurs fonctions (Dore & Dumas, 1987). La perception des couleurs chez les chimpanzés est semblable à celle des humains (Grether, 1940). Eclairante à ce sujet est une recherche de Matsuzawa (1985), menée avec un chimpanzé femelle, Ai, âgée de 4 ans. Après un entraînement, consistant à apprendre le nom de onze couleurs (du rouge au noir) au moyen d'une technique d'apprentissage par ordinateur et console d'ordinateur interposés, proche de celle mise en application par les Rumbaugh dans les années soixante-dix (dont il sera question plus loin dans l'ouvrage), Matsuzawa a proposé à Ai les échantillons de la carte des couleurs de Munsell. Les réponses dénominatives et classificatoires du chimpanzé sont exactement semblables à celles des sujets humains. Non seulement, la perception des couleurs est identique chez l'homme et le chimpanzé ; mais il semble en aller de même pour l'usage des noms de couleurs. Au-delà des capacités perceptives, la recherche contemporaine souligne la grande proximité des singes anthropoïdes et des humains quant aux bases de la morale naturelle. On découvre à l'œuvre parmi les singes des règles sociales élaborées, des stratégies d'entraide, des rituels d'interaction et de règlement des conflits interpersonnels (on verra De Wall, 1997, pour une synthèse).

Il n'est pas étonnant, dès lors, qu'on ait pensé à faire apprendre le langage humain aux singes (déjà Pepys, 1661, comme mentionné précédemment). La Mettrie (1748 ; cité par Ward, 1983 — non découragé ni convaincu par les arguments de Descartes, voir mon Introduction) suggérait d'utiliser une personne familière pour apprendre la parole au singe et, pertinent pour ce qui suit, de commencer par des signes gestuels.

Plusieurs expérimentateurs américains ont tenté de faire apprendre la parole à des singes anthropoïdes. Le premier d'entre eux paraît avoir été Witmer (1909) qui parvint à faire prononcer le terme *mama* à un chimpanzé. Furness (1916) put apprendre à un chimpanzé et un orang-outang femelles à produire deux mots anglais *papa* et *cup* (tasse). Furness relevait déjà que ni le chimpanzé, ni l'orang-outang n'utilisent spontanément leurs lèvres et leur langue pour articuler et que cela constitue un obstacle majeur pour l'acquisition de la parole. Yerkes (1925) avait perçu que les singes étaient dénué de tendance à imiter les sons humains et ne montraient guère de disposition pour la parole. Il proposait de leur apprendre un langage non vocal, simple et basé sur l'utilisation des mains et des doigts; ce qui sera effectivement tenté, mais à partir des années soixante seulement.

Kellogg & Kellogg (1933; W. Kellogg, 1968, 1969) s'efforcèrent de faire apprendre la parole humaine à un jeune chimpanzé femelle, nommée Gua; élevée à domicile en compagnie d'un bébé humain (Donald, l'enfant du couple Kellogg). Gua ne put jamais produire un seul mot anglais. La tentative la plus systématique en la matière paraît avoir été celle de Hayes & Hayes (1951; voir aussi C. Hayes, 1951; et K. Hayes & Nissen, 1971) avec leur chimpanzé femelle Viki, élevée également à domicile comme une jeune enfant humain pendant plus de 6 ans. Viki s'est développée rapidement aux plans perceptif et moteur; souvent plus précocement que les enfants humains. Mais, après plusieurs années d'efforts, elle ne pouvait prononcer que quatre mots anglais (les équivalents de *papa*, *mama*, *tasse*, et *en-haut*), médiocrement articulés, et en «comprendre» un peu plus.

Plus récemment, Laidler (1978) s'est efforcé, en contexte expérimental, de faire produire diverses syllabes par un jeune orang-outang, nommé Cody, âgé de 5 mois au début de l'étude. Les syllabes servaient de réponses conditionnées pour l'obtention de renforcements alimentaires, sociaux (contact, confort), pour se faire remettre un objet désiré, ou entamer une activité intéressante. Sur un intervalle de neuf mois, l'expérimentateur est arrivé, avec beaucoup de difficultés, à faire produire à Cody seulement trois syllabes (mal articulées mais utilisées spontanément en contexte fonctionnel) : «kuh», «puh» et thuh».

On a conclu de ces tentatives que les singes étaient démunis de capacité langagière. C'était aller trop vite en besogne et surtout confondre parole et langage.

On sait aujourd'hui que les singes ne disposent pas des structures anatomiques et neurologiques permettant de produire la gamme des sons de la parole humaine (Lieberman, 1968, 1975; Lieberman, Crelin & Klatt, 1972; Jürgens, 1992). Il est probable que les mammifères non humains ne disposent pas d'une connexion directe entre le cortex moteur et le noyau ambigu (point de départ des motoneurones langagiers situés dans le tronc cérébral). Par ailleurs, les chimpanzés possèdent des cordes vocales doubles (analogues des «vrais» et «fausses» cordes vocales humaines). Ils peuvent produire des sons bi-tonaux, mais seulement lorsqu'il y a une forte pression d'air expiratoire; ce qui est le cas lors des états émotionnels. Leurs outputs laryngés sont irréguliers. Trois caractéristiques différencient, en outre, le tractus vocal des humains modernes et des primates non humains. Il s'agit, chez les humains, de (1) la courbature du tractus produisant deux chambres de résonance (pharynx et cavité buccale); (2) la position «basse» (descendue) du larynx dans la gorge augmentant le potentiel de résonance des sons fondamentaux laryngés; et (3) la mobilité du voile du palais commandant l'accès aux fosses nasales (résonateur supplémentaire optionnel).

Le larynx humain moderne est le produit d'une longue évolution. Une structure organique annonciatrice intervient pour la première fois chez les poissons à poumons externes. Il s'agit d'une valve placée au fond du pharynx de façon à empêcher l'entrée de l'eau dans les poumons. Plus tard, le larynx se dote de fibres musculaires destinées à ouvrir davantage l'orifice et à permettre l'entrée d'une plus grande quantité d'air pendant la respiration. Ensuite apparaissent les cartilages latéraux (aryténoïdes) et inférieurs (cricoïdes), ainsi que les muscles et ligaments permettant de mobiliser ces structures et de faciliter les mouvements d'ouverture et de fermeture du larynx; ouvrant ainsi la voie à la phonation. Cette dernière paraît avoir évolué de façon opportuniste chez de nombreuses espèces animales au détriment partiel de l'efficacité respiratoire (Ploog, 1992). Chez les mammifères, le larynx est situé haut dans la gorge et l'espace pharyngé est d'autant plus réduit. Les humains font exception après l'âge de deux ans environ qui voit la descente du larynx (et, dès lors, l'impossibilité de respirer et d'avaler en même temps; capacité existant encore chez le bébé et lui permettant de s'alimenter par longues succions sans s'asphyxier).

Chez les adultes humains, la partie arrière du crâne est infléchie pour accommoder un pharynx de taille relativement importante et incurvé vers l'arrière du corps. Malgré, et à côté de, pour ainsi dire, ces différences anatomo-physiologiques et fonctionnelles-comportementales, Deacon (1989) fournit des arguments neuroanatomiques suggérant que les circuits qui interviennent dans les productions vocales des primates non humains (contrôlés principalement au niveau du système limbique et du diencéphale) n'ont pas été éliminés dans l'évolution des hominidés, mais ont été intégrés dans les circuits nerveux davantage distribués des hommes modernes et placés sous le contrôle impératif des centres corticaux préfrontaux et frontaux.

La cavité buccale et les lèvres diffèrent également chez les hommes et chez les singes. L'arcade dentale des premiers est parabolique tandis qu'elle a une forme en U renversé chez les seconds. La langue est bien représentée dans le cortex moteur et sensoriel des humains, reflétant son importance fonctionnelle. Sa suspension et son attache (à l'os hyoïde — os en forme de fer à cheval, situé au-dessus du larynx) diffèrent chez l'homme et le chimpanzé (Lenneberg, 1967). Enfin, les muscles faciaux, particulièrement périoraux (orbiculaire de la bouche et zygomatiques) sont plus différenciés et plus finement contrôlés chez les humains. Toutes ces structures jouent un rôle déterminant dans la production de la parole.

Le travail de Crelin (1987) a permis de confirmer expérimentalement (en constituant un modèle artificiel de tractus vocal de différentes espèces animales et en y adjoignant une soufflerie infralaryngée) que les chimpanzés, les singes anthropoïdes et d'autres espèces de mammifères ne peuvent produire que quelques voyelles dans les meilleures conditions (c'est-à-dire, notamment, en rétrécissant considérablement le tractus vocal de façon à augmenter la pression d'air buccale), ne peuvent passer rapidement d'une voyelle à l'autre, et ne peuvent produire aucune consonne typiquement humaine, en raison de la grande difficulté qu'ils éprouvent à effectuer la fermeture vélopharyngale indispensable pour la production des consonnes orales.

Les singes anthropoïdes ne sont pas en mesure de produire la parole humaine quelle que soit l'ampleur ou l'ingéniosité des moyens mis en œuvre. Mais sont-ils pour autant dénués de capacité langagière ? Pour le savoir, il était nécessaire de les soumettre à des apprentissages linguistiques dans une modalité autre qu'auditivo-orale, une modalité visuelle ou visuo-manuelle, par exemple, puisqu'on sait que la nature les a mieux équipés de ce côté.

3.1. Les expériences de Premack

C'est un raisonnement de ce type qui a amené un psychologue américain, David Premack, à proposer l'apprentissage d'un dispositif linguistique visuel à une chimpanzé femelle nommée Sarah, âgée de 5 ans au début de l'expérience (D. Premack, 1971; A. Premack & D. Premack, 1972).

La première étape a consisté à faire apprendre à Sarah un lexique construit à partir de pièces de plastic tridimensionnelles, colorées et disposables sur un tableau mural. Premack s'est efforcé ensuite d'établir si le chimpanzé pouvait apprendre à composer des énoncés à plusieurs termes et à réagir adéquatement à ceux proposés par l'examinateur. La procédure expérimentale relevait de l'apprentissage operant. Il s'agit d'une procédure de conditionnement consistant à faire suivre les réponses données par un organisme d'une conséquence particulière identifiable par lui et opérationnalisable par l'expérimentateur. Par exemple, dans certaines des procédures expérimentales exploitées par l'école operante (Skinner, 1938, et ses continuateurs), la pression d'un levier par un rat de laboratoire dans une cage spécialement aménagée, entraîne la distribution d'un renforcement alimentaire (boulette de nourriture ou quantité de liquide) selon une règle (contingence de renforcement) définie au préalable (par exemple, une réponse — un renforcement, ou un renforcement toutes les cinq réponses, ou encore un renforcement pour toute réponse espacée de la précédente d'au moins trente secondes, etc.).

En première instance, une transaction alimentaire est établie avec le chimpanzé. Par exemple, on place une banane sur la table. Sarah s'en empare et s'en nourrit. Le déroulement de la routine alimentaire est ensuite modifié de la façon suivante. Un item plastic (disons un petit cylindre métallique rouge) est placé sur la table à proximité de la banane. Le chimpanzé n'est autorisé à se saisir de la banane qu'après avoir disposé l'item plastic (qui sera dorénavant le signe désignant la classe des bananes) à même le tableau.

Environ 30 éléments lexicaux visuels ont pu être appris par Sarah sur un intervalle de plusieurs mois. Premack les a retestés régulièrement de façon à s'assurer qu'ils continuaient de faire partie du lexique du chimpanzé. Sarah les utilisait avec une fiabilité comprise entre 70 et 80 pourcent. Il s'agissait de pièces de plastic correspondant aux aliments favoris de Sarah (*pomme, banane, raisin, pêche, figue,* etc.), divers objets familiers (*paille pour boire, plat, crayon, fleur, plume, balle, voiture-jouet, cheval-jouet,* etc.), les noms des expérimentateurs (*Randy, Mary*), de

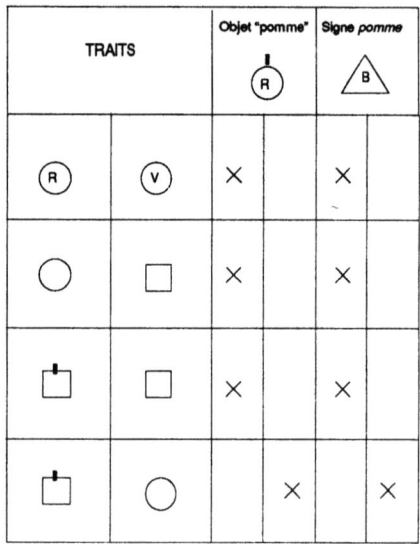

Tableau 1 — Analyse de l'objet (pomme) et du lexème-plastic pomme en traits sémantiques par le chimpanzé Sarah (d'après Premack, 1971).
Note : R = rouge; B = bleu; V = vert; X indique le choix de l'animal dans l'alternative correspondante.

Sarah elle-même, des modificateurs (*identique, différent, grand, petit, carré, rond, triangle, rouge, vert, bleu,* etc.), et un petit nombre d'actions concrètes (*mettre, insérer, donner, prendre,* etc.).

Deux types de tests ont permis d'établir que Sarah avait effectivement construit une association stable entre les classes d'objets, actions, certaines propriétés ou qualités des objets, et les signifiants lexicaux (arbitraires et discrets mais non décomposables en éléments constitutifs). Au cours d'une première épreuve, Premack a présenté au chimpanzé deux lexèmes-plastic et un seul fruit de façon à vérifier si elle associait correctement lexème et fruit. Premack avait pris la précaution d'établir chez Sarah un ordre de préférence séparé pour les fruits et les lexèmes-plastic dans le but de savoir, en cas de réponse erronée, s'il ne pouvait s'agir d'une requête indirecte pour obtenir l'autre fruit que celui désigné par le lexème proposé. Le degré d'accord entre les lexèmes-plastic et les fruits atteignit 80 % et davantage. La plupart des erreurs intervinrent dans des choix impliquant un fruit moins préféré comme référent du lexème. Il est permis de conclure que le chimpanzé connaissait la correspondance entre les classes de référents et les lexèmes, et donc qu'un répertoire lexical avait bien été mis en place.

Le second type de contrôle effectué porte sur l'existence chez le chimpanzé de compositions sémiques comparables à celles formées par les humains. Le tableau 1 illustre la procédure mise en œuvre.

On présente au chimpanzé deux épreuves « d'appariement à l'échantillon » (*matching to sample*) de façon à obtenir deux analyses indépendantes des traits sémantiques et de certaines caractéristiques de l'objet, et à voir dans quelle mesure ces analyses correspondent. Dans le cas illustré au tableau 1, Sarah était d'abord mise en présence d'une pomme et devait choisir chaque fois entre deux traits celui qu'elle considérait comme le plus en rapport avec le fruit en question. Les alternatives proposées étaient : rouge/vert, rond/carré, carré avec queue/carré sans queue, et carré avec queue/rond. La même épreuve d'appariement était ensuite proposée quant au lexème-plastic signifiant « pomme » (mais en l'absence de la pomme physique). Quarante-deux essais furent effectués avec l'objet et le lexème-plastic, incluant plusieurs présentations (non immédiatement consécutives) des mêmes contrastes. Sarah choisit exactement les mêmes séries de propriétés pour l'objet-pomme et pour son signe lexical.

Il peut sembler que l'on soit en présence chez Sarah d'une capacité lexicale de base semblable ou proche de ce qu'on trouve chez les humains. Mais ce n'est pas assuré. Plusieurs imperfections méthodologiques dans la procédure utilisée ne permettent pas de conclure en toute certitude. Comme le relèvent également Savage-Rumbaugh, Rumbaugh & Boysen (1978a), analysant cette partie de travail de Premack : (1) Sarah n'a été confrontée qu'à un choix contrasté portant sur deux propriétés à la fois; (2) les caractéristiques et propriétés proposées ont toujours été celles des objets, et jamais celles des pièces de plastic servant de signes pour les objets; (3) le test a toujours été effectué avec les objets, d'abord, et les signes-plastic, ensuite; il peut s'être trouvé, dès lors, que dans la seconde partie du test, Sarah resélectionnait simplement les réponses préalablement renforcées; et (4) Premack n'a jamais présenté à Sarah des « non-lexèmes » (ici, des pièces de plastic proches de celles constituant les signifiants habituels mais sans rapport avec les objets), soit une contre-épreuve expérimentale.

Premack a cherché également à identifier l'existence d'une capacité syntaxique chez Sarah. Il s'est intéressé à la saisie de l'ordre séquentiel dans des énoncés à deux, trois, quatre, et jusqu'à huit lexèmes-plastic, à la compréhension d'énoncés interrogatifs, du contraste affirmatif-négatif, d'énoncés coordonnés, et de la relation conditionnelle *si-alors*.

Concernant l'ordre des lexèmes, on a appris à Sarah à comprendre et à produire des séquences du type : *Mary donne pomme Sarah*. Le strict respect de l'ordre des signes-plastic était la condition de l'obtention du renforcement alimentaire. Aucune difficulté particulière n'est signalée par Premack à l'exception de la réticence de Sarah à produire des énoncés désignant un autre bénéficiaire qu'elle-même (par exemple, *Sarah donne pomme Mary*).

Premack rapporte également avoir entraîné avec succès Sarah à comprendre des énoncés interrogatifs impliquant un choix «même/différent»; par exemple, *Quoi (est) A par-rapport-à A? même/différent*, et *Quoi (est) A par-rapport-à B? même/différent*. A et B sont des objets familiers dont Sarah connaît les signes-plastic. A partir de là, les questions *oui/non* ont pu être introduites. Le format suivant a été utilisé : *(Est-ce-que) A (est le) même (que) A? oui/non*; *(Est-ce-que) A (est le) même (que) B? oui/non*. Il s'agissait pour le chimpanzé de choisir l'élément de réponse correct et de l'afficher au tableau mural.

Le contraste affirmatif/négatif au sein d'énoncés déclaratifs a été introduit de la même manière. Par exemple : *Pomme est-le-nom-de* (l')objet pomme; *Banane ne-pas est-le-nom-de* (l') objet pomme.

Premack a ensuite entraîné Sarah à comprendre des énoncés composés de deux propositions coordonnées. Dans un premier temps, le chimpanzé s'est vu proposé toutes les paires possibles de phrases simples placées côte à côte sur le dispositif tabulaire. Par exemple, *Sarah met (la) pomme (sur le) plat*; *Sarah met (la) banane (dans le) seau*. Dans un deuxième temps, les paires de phrases ont été disposées séquentiellement et reliées formellement l'une à l'autre. Par exemple, *Sarah met (la) pomme (sur le) plat et Sarah met (la) banane (dans le) seau*. Dans un troisième temps, on a éliminé les termes redondants de façon à aboutir à une phrase grammaticale composée de deux propositions coordonnées. Par exemple, *Sarah met (la) pomme (sur le) plat et (la) banane (dans le) seau*.

Enfin, la relation conditionnelle *si-alors* a été travaillée de manière progressive pour aboutir à des phrases du type : *Si Sarah prend (la) pomme alors Mary prend (la) banane*.

Premack (1971) rapporte qu'au bout de plusieurs mois d'apprentissage intensif, Sarah était capable de produire et de comprendre les différents types de phrases et d'énoncés en question. On peut considérer, affirme-t-il, qu'elle en était venue à disposer des capacités linguistiques correspondantes. Une telle suggestion est loin d'aller de soi. Comme on le verra dans la suite du chapitre, aucune capacité grammaticale *élaborée* n'a été démontrée à ce jour chez les singes anthropoïdes. Le cas de Sarah serait exceptionnel, ce qui est implausible. Plus vraisemblablement, les apprentissages « grammaticaux » de Sarah ressortissent à un conditionnement de proche en proche avec le cas échéant facilitation des réponses correctes par l'exploitation d'indices non linguistiques non ou non complètement contrôlés. Je m'explique sur ce double point.

La procédure mise en œuvre par Premack pour les diverses structures grammaticales présentées à Sarah consistait à amener l'animal à fournir en chaque occasion une réponse un peu plus élaborée que la précédente, le conditionnant ainsi de proche en proche à comprendre ou à produire la structure cible. Il s'agit d'une prouesse expérimentale. Mais rien ne garantit que le chimpanzé ait appris autre chose qu'à répondre aux incitations immédiates de l'expérimentateur et à fournir chaque fois le petit élément de réponse supplémentaire exigé. Vu du point de vue de l'expérimentateur, l'animal semble effectivement avoir appris à manipuler des énoncés complexes, grammaticalement organisés, etc.; mais, du point de vue de l'animal, les apprentissages ne concernent peut-être à chaque fois que l'accrochage d'un élément particulier à un ensemble préalablement mis en place, sans saisie nécessaire des régularités constitutives des structures traitées.

La possibilité qu'une procédure de conditionnement operant bien menée aboutisse à mettre en place chez l'animal des séquences de réponses imitant la communication linguistique humaine ou certains de ses aspects superficiels est réelle. On évoquera le travail d'Epstein, Lanza & Skinner (1980). Ces chercheurs ont entraîné deux pigeons blancs carneaux, de la sous-espèce *Columba livia domestica*, à se communiquer de l'information, au moyen d'un dispositif de clés-réponse, de part et d'autre d'un écran transparent séparant la cage expérimentale en deux parties. Un bruit blanc masquant, émis à partir d'un coin de la pièce, était sensé prévenir les éventuelles tentatives de communication acoustique entre les deux animaux. Après conditionnement, les deux pigeons étaient capables d'interagir de la façon suivante. Le pigeon A (Jack) initiait l'échange en donnant un coup de bec sur un disque lumineux portant la mention *What color?* (éclairé pendant quelques secondes pour indiquer à l'animal — préalablement entraîné à cet effet — que le dispositif séquentiel menant au renforcement alimentaire était en état de fonctionnement). Le pigeon B (Jill) avait été entraîné préalablement à inspecter un éventail de stimuli colorés placés derrière un rideau, de façon à les rendre invisibles pour Jack, et à rapporter la couleur activée à un parmi trois disques marqués respectivement des lettres *G* (pour *green*, *vert*), *R* (pour *red*, *rouge*), et *Y* (pour *yellow*, *jaune*); ceux-ci étant accessibles à l'inspection visuelle de Jack à travers l'écran translucide. Jack donnait alors un coup de bec sur un autre disque marqué du label *Thank you*, lequel déterminait la mise à disposition de Jill d'un renforcement alimentaire. Enfin, Jack donnait un coup de bec sur le disque portant la lettre indiquée précédemment par Jill et obtenait son propre renforcement alimentaire.

Bien que l'interprétation d'Epstein *et al.* (1980) fasse état de communication «symbolique», il s'agissait, en réalité, pour les pigeons de produire et de réagir à de simples *signaux*. De même, l'interprétation des auteurs selon laquelle ils auraient mis en action un échange conversationnel de type humain est excessive. La justification avancée (basée sur le travail de Skinner, 1957) selon laquelle les comportements verbaux humains sont caractérisés par le fait qu'ils sont acquis et maintenus socialement, ne peut suffire à cautionner le parallèle interprétatif.

Revenant aux résultats de Premack, on ne peut exclure un effet parasite parfois nommé «clever Hans». L'effet en question provient d'un épisode intervenu en Allemagne au début du XXe siècle (d'après l'étude de Pfungst, alors chercheur de l'Institut Psychologique de Berlin, citée par Sebeok & Umiker-Sebeok, 1979; voir aussi Rosenthal, 1965). Un certain Herr von Osten présentait dans les villes et villages un étalon dressé nommé Hans. Hans, affirmait von Osten, était capable de lire et de résoudre des problèmes d'arithmétique. Pfungst remarqua que la correction des réponses fournies par le cheval (lequel frappait le sol de son sabot un certain nombre de fois en réponse à la question qu'on lui avait posée par écrit) diminuait en proportion de la distance entre le cheval et son dresseur. Pfungst put mettre en évidence les indices utilisés par l'animal (peut-être à l'insu même du dresseur — ce point n'a pas été élucidé). La performance du cheval se ramenait uniquement à une différenciation entre «je frappe encore du pied» ou «je m'arrête»; les indices étaient de nature visuelle et accessoirement auditive. Les meilleurs performances de l'animal intervenaient invariablement avec des questionneurs très concentrés au départ, et réactifs après le bon décompte. En d'autres termes, après avoir donné à l'animal le signal du départ du comptage le «questionneur-type» attendait concentré et immobile que l'animal arrive au nombre attendu (par exemple, 12 pour racine carrée de 144); arrivé à ce nombre, il se relâchait perceptiblement ou imperceptiblement (pour lui mais pas pour Hans), ce qui déterminait le cheval à arrêter son battement du sol. Les moins bonnes performances de Hans intervenaient dans les cas où le questionneur était maladroit, inattentif, fatigué, déconcentré ou physiquement trop distant de l'animal; c'est-à-dire dans les situations où l'animal ne pouvait décoder correctement les indices en provenance du questionneur. L'effet dit «clever Hans» renvoie, depuis l'étude de Pfungst, au fait qu'une performance animale puisse être davantage sous la dépendance de variables parasites que de celles prétendues par l'expérimentateur.

Confortant l'idée selon laquelle un effet du genre a pu intervenir dans le travail mené avec Sarah, on trouve une indication de Premack luimême (1971, p. 821). Mise en présence d'un examinateur indépendant (c'est-à-dire étranger aux séances d'entraînement), le «fonctionnement grammatical» de Sarah se trouvait notablement détérioré par comparaison avec les résultats obtenus avec les expérimentateurs habituels. Il faut ajouter, cependant, que la performance du chimpanzé se maintenait quand même au dessus du niveau de réponse au hasard; ce qui indique que les résultats ne dépendaient pas entièrement d'indices personnels et donc, possiblement, que certains apprentissages linguistiques étaient réellement intervenus.

En *conclusion*, le travail de Premack démontre (historiquement, pour la première fois) une capacité *lexicale* non triviale chez le chimpanzé. La question de l'accès de Sarah à une décomposition du signifié des signes en traits correspondant aux principaux sèmes humains, doit rester en suspens pour les raisons mentionnées. En ce qui concerne les régulations grammaticales, il est peu probable que les résultats témoignent d'autre chose que d'associations de proche en proche sur fond de saisie de quelques relations cognitivo-sémantiques (notions de bénéficiaire, agent, action, objet d'une action, identité, différence, attribution qualitative); ce qui au demeurant n'est pas banal. Mais la capacité syntaxique assurément prêtable à Sarah n'excède sans doute pas quelques rudiments positionnels dans des concaténations appréhendées globalement.

3.2. Les expériences de Rumbaugh & Savage-Rumbaugh

Duane Rumbaugh, Gill & von Glasersfeld (1973) ont utilisé un ordinateur et une situation d'apprentissage et de fonctionnement linguistique contrôlés par ordinateur avec un chimpanzé femelle, appelée Lana (du nom du programme de recherche *LANguage Analog*), âgée de 2 ans et demi au début de l'expérience. Le dispositif auquel avait accès Lana se composait de consoles comportant 25 touches présentant chacune un «lexigramme», d'un système de projection des lexigrammes de gauche à droite sur un écran, de dispositifs de distribution de renforcements (alimentaires, musicaux, projection de quelques vues d'un film cinématographique, accès à divers jouets, écartement du rideau d'une fenêtre permettant de voir à l'extérieur de la pièce expérimentale). L'expérimen-

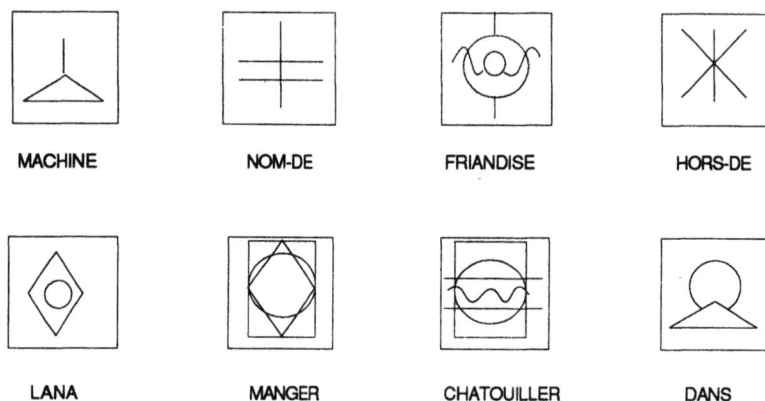

Figure 2 — Exemples de lexigrammes utilisés par Rumbaugh, Gill & von Glaserfeld (1973, ma traduction).

tateur disposait d'une autre série de consoles permettant de proposer des lexigrammes au chimpanzé et de commander la distribution des renforcements. Chaque lexigramme ou signe du langage, dit Yerkish (du nom du Yerkes Regional Primate Research Center, à Atlanta, Georgie, Etats-Unis) est constitué d'une figure géométrique de couleur blanche sur fond coloré (figure 2). La position des lexigrammes sur les touches des consoles était modifiée régulièrement de manière à ce que l'emplacement seul ne puisse renvoyer à la signification.

Chaque énoncé en Yerkish devait se terminer par la pression d'une touche portant un point. Lorsque l'énoncé était correctement formulé et terminé par un point, l'expérimentateur activait le dispositif de renforcement. Dans le cas inverse, la production n'était pas renforcée et disparaissait de l'écran. Elle était cependant enregistrée de façon à fournir un relevé continu des énoncés de Lana.

Dans un premier temps, Lana fut entraînée à produire des requêtes du type : *S'il-vous-plaît machine donner morceau-de banane point*. Après six mois d'entraînement, plusieurs expériences furent menées de façon à établir dans quelle mesure Lana était capable de lire les débuts de phrases en Yerkish proposés par l'expérimentateur, de juger ces débuts de phrases corrects ou non par rapport aux modèles familiers, et, dans le premier cas, de compléter la phrase au double point de vue de l'ordre imposé (en gros, l'ordre de la langue anglaise) et des significations relationnelles incorporées. Lana se montra capable de compléter adéquatement toutes les phrases correctes et de rejeter 90 % des énoncés incorrects (par exemple, *S'il-vous-plaît morceau donner point* ou *S'il-vous-plaît donner machine point*).

Duane Rumbaugh, Gill & von Glasersfeld (1973) rapportent que sur une période de deux ans environ, Lana apprit à reconnaître 75 lexigrammes représentant des objets, des personnes, des actions concrètes, le sens de quelques modificateurs adverbiaux (par exemple, *encore, davantage*), et celui d'une préposition (*à* ou *pour* introduisant le bénéficiaire, comme dans la séquence *à Lana* ou *pour Lana*); et à combiner ces lexigrammes en séquences formellement et sémantiquement correctes pouvant contenir jusqu'à cinq éléments (plus le point final obligatoire).

Le travail avec Lana a été poursuivi pendant quelques années supplémentaires. De nouveaux apprentissages ont été effectués (voir le rapport de Duane Rumbaugh & Gill, 1977); notamment, l'utilisation de lexigrammes pour *oui* et *non* en réponse à des questions posées par l'expérimentateur (par exemple, relativement à la porte ou à la fenêtre de la pièce expérimentale? *fenêtre ouverte*). Dès que Lana eut appris le lexigramme pour *non*, elle se mit à l'utiliser spontanément de façon à nier la disponibilité d'un aliment ou d'une boisson (par exemple, *non coke*) — et à en requérir indirectement l'apport — ou pour protester contre un état de fait (par exemple, un technicien en train de manger un aliment auquel elle n'avait pas accès).

Lana fut également amenée à converser avec l'expérimentateur. En fait, ce fut le chimpanzé lui-même qui prit l'initiative et adressa à l'expérimentateur Tim une requête correctement motivée, formulée et négociée [le 6 mars 1974, vers 16 heures, comme le notent avec précision Rumbaugh & Gill, 1977]. A ce moment, Tim se trouvait à boire un coca-cola dans la pièce jouxtant celle expérimentale, en pleine vue de Lana. Celle-ci connaissait le lexigramme pour *coke* et était capable de s'en servir pour demander à la machine de fournir du coca-cola lorsque le réservoir (qu'elle pouvait voir) était approvisionné; ce qui n'était pas le cas à ce moment. Lana formula l'énoncé suivant : *? Lana boire ça hors-de pièce*. Il faut savoir que Lana en était venue précédemment à utiliser le lexigramme *ça* pour désigner des référents pour lesquels elle ne disposait d'aucun nom ou comme déictique démonstratif. Il s'agissait d'un effet non planifié de la procédure d'apprentissage lexical où la routine consistait souvent à associer l'objet à désigner au nom inséré dans un énoncé du type *X nom-de ça* et plus tard *? quoi nom-de ça*, et à produire spontanément le marqueur interrogatif (?) en début d'énoncé, comme équivalent du *s'il-vous-plaît* avec lequel elle avait été initialement entraînée. Vérification faite, il s'agissait bien d'une requête produite spontanément à l'adresse de Tim pour qu'il fournisse à Lana, en dehors de l'intervention de la machine à distribuer, un échantillon de sa boisson à lui ou un autre exemplaire de la même canette.

A partir de ce moment, l'expérimentateur et Lana s'engagèrent mutuellement dans des échanges conversationnels (toujours motivés du côté du chimpanzé par le désir d'obtenir quelque chose). Prenons l'échange suivant intervenu quelques semaines après l'épisode du cocacola et qui concerne le réapprovisionnement en lait de l'appareil de distribution alimentaire. Un matin, Lana est particulièrement affamée (sa ration alimentaire avait été réduite l'après-midi précédent de façon à la motiver à mieux travailler le jour suivant ; elle avait été récemment tapageuse et peu encline au travail). Tim entre dans le local jouxtant la pièce expérimentale, en pleine vue de Lana. Il porte une cruche de lait dans une main et sa propre tasse de café dans l'autre. Lana connaissait le lexigramme *café* et aimait à déguster cette boisson noire et sans sucre. La conversation initiée par Lana se déroule de la façon suivante :

Lana : *? lait nom-de ça.*
Tim : *Oui.*
Lana : *? lait nom-de ça.*
Tim : *Oui.*
Lana : *? lait ça.*
? Tim donner Lana café.
Tim : *Non.*
Lana : *? Tim déplacer lait café.* (Lana demande à Tim de déplacer quelque chose — l'objet de la requête n'est pas clair — sans avoir été entraînée à produire ce genre de requête).
Tim : (pas de réponse)
Lana : *? Tim donner lait nom-de-ca.*
? Tim donner lait derrière... (énoncé incomplet)
Tim : *? derrière quoi.*
Lana : *? Tim déplacer lait derrière pièce.*
Tim : *Oui.* (il se déplace derrière le distributeur de nourriture dans l'autre pièce et recharge le distributeur de lait ; Lana s'adresse alors à la machine selon la procédure régulière, de façon à obtenir son lait).

Sue Savage-Rumbaugh & Duane Rumbaugh présentent d'autres données concernant quatre chimpanzés *Pan troglodytes*, obtenues également selon la technique des lexigrammes avec consoles d'ordinateur interposées (Savage-Rumbaugh & Rumbaugh, 1978). Les animaux avaient nom : Ericka (femelle âgée de 2 ans et 10 mois au début de l'expérience), Sherman (mâle; 2 ans et 10 mois), Austin (mâle; 1 an et 8 mois) et Kenton (mâle; 1 an et 10 mois). Au cours d'une première expérience, les quatre chimpanzés ne purent apprendre aucun des six noms d'objets familiers, des six noms de couleur, ou des six noms d'aliments proposés, selon les diverses modalités expérimentales; malgré plus de 3.000 associations item-lexigramme endéans une période de quatre mois. Les auteurs concluent que la simple association signe-référent, sans manipulation de l'objet ou obtention de la nourriture, ne peut suffire à assurer un apprentissage lexical.

Dans une deuxième expérience, Savage-Rumbaugh & Rumbaugh intégrèrent les apprentissages lexicaux dans une routine transactionnelle, alimentaire ou autre, comme cela avait été effectué avec Lana. Les chimpanzés affectés à cette condition expérimentale purent apprendre les associations référent-item lexical proposées. Ceux maintenus dans la condition expérimentale précédente continuèrent à présenter des résultats médiocres et des apprentissages instables. Cependant, même les premiers chimpanzés n'exhibèrent, au terme de la seconde expérience, aucune capacité d'utilisation appropriée des lexigrammes connus de façon à requérir le remplissage des compartiments de la machine une fois ceux-ci vides, ou toute autre requête non apprise exactement au cours des périodes d'entraînement. Dans une troisième expérience, enfin, les auteurs entraînèrent leurs chimpanzés à comprendre et à produire des énoncés comportant des verbes et des objets grammaticaux, et à observer les différentes étapes intervenant dans la mise à disposition de la nourriture à partir d'une requête correctement formulée. C'est seulement à la fin de cette dernière série d'apprentissages que les chimpanzés commencèrent à présenter les premières indications d'une généralisation correcte de l'utilisation des lexigrammes.

Savage-Rumbaugh *et al.* (1978a) mettent en garde contre toute analogie imprudente entre les apprentissages lexicaux des chimpanzés et la capacité lexicale des humains. Les apprentissages lexicaux animaux peuvent être largement ou même exclusivement dépendants du contexte, selon les circonstances et/ou les animaux considérés individuellement. Savage-Rumbaugh *et al.* (1978a) notent encore qu'il existe différents niveaux de « lexicalité » (« wordness ») pour un item de vocabulaire et probablement, en fait, tout un continuum sur la dimension de dépendance-indépendance par rapport au contexte initial d'apprentissage ou au contexte habituel d'utilisation. On peut observer des choses du même genre aux tout débuts du développement lexical chez les enfants humains. Le cas d'un enfant anglophone, âgé de huit mois, étudié par Reich (1976), est illustratif. Pour cet enfant, à cet âge, le terme *shoe* (*soulier*) désignait exclusivement les chaussures de la mère dans la penderie maternelle — sans doute le contexte initial d'exposition. Les mêmes chaussures, en dehors de la penderie maternelle, non plus que n'importe quelle autre paire de chaussures, ne constituaient pour l'enfant, à ce moment, le référent légitime de l'appellation *shoe*.

On notera, enfin, comparant les remarquables apprentissages et initiatives langagières prises par Lana, d'une part, et les apprentissages nettement plus laborieux d'Ericka, Sherman, Austin et Kenton (Savage-Rumbaugh *et al.*, 1978b), d'autre part, qu'il doit exister de sensibles différences interindividuelles chez les chimpanzés quant à la capacité d'apprendre et d'utiliser un langage artificiel. Peu de données systématiques existent sur ce point (on verra, cependant, Fouts & Church, 1976, pour des indications, plus suggestives que démonstratives). De telles différences sont d'importance, notamment dans la perspective d'un éclairage évolutif sur la capacité langagière puisqu'on connaît le rôle prêté à la variabilité interindividuelle dans les théories de la sélection naturelle (Simmel, 1983).

Dans une autre série de travaux, qui ont servi de point de départ à l'expérience d'Epstein *et al.* (1980) mentionnée précédemment, Savage-Rumbaugh, Rumbaugh & Boysen (1978a,b) ont entraîné des paires de chimpanzés mâles, âgés d'environ quatre ans, à se communiquer de l'information concernant onze aliments, dans une expérience, et six outils utilisables pour obtenir de la nourriture, dans une autre expérience; toujours au moyen de la technique des lexigrammes avec consoles d'ordinateur interposées. L'un des deux membres de la paire de chimpanzés n'avait pas d'accès visuel (ou autre) à la nourriture ou aux outils, selon le cas. Les résultats indiquent, dans chacune des situations étudiées, que les chimpanzés, après avoir appris la routine expérimentale et les lexigrammes pertinents, purent effectivement requérir l'un de l'autre, telle ou telle nourriture ou tel ou tel outil au moyen des lexigrammes. Une fois ceux-ci rendus inutilisables (par exemple, par désactivation des clés de la console informatique), les scores communicatifs tombèrent à quelques pour-cent d'exactitude, bien que les animaux eussent toujours la possibilité de gesticuler et de vocaliser à l'adresse l'un de l'autre.

Il reste à analyser une autre partie des travaux de Savage-Rumbaugh & Rumbaugh, portant, cette fois, davantage sur le problème de la capacité grammaticale, particulièrement syntaxique, des singes supérieurs.

L'opus principal ici est l'ouvrage publié par Savage-Rumbaugh & Lewin en 1994. On pourra consulter également les rapports de Greenfield & Savage-Rumbaugh (1990) et de Rumbaugh & Savage-Rumbaugh

(1994). L'ouvrage de Savage-Rumbaugh & Lewin (1994) résume plusieurs années de recherche avec deux singes bonobos. Il s'agit de panidés mais de taille inférieure (85 % du poids moyen des chimpanzés). On les désigne parfois du nom de chimpanzés nains ou pygmées. Ils sont sensiblement plus sociables, et davantage capables de moduler leurs vocalisations que les chimpanzés (*cf.* De Waal, 1995, pour des informations détaillées sur la vie sociale des bonobos).

Les premières expériences menées avec la procédure des lexigrammes et un bonobo femelle, nommée Matata, âgée de 6 ans au moins (chronologie imprécise car elle avait été capturée dans les forêts du Congo), furent un échec. L'animal, se comportant en harmonie avec la signification de son nom en kiswahili (« problème »), multiplia les difficultés et n'arriva point à acquérir un système même simplifié de lexigrammes. En cours de route, cependant, Kanzi, le fils adoptif de Matata, âgé d'une quinzaine de mois, exhiba de bonnes dispositions à comprendre et à produire spontanément quelques-uns des lexigrammes proposés en vain à sa mère adoptive. Soit une autre indication quant aux différences interindividuelles existant chez les singes en matière d'apprentissage langagier. Rumbaugh & Savage-Rumbaugh (1994) proposent une explication alternative ou supplémentaire pour les mêmes faits différentiels, à savoir l'existence d'une période critique pour l'acquisition du langage chez les singes anthropoïdes, à l'instar des humains (*cf.* Rondal, 1995, pour une discussion de cette notion dans l'ontogenèse langagière humaine).

Les chercheurs américains décidèrent d'abandonner Matata à son impéritie langagière et de concentrer leurs efforts sur Kanzi. L'entraînement de Kanzi prit un tour particulier par rapport aux expériences précédentes. Tout en étant confronté aux lexigrammes du Yerkish, Kanzi fut exposé régulièrement à la parole humaine et reçut un entraînement, mais uniquement réceptif, en cette modalité ; ceci dès que les expérimentateurs se furent rendus compte qu'à côté de son intérêt pour les lexigrammes, Kanzi était également sensible à la parole humaine. Dès lors, Kanzi fut davantage considéré comme un membre de l'équipe expérimentale qu'un sujet d'expérience. Il fut l'objet d'une attention constante pendant ses heures de veille. On lui adressait la parole à tout moment ou presque, un peu comme un enfant apprenant le langage humain dans un contexte familial. Les expérimentateurs doublaient les lexigrammes au moyen de la parole. Ce type particulier d'entraînement et d'environnement langagier a été en vigueur pendant plusieurs années.

Selon Rumbaugh & Savage-Rumbaugh (1994), et Savage-Rumbaugh & Lewin (1994), les résultats finaux suggèrent que Kanzi était devenu capable de comprendre toute une série de mots et de phrases en anglais ; ce qui le situait à un niveau équivalent à celui d'un enfant humain d'environ deux ans et demi (une indication qui paraît excessive, au vu du dossier ; voir plus loin).

Après quatre mois d'entraînement, Kanzi avait acquis vingt lexigrammes ; 50 lexigrammes après 17 mois. Il pouvait également produire spontanément et comprendre des combinaisons de quelques lexigrammes. Un examen détaillé des productions paraît soutenir l'hypothèse selon laquelle Kanzi possédait une capacité syntaxique rudimentaire.

Davantage en détail. A partir de 17 mois d'âge, les Rumbaugh tinrent un compte complet des énoncés lexigrammatiques produits par Kanzi (au total, 2.800 énoncés jusqu'à la fin du travail). Environ 90 % des productions de Kanzi étaient spontanées (c'est-à-dire non imitées directement ou reformulées à partir des questions ou autres stimulations des expérimentateurs). Aux alentours de 24 mois, Kanzi produisait des énoncés du type *Matata pièce-groupe chatouiller* (*Matata group-room tickle*), dont l'objectif était de convaincre l'expérimentateur de permettre à Matata de le rejoindre dans la pièce où les groupes se réunissaient pour jouer à « Qui chatouille l'autre » (les épisodes de chatouillement collectif étant très prisés des singes, en général) ; ou *Eau glacée aller* (*Ice water go*), priant quelqu'un de se procurer de l'eau glacée et de la remettre à un Kanzi assoiffé ; ou encore *Attraper chasser* (*Grab chase*), formulé en prenant la main d'un sujet humain dans l'entourage et en le poussant vers une autre personne pour qu'il « attrape » cette dernière (un autre jeu prisé des bonobos). Ce troisième type de formulation est particulièrement intéressant en ce que Kanzi n'est ni l'objet (acté), ni le sujet (actant) de l'énoncé.

Greenfield & Savage-Rumbaugh (1990) ont analysé tous les énoncés à deux signes (deux lexigrammes ou un lexigramme plus un geste significatif) — soit 723 combinaisons —, et à trois signes (deux lexigrammes et un geste) — décompte non communiqué — pendant une période de cinq mois (d'avril à août 1986, alors que Kanzi était âgé de 5 ans et demi). Les relations sémantiques réalisées au moyen *d'énoncés à deux signes* correspondent à celles exprimées par l'enfant humain au stade des énoncés à deux mots (*cf.* Rondal, 1998). Il s'agit principalement d'actions conjointes (par exemple, *Chatouiller mordre*), d'entités conjointes (*banane raisin*), de relations action-agent ou agent-action (*Porter Phil*), action-objet ou objet-action (*Lancer ballon*), agent-objet ou objet-agent (*Phil ballon*), entité-démonstratif ou démonstratif-entité (*cacahuète* + geste démonstratif), action-but ou but-action (*Chercher coca-cola*), entité-location ou location-entité (*Austin terrain-de-jeu*), et entité-attribut ou attribut-entité (*nourriture groseilles*). L'analyse des productions en question ne révèle pas de préférence séquentielles nettes (les deux ordres séquentiels possibles sont observés), sauf dans le cas de l'expression des relations impliquant un agent et une action (séquence agent-action nettement dominante), une action et un objet (séquence action-objet dominante), ou une entité et un démonstratif (séquence entité-démonstratif largement dominante).

En ce qui concerne les *énoncés à trois signes*, un seul type de combinaison a atteint le critère de suffisance productive établi (*a priori*) par Greenfield & Savage-Rumbaugh (1990). Il s'agit de la combinaison action-action-agent (ce dernier désigné par un geste démonstratif ; par exemple, *Poursuivre mordre* + geste vers une personne présente).

Se référant à la littérature psycholinguistique, Greenfield & Savage-Rumbaugh (1990) formulent cinq conditions pour qu'on puisse légitimement parler de *règle grammaticale* dans une production combinatoire : (1) chaque composant doit avoir une signification propre ; (2) les relations sémantiques entre les signes doivent être stables ; (3) une règle spécifie une relation entre des catégories de signes et non entre des signes particuliers ; (4) certains dispositifs formels, comme un ordre des mots régulier, doivent intervenir de façon à organiser les relations entre catégories de signes ; et (5) une règle doit être productive, au sens où elle doit sous-tendre une variété de combinaisons de signes.

Appliquant ces critères au corpus des énoncés lexigrammatiques produits par Kanzi, Greenfield & Savage-Rumbaugh (1990) infèrent l'existence d'au moins trois règles combinatoires chez Kanzi, dont deux apparemment inventées par lui. Une première règle productive (R1) est la suivante : « action d'abord-objet ensuite » [par exemple, *Cacher cacahuète*, signifiant « Il faut, tu dois, je vais, il est en train, etc., (de) cacher la/une/des cacahuète(s) »]. Au début, Kanzi combinait librement les lexigrammes (soit aussi bien action-objet qu'objet-action). Après quelques mois, il en vint à formuler selon R1, sans apprentissage explicite, comme le soulignent Savage-Rumbaugh & Lewin (1994), mais peut-être par analogie avec les productions verbales et lexigrammatiques des expérimentateurs, lesquels correspondaient invariablement à l'ordre séquentiel des lexèmes canonique en langue anglaise, c'est-à-dire agent-action-objet, ou, grammaticalement parlant, S-V-O (sujet-verbe-objet).

Deux autres « règles » combinatoires sont originales, au sens où on ne les trouve pas habituellement dans les énoncés humains. Kanzi n'avait donc pu y être exposé dans les productions verbales ou lexigrammatiques de ses expérimentateurs. R2 consistait en la combinaison d'un lexigramme et d'un geste significatif ; le lexigramme servant à spécifier l'action et le geste (de pointage, le plus souvent) ou l'agent de l'action désignée. Par exemple, le lexigramme *Poursuivre* (*chase*), suivi d'un geste de pointage vers l'expérimentateur, intimait à ce dernier de jouer à la poursuite avec Kanzi. R3 concernait des énoncés conjoignant deux actions (par exemple, *Poursuivre-cacher* ou *Chatouiller-mordre*). R3 peut se formuler de la façon suivante. On place en première position les actions impliquant la plus grande distance entre les protagonistes, et en seconde position celles qui impliquent un contact plus étroit entre les partenaires. R3 pourrait correspondre à la transposition au domaine du langage d'une stratégie de jeu commune aux humains et aux bonobos ; celle consistant à alterner des actions distales et des actions proximales (par exemple, courir tandis que le partenaire attend sans regarder, et puis se cacher ; le partenaire se mettant ensuite à chercher ; soit un jeu de « cache-cache » ou « cache-cherche »).

En ce qui concerne *la compréhension de la parole humaine* par Kanzi, Savage-Rumbaugh & Lewin (1994) rapportent les faits suivants. A quatre ans d'âge, Kanzi était capable de choisir correctement les lexigrammes correspondant à des mots anglais. Il pouvait comprendre des syntagmes simples. Plus tard, il en vint à comprendre des phrases entières [par exemple, *Peux-tu jeter ta balle dans la rivière?*, ou *Kanzi voudrais-tu, s'il-te-plaît, donner un oignon à Panbanisha?* (sa sœur)]. Des tests furent effectués avec des phrases jamais entendues par Kanzi (mais composées de mots qu'il comprenait), exploitant la technique expérimentale dite du « double aveugle ». Les phrases étaient présentées sous forme de questions, produites d'une voix neutre par un expérimentateur placé derrière une glace sans teint, et donc invisible de l'animal. Un second expérimentateur, les oreilles couvertes par un casque d'écoute diffusant une musique de fond l'empêchant d'entendre les questions, se trouvait en la compagnie de Kanzi. Ce second expérimentateur avait pour tâche de noter les réactions du singe tout en étant parfois lui-même impliqué dans les actions entreprises par celui-ci, mais sans prendre aucune initiative. Enfin, les épreuves faisaient également l'objet d'un enregistrement vidéo.

Le testing a couvert une période de neuf mois, au terme de laquelle le score cumulé de Kanzi atteignait 74 % de réponses correctes (sur un total de 660 phrases). La plupart des erreurs commises étaient d'ordre lexical (confusion quant au nom d'un objet, par exemple).

Savage-Rumbaugh & Lewin (1994) signalent que Kanzi était particulièrement vocal même par comparaison avec d'autres bonobos. Il lui arrivait fréquemment de reproduire approximativement (mais dans l'ordre séquentiel exact) certains composants vocaliques des mots anglais à partir de la parole entendue : par exemple, *e-uh* pour *peanut* (*cacahuète*). Au terme d'une analyse spectrographique des productions vocales de Kanzi, il est apparu que le singe pouvait produire une dizaine de sons (ou mieux groupes de sons) distincts, essentiellement des voyelles, la semi-consonne *w*, et la consonne nasale *n*. Les observations effectuées par Savage-Rumbaugh et son équipe suggèrent que Kanzi était, en outre, capable de décoder nombre de consonnes de l'anglais puisqu'il comprenait le sens d'un certain nombre de mots de cette langue impliquant des contrastes consonantiques. Le bonobo, toutefois, ne pouvait produire ces consonnes.

Comment *interpréter* la riche moisson d'observations et de faits d'expérience effectuée par Rumbaugh, Savage-Rumbaugh et leurs collaborateurs, sur une période de plus de vingt ans ?

Une certaine *capacité lexicale*, réceptive et productive, basée sur l'emploi de signes arbitraires en modalité visuelle (les lexigrammes), est attestée chez les chimpanzés et les bonobos étudiés, confirmant les observations correspondantes faites par Premack avec le chimpanzé Sarah. Cependant, si la fonction référentielle et représentationnelle générale des singes présente une bonne correspondance avec les humains (l'association signifiant-référent fonctionnant apparemment de la même manière), il est loin d'être assuré que les signifiés des lexèmes soient identiques de part et d'autre. Seidenberg & Petitto (1987) mettent en question l'interprétation selon laquelle Kanzi utilisait ses lexigrammes comme de véritables signes linguistiques. Ils suggèrent que les primates non humains peuvent apprendre les fonctions instrumentales (pragmatiques) associables à des lexigrammes ou à des signes gestuels particuliers, mais non ou pas complètement les signifiés humains qui y sont habituellement associés. Il est légitime de se demander, néanmoins, dans quelle mesure la généralisation en question n'est pas « simplement » affaire de temps. J'ai signalé la parenté entre les productions lexicales des singes et celles des enfants humains aux premiers stades du développement lexical. La généralisation sémantique pourrait être davantage un effet d'usage (et de variation contextuelle) qu'une donnée première, en ce y compris chez l'être humain.

Concernant *la capacité grammaticale*. A partir des données obtenues au moyen de la technique des lexigrammes, et sans occulter les notables différences interindividuelles paraissant exister d'un singe à l'autre, y compris à l'intérieur de la même espèce, quant à la capacité d'apprentissage langagière (lexicale aussi bien que grammaticale) — mais n'en déplaise à Descartes (cf. la citation au Chapitre 1), de telles différences interindividuelles existent également, peu ou prou, aux mêmes points de vue chez les enfants humains (déjà bien documentées par McCarthy, 1952) — on peut proposer les *conclusions suivantes*.

Il semble attesté que les singes étudiés par les Rumbaugh et leurs collaborateurs, particulièrement le chimpanzé Lana et le bonobo Kanzi, disposent d'une *capacité sémantique structurale* élémentaire, dans la mesure où ils expriment et comprennent des combinaisons de lexigrammes traduisant des relations agent-action, action-objet, démonstratif-entité, entité-location, entité-attribution, etc.; soit quelques-unes des premières relations sémantiques à devenir productive dans le langage des enfants humains (Brown, 1973).

L'indication précédente n'est pas surprenante, si on sait, premièrement, que le développement sémantique de base correspond étroitement au premier développement cognitif (Rondal, 1995); et, secondement, que de l'avis des spécialistes (par exemple, Vauclair, 1990, 1996, 1998), il existe une continuité entre les formes complexes d'activité cognitive chez les animaux supérieurs et les humains. Corrélativement, le développement cognitif des primates non humains et des enfants humains présentent d'importants parallèles, qu'ils s'agissent des premières acquisitions envisagées dans le contexte «constructionniste» de Piaget ou d'autres conceptions et mesures du développement cognitif (cf. Taylor, Parker & Gibson, 1979; Gibson, 1990). Ce parallélisme reflète l'existence de paramètres de maturation neurologique identiques (particulièrement au niveau néocortical) (cf. Gibson, 1981).

Quant à la capacité *d'organiser grammaticalement* les énoncés combinatoires produits, on peut admettre avec Greenfield & Rumbaugh (1990) que Kanzi a effectivement appris et inventé, en partie, quelques règles élémentaires visant à l'organisation séquentielle de ses énoncés combinatoires et se rapportant à l'expression de la relation entre des actions concrètes et les agents et/ou objets de ces actions. Les données correspondantes concernant Lana (Rumbaugh, Gill & von Glasersfeld, 1973) sont plus délicates à interpréter, car on se trouve dans une situation expérimentale d'apprentissage plus rigide et davantage programmée, étape par étape, etc., un peu comme dans le cas du chimpanzé Sarah, et donc susceptible des mêmes réserves que celles formulées précédemment à propos des résultats rapportés par Premack.

Les réalisations combinatoires lexigrammatiques (et gestuelles combinées) de Kanzi, mêmes modestes, le situent sans doute à mon niveau 2 de langage. Il s'agit d'une indication d'importance car elle atteste de l'existence d'une continuité de principe entre les niveaux 1 et 3 de la même hiérarchie, c'est-à-dire entre les capacités langagières les plus élémentaires mises en évidence dans la phylogenèse et les langages humains. Certes, il ne s'agit avec L2 que de rudiments d'organisation grammaticale. Les régulations syntaxiques de Kanzi ne concernent que des énoncés à deux ou trois éléments lexicaux. Elles portent uniquement sur l'ordre des lexèmes et sur une contiguïté positionnelle.

Greenfield & Savage-Rumbaugh (1990), de même que Savage-Rumbaugh & Lewin (1994), suggèrent que l'organisation grammaticale (ou prégrammaticale) des énoncés de Kanzi est une transposition directe des structures sémantiques correspondantes (relatives aux actions conjointes ou coordonnées, particulièrement) et de leur réalisation dans les interactions entre le bonobo et son entourage humain. Les mêmes auteurs proposent plus généralement, à titre d'implication évolutive, que les dispositifs grammaticaux des langues humaines ont émergé de l'organisation conjointe des actions et des motivations pragmatiques à mesure que les premières sociétés humaines se sont organisées selon des dispositifs collectifs plus complexes. Une telle hypothèse est implausible. S'il est vraisemblable que l'évolution langagière ait eu à faire chez les premiers humains avec l'organisation des activités sociales, il est par contre peu probable que les régulations pragmatiques et les relations sémantiques *en elles-mêmes* aient fourni le substrat d'où auraient émergé directement les formes grammaticales. Il ne s'agit nullement d'un paradoxe. Rien, en effet, dans les structures sémantiques relationnelles ou les régulations pragmatiques ne stipulent la façon dont les énoncés qui codent ces relations doivent être organisés hiérarchiquement et séquentiellement. De nombreuses séquences, sémantiquement et pragmatiquement pertinentes, sont possibles à l'intérieur d'une langue et, certes, d'une langue à une autre si on compare les diverses langues à ce point de vue. L'organisation grammaticale (variable selon les langues) est une invention propre, certes sémantiquement et pragmatiquement motivée, mais *sui generis* (linguistiquement parlant); ce qui ne signifie pas qu'elle émane nécessairement, comme telle, de codages génétiques qui seraient spécifiquement humains.

Revenant à Kanzi, soit il a appris les régulations séquentielles de ses énoncés à partir des messages de ses expérimentateurs, soit il les a créées (les deux, semble-t-il, selon le cas); mais il n'a pu les décalquer (pour ainsi dire) à partir des structures sémantiques, car celles-ci ne sont pas naturellement ordonnées séquentiellement (*porte-fermer*, par exemple, est aussi naturelle comme séquence que *fermer-porte*, lorsqu'il s'agit de réaliser une relation sémantique de type action-objet).

Pour ce qui est du volet «parole humaine», la compréhension d'un répertoire de lexèmes concrets par Kanzi (Savage-Rumbaugh & Lewin, 1994) n'est pas particulièrement étonnante en soi, compte tenu de l'aptitude lexicale démontrée par d'autres singes anthropoïdes. Elle l'est davantage du point de vue de la modalité, c'est-à-dire la sensibilité de Kanzi à la parole humaine. En outre, l'affirmation des chercheurs selon laquelle Kanzi est capable de comprendre des syntagmes et même des phrases entières de l'anglais est ambiguë. Si on entend par là que Kanzi utilise ses connaissances lexicales de façon à répondre adéquatement aux constructions propositionnelles séquentielles qui lui sont proposées, c'est minimalement plausible et à mettre, le cas échéant, au crédit de l'intelligence pratique du bonobo. Si, par contre, on suggère (comme semblent le faire Savage-Rumbaugh & Lewin, 1994) que Kanzi comprend effectivement certains aspects syntaxiques du langage humain en modalité orale, une telle conclusion est loin d'être assurée au vu des données présentées. Emportés par leur enthousiasme devant les «dons langagiers» de Kanzi, Savage-Rumbaugh & Lewin (1994) affirment même que le bonobo comprend la structure syntaxique de l'enchâssement. Ils rapportent (p. 172-174) un score de 77 % de bonnes réponses dans un test comportemental avec des phrases du type *Va chercher la balle qui est dans la «pièce de groupe»* (*Get the ball that's in the group-room*). En réalité, des phrases de cette sorte ne contiennent aucune proposition enchâssée. La relative *that's in the group-room* est «dérivée à droite» (de la principale). Les relatives dérivées à droite sont connues comme étant plus faciles à traiter, provoquent moins d'erreurs, et sont acquises plus tôt par les enfants humains, que celles enchâssées dans la proposition principale. Que Kanzi puisse effectivement comprendre une structure relative, même dérivée à droite, serait déjà remarquable. Mais rien ne garantit cette interprétation non plus. Il suffit au bonobo, pour réagir correctement, de traiter le segment «the ball that's in the group room» comme «ball(in) group-room», c'est-à-dire de manière prépositionnelle ou adjectivale.

3.3. Le travail d'Ikatura et Matsuzawa

Deux chercheurs de l'Institut pour l'Etude des Primates de Kyoto, Ikatura & Matsuzawa (1993), ont entraîné un chimpanzé femelle, âgée de 12 ans [Ai, dont il a été question précédemment concernant un travail de Matsuzawa (1985), alors que le même sujet était âgé de 4 ans] à utiliser correctement plusieurs pronoms personnels; cela au moyen d'une technique avec ordinateurs et consoles interposés, proche de celle exploitée par les Rumbaugh.

Dans un premier temps, Ai apprit à discriminer les lettres de l'alphabet japonais (Kana) selon une procédure d'appariement à l'échantillon. Dans un deuxième temps, on l'entraîna à associer une lettre particulière avec un parmi cinq humains et cinq chimpanzés de son entourage expérimental et de vie. La tâche consistait pour Ai à presser la touche du clavier de l'ordinateur correspondant (arbitrairement) à l'individu dont la photographie était présentée simultanément sur un écran. Dans un troisième temps, Ai apprit à décrire, au moyen des lettres dont elle disposait, de courtes séquences visuelles où un agent (lettre A, par exemple) approchait (action symbolisée par la lettre E, par exemple) un patient (K), en présence d'une troisième personne (T) non impliquée dans l'événement et fonctionnant comme distracteur. Au bout de quelques semaines d'apprentissage, Ai se montra capable de symboliser correctement de telles scènes (98 % de réussite aux épreuves de contrôle), démontrant une sensibilité à l'ordre des symboles en tant que réflexion de l'ordre des événements liant les référents respectifs dans une relation agent-action-patient. Dans une quatrième phase, Ikatura & Matsuzawa (1993) entreprirent de faire acquérir à Ai l'usage productif et réceptif des pronoms personnels *moi* (*me*), *toi* (*tu*), *lui* et *elle* (objet). *Moi* (*me*) référait à Ai elle-même, *toi* (*tu*) renvoyait à l'expérimentateur, *lui* et *elle* référait aux autres individus selon leurs sexes respectifs. Au bout de quelques semaines, Ai obtint des scores de l'ordre de 90 % de bonnes réponses aux tests. Dans un cinquième temps, les chercheurs japonais réussirent à faire comprendre à Ai qu'elle pouvait être tantôt le locuteur et tantôt le récepteur du message, et qu'à partir de là, le référent du pronom changeait (mais non sa signification). Entre 80 et 100 % de réponses correctes furent obtenues pour chaque pronom personnel.

Les données d'Ikatura et Matsuzawa suggèrent qu'un chimpanzé, correctement entraîné, peut être amené à comprendre et à utiliser correctement un principe de base de la fonction déictique des langues humaines, celui correspondant à l'ancrage du locuteur dans son énonciation et à la définition dialogique, et donc réversible, des partenaires dans l'interaction conversationnelle.

Il s'agit d'une réalisation remarquable de la part d'un primate non humain. Elle fait état d'une intéressante capacité lexicale et surtout cognitive (le renversement de rôle dans l'échange dyadique et le statut extradyadique de l'étranger dans la trame conversationnelle). Le renversement de rôle en question et sa lexicalisation correcte dans le répertoire des pronoms personnels et des adjectifs et pronoms possessifs, prennent quelques années pour se mettre en place et se stabiliser dans l'ontogenèse langagière humaine. Ils ne sont pas exempts d'erreurs, révélatrices de la difficulté qu'il y a à changer «on line» la perspective de la référence [pour une illustration de cette difficulté momentanée chez l'enfant humain, on verra les observations longitudinales de Rondal & Neves (1979), concernant l'utilisation des adjectifs possessifs selon la personne du locuteur et du récepteur].

Peut-on affirmer pour autant qu'on a démontré chez Ai une capacité inflexionnelle même minimale, au sens où les oppositions casuelles *moi* (*me, je*), *toi* (*tu, te*), etc., sont parfois considérées comme les reliquats de systèmes inflexionnels plus anciens (Nida, 1970) ? La réponse est *non*. Une telle interprétation impliquerait que les formes pronominales en question soient reliées les unes aux autres conceptuellement, déterminant un sous-système linguistique; une supposition peu raisonnable en ce qui concerne un chimpanzé même bien doué pour les apprentissages langagiers, et même pour les enfants et quantité d'adultes humains non versés en linguistique. Une interprétation alternative selon laquelle les formes pronominales sont apprises et traitées comme des formes lexicales indépendantes les unes des autres mais avec une référence variable est davantage plausible.

3.4. Les expériences des Gardner, Fouts, Miles, Patterson & Terrace

3.4.1. Les travaux des Gardner

S'inscrivant dans la continuité des premiers efforts (Kellogg, Hayes) visant à faire apprendre les rudiments d'un langage humain à un singe supérieur, Allen et Beatrice Gardner, deux psychologues américains, ont exposé systématiquement, Washoe, un jeune chimpanzé femelle, au langage gestuel des sourds américains (American Sign Language — ASL) dans un contexte situationnel proche de l'environnement domestique. En ASL, les signes sont soit iconiques (c'est-à-dire, motivés — au moins partiellement — et représentant schématiquement l'entité, la personne, l'événement ou l'attribut désignés), soit arbitraires, leur degré d'arbitrarité pouvant varier. En ASL, une cinquantaine de chérèmes (les équivalents approximatifs des phonèmes de la parole; Stokoe, 1960) fournissent la base à partir de laquelle les signes gestuels sont réalisés. Chaque signe est spécifiable au moyen de cinq paramètres : (1) la localisation du geste dans un espace défini autour du corps du signeur; (2) le mouvement des mains et des avant-bras; (3) la configuration de la main et des doigts; (4) l'orientation des mains; et (5) l'expression faciale (Rondal, Henrot & Charlier, 1986). Les multiples combinaisons possibles des unités chérématiques donnent à l'ASL une richesse et une flexibilité comparables à celles des langages oraux.

Le «projet Washoe» a bénéficié des recherches menées sur la structure des langages de signes gestuels. Divers travaux (au premier rang desquels ceux de Stokoe, 1972, 1975; et de Bellugi & Klima, 1975) ont démontré que ces langages sont — contrairement à de nombreuses opinions précédentes — des langages au sens plein du terme. On avait sous-estimé jusque là leur complexité structurale, les considérant volontiers comme des collections de gestes individuels peu analysables (ce qui est inexact, les unités des langues gestuelles étant auto-emboîtées et décomposables de la même manière que celles des langues parlées et écrites) et sans véritable grammaire, parce que leur morpho-syntaxe exploitant toutes les ressources de la dimension spatiale diffère sensiblement de celle des langues parlées.

Le projet Washoe (B. Gardner & R. Gardner, 1969, 1971, 1975) présente les caractéristiques suivantes, qui valent également pour plusieurs séries de travaux subséquents menés par d'autres chercheurs comme Fouts, Miles, Patterson & Terrace, dont il sera question plus loin; (1) l'hypothèse de départ est que le meilleur medium pour les expériences langagières comparatives avec certaines espèces infrahumaines est fourni par un langage visuo-spatial comme l'ASL, également utilisé par des humains; (2) l'environnement le plus approprié pour les apprentissages langagiers avec des primates non humains est un environnement semblable ou, au moins, proche de l'environnement habituel des jeunes enfants humains; et (3) on vise des acquisitions langagières même modestes ou partielles plutôt que la satisfaction à tout prix des conditions définitionnelles avancées pour les langues humaines.

L'entraînement langagier de Washoe a commencé à l'âge d'un an approximativement, en juillet 1966, au Laboratoire de Psychologie Expérimentale de l'Université du Nevada, à Reno. Le nom Washoe provient du Washoe County, où se trouve le campus principal de cette université. Washoe vivait dans une habitation complètement équipée du type «longue et spacieuse caravane américaine» (*house-trailer*), située dans la propriété même des Gardner. Elle fut exposée en permanence, pendant ses heures de veille, à un environnement riche en stimulations, minimalement restrictif, et toujours en compagnie d'êtres humains. Les expérimentateurs utilisaient exclusivement l'ASL entre eux, en présence de Washoe et avec elle.

La technique d'apprentissage était basée sur l'imitation spontanée par Washoe (renforcée surtout socialement sur le mode du conditionnement operant mais sans souci de régularité absolue) des productions en ASL adressées par ses expérimentateurs. On observe chez Washoe, dès le début, des imitations immédiates, partielles et maladroites, de signes gestuels proposés par les expérimentateurs; ce que les Gardner ont appelé un babillage gestuel par analogie avec le babillage vocal humain et avec les tentatives des Hayes (opus cités) de faire produire des mots du langage humain par le jeune chimpanzé Viki (Gardner & Gardner, 1969). Le babillage gestuel de Washoe fut encouragé. Elle était, cependant, toujours mise en présence des signes corrects et complets en ASL, dans le chef de ses expérimentateurs. Graduellement apparaissent également chez Washoe des imitations dites retardées. Par exemple, un jour elle se met à donner le bain à sa poupée en suivant exactement le même rituel que celui qu'on lui appliquait depuis plusieurs mois.

Au 22e mois du projet, âgée d'environ 33 mois, Washoe possède 30 signes gestuels qu'elle produit correctement, de façon référentiellement appropriée, et qui se rapportent à des classes de référents plutôt qu'à des objets ou à des événements particuliers. A 62 mois, elle connaissait environ 130 signes de l'ASL (Gardner & Gardner, 1975). Au moment, où se termine la partie Nevada du projet Washoe (en 1970), et où les Gardner confie leur chimpanzé à Roger Fouts, un collaborateur en partance pour l'Oklahoma (voir plus loin), Washoe a un vocabulaire de 160 signes gestuels. Le critère pour décider de la stabilité lexicale était le suivant : une fréquence d'utilisation spontanée de l'item en question au moins une fois par jour pendant une période de quinze jours consécutifs : fréquence constatée indépendamment par un minimum de trois observateurs. Les signes gestuels comprenaient les équivalents des mots : *venir-donner, encore, en haut, friandise, ouvrir, chatouiller, aller, dehors, vite, écouter-entendre, brosse-à-dent, boire, faire mal, être-désolé, drôle, s'il-te-plaît, chat, sentir, pousser, docteur, fleur, bébé, nourriture, clé, mordre, oiseau, noir, couverture, livre, insecte, papillon, ne-peux-pas, bain, banane, bébé, avion, chat, attraper, fromage, grimper, habit, vache, concombre, chaise*, etc. Les noms communs dominent en fréquence, suivis par les modificateurs, et les noms propres. La liste ci-dessus, exemplative, correspond assez bien aux productions lexicales des chimpanzés et des bonobos rapportées dans les sections précédentes.

Des résultats semblables sont rapportés par les Gardner (1975) au terme d'une expérience contrôle d'apprentissage lexical menée, selon les mêmes principes, avec quatre autres chimpanzés *Pan troglodytes [Moja, Pili (mort en 1975), Tatu et Dar]. La différence avec le projet Washoe est que les projets Moja, Pili, Tatu et Dar ont démarré alors que les chimpanzés étaient âgés seulement de quelques jours. Moja et Pili ont commencé à produire des signes gestuels de l'ASL clairement reconnaissables, alors qu'ils étaient âgés de trois mois. Leurs premiers signes isolés à atteindre le critère de productivité furent, pour Moja, venir-donner, aller, encore* et *boire*; et pour Pili, *boire, venir-donner, encore* et *chatouiller*.

L'analyse des erreurs lexicales des chimpanzés révèle d'intéressantes similitudes avec les jeunes enfants humains. Par exemple, les objets mal nommés sont souvent confondus avec des homologues de mêmes catégories conceptuelles. Quand les chimpanzés ignore le geste spécifique, ils tendent à dénommer les entités référentielles selon des caractéristiques de forme, de couleur ou de fonction. Il leur arrive de créer de nouvelles appellations. Washoe dénomme un cygne au moyen d'une juxtaposition de deux signes : *oiseau* et *eau*. Elle appelle une noix de Brésil *baie-caillou*. Lucy nomme les agrumes *fruit-odeur*, la pastèque *fruit-boisson*, des radis (après les avoir goûtés) *nourriture-douleur* ou *nourriture-pleurs*. Washoe traite de *sale-singe* des primates humains et non humains avec lesquels elles avait eu des échanges agressifs (la même observation est faite par Fouts avec le chimpanzé Lucy ; voir plus loin). Emily Hahn, dans son roman *Look who's talking* (1978), dévolu aux apprentissages linguistiques chez les chimpanzés, remarque que les indiens américains qui dénommaient un *fusil, fire-stick* (feu-bâton), et un avion, *steam-chicken* (vapeur-poulet), utilisaient un processus conceptuel et linguistique du même ordre que celui observé chez les chimpanzés. On peut généraliser la remarque bien au-delà des indiens d'Amérique. Il s'agit d'un processus constitutif de tous les développements lexicaux dans toutes les langues.

Environ un an après le début de l'entraînement langagier, Washoe, qui à l'époque maîtrisait une dizaine de signes gestuels empruntés à l'ASL, a commencé à produire spontanément ses premières combinaisons de deux à trois signes. Aucun apprentissage combinatoire n'avait été organisé par les expérimentateurs. Selon Gardner & Gardner (1975), en présence d'une porte fermée à clé, par exemple, Washoe pouvait produire des séquences du type : *Donner-moi clé, Ouvrir clé, Ouvrir clé s'il-te-plaît, Ouvrir clé aider vite*. D'une façon générale, les énoncés à plusieurs signes produits par Washoe étaient comparables aux premières combinaisons de mots formulées par les jeunes enfants humains, particulièrement en ce qui se rapporte à l'expression des relations sémantiques de base; par exemple, les relations agent-action (*Roger chatouiller*; *Donner fleur*), la localisation d'une action ou d'un état (*dans chapeau*), le fait d'éprouver une émotion (*Washoe être-désolé*), le rapport entre une entité et une attribution (*boisson rouge*; *peigne noir*), la récurrence (*encore fruit*; *encore partir*), la négation, le refus, ou l'absence (*moi pas pouvoir*; *pas besoin*), la dénotation (existence) (*ça boisson*; *ça chat*), la possession (*bébé à-moi*). Egalement en avance sur le calendrier des acquisitions langagières de Washoe quant aux énoncés à plusieurs signes, Moja, Pili et Dar produisent des énoncés combinatoires dès 7 mois; Tatu dès 6 mois d'âge.

De façon à cerner davantage, la capacité combinatoire de Washoe, Gardner & Gardner (1975) sélectionnèrent dix formats de questions-WH [les équivalents anglais des questions-Q en français, soit *who* (*qui*) + pronom (par exemple, *Who you?*; *Qui vous?*), *who* + action (*Who smoke?*; *Qui fumer?*), *who* + attribut (*Who pretty?*; *Qui joli?*), *whose* + démonstratif (*Whose that?*; *A qui est cela?*), *what* + couleur (*What color?*; *Quelle couleur?*), *what* + démonstratif (*What that?*; *Qu'est-ce cela?*), *what* + now (*What now?*; *Quoi maintenant?*), *what* + verbe mental (*What want?*; *Quoi vouloir?*), *where* + action [*Where (we) go?*; *Ou (nous) aller?*], et *where* + objet (*Where baby?*; *Où bébé (poupée)?*].

Les questions furent posées à Washoe par ses expérimentateurs, de façon à obtenir 50 réponses pour chaque question, soit un total de 500 énoncés; le tout sur une période de plusieurs semaines. Le tableau 2 fournit des exemples de questions posées à Washoe ainsi que les réponses obtenues.

Selon Gardner & Gardner (1975), 46 % des réponses de Washoe aux 500 questions contenaient plus d'un signe gestuel. Cette statistique n'implique rien de particulier en elle-même puisqu'à une question-Q, on peut toujours répondre par un seul mot en ellipsitant le reste de l'énoncé (formulé dans la question). En conséquence, dans la suite de leur analyse, Gardner & Gardner (1975) ignorèrent tous les signes gestuels reprenant simplement telle ou telle partie de la question immédiatement précédente. L'objectif était de comparer les réponses de Washoe à celles de jeunes enfants humains répondant aux questions-Q posées par leurs parents [données disponibles dans les publications de Brown (1968, 1973) et d'Ervin-Trip (1970)]. Le raisonnement des Gardner est le suivant. Si on trouve que les réponses de Washoe aux questions posées par les expérimentateurs correspondent à celles des jeunes enfants anglophones, on devra admettre que Washoe est « sur la voie » d'une combina-

Tableau 2 — Exemples de questions posées (gestuellement) à Washoe et réponses (gestuelles) du chimpanzé (d'après B. Gardner & R. Gardner, 1975, ma traduction).

Questions	Réponses

1. Qui toi ?
   Qui moi ?
	1. Moi Washoe
	   Linu (expérimentateur)

2. Qui fume ?
   Qui va dehors ?
	2. Toi fumer
	   Toi moi

3. Qui bon ?
   Qui joli ?
	3. Bon moi
	   Washoe

4. A qui ça ?
   A qui ces choses-là ?
	4. Mien
	   Chaussures tiennes

5. Quelle couleur ?
   Quelle couleur ça ?
	5. Oiseau blanc
	   Vert

6. Quoi ça ?
   Quoi ça ?
	6. Livre
	   Nourriture fruit

7. Quoi maintenant ?
   Maintenant quoi ?
	7. Chatouiller
	   Temps (de) boire

8. Quoi vouloir ?
   Quoi tu veux ?
	8. Vouloir groseille
	   Toi moi dehors

9. Où nous aller ?
   Où va Susan jouer-mordre toi ?
	9. Dehors
	   Susan mordre là

10. Où chaussure ?
    Où bébé (poupée) ?
	10. Chaussure là
	    (Washoe va chercher sa poupée)

toire de type humain. Cette stratégie interprétative a été verbalisée par B. Gardner lors de la présentation des travaux menés avec Washoe, au Congrès Mondial de Psychologie, à Paris en 1976. «Si l'on peut dire que les enfants ont acquis un langage sur la base de leurs performances, alors on peut dire que les chimpanzés ont acquis un langage dans la mesure où leurs performances sont analogues à celles des enfants» (cité et traduit par Busnel & Granier-Deferre, 1977, p. 555).

Les données publiées par Gardner & Gardner (1975) font effectivement état d'une notable similarité entre les réponses de Washoe aux questions de ses expérimentateurs et celles des jeunes enfants humains. La conclusion vaut pour les réponses adéquates comme pour celles jugées inappropriées. Un exemple de réponse inappropriée est Washoe répondant *Tickle with gun* (*Chatouiller avec pistolet*) à la question *Where tickle with gun?* (*Où chatouiller avec pistolet?*). Ce type d'erreur rappelle certaines observations effectuées par Ervin-Tripp (1970), et notamment une réponse enfantine (erronée) *Take Suzy* (*Emmener Suzy*) à la question *Who took Suzy to bed?* (*Qui mit Suzy au lit?*; p. 84). Quant aux réponses adéquates, Gardner & Gardner (1975b) affirment qu'elles sont proches de celles des jeunes enfants étudiés par Brown (1968) et par Ervin-Tripp (1970), entre approximativement 20 et 30 mois. Brown avait conclu sa recherche en stipulant que la meilleure indication de l'identification par un enfant des constituants syntagmatiques de la langue (syntagmes nominal, verbal, prépositionnel, attributif et adverbial) est fournie par sa façon de répondre à des questions-Q. Les Gardner (1975) remarquent que si Washoe avait été un enfant humain, elle aurait dû être située à un niveau «relativement avancé de compétence linguistique» (p. 255, ma traduction) selon le standard de Brown, malgré le fait que son environnement linguistique et son exposition relativement tardive à l'ASL la désavantageaient par comparaison avec les enfants humains.

Le raisonnement de Brown et, subséquemment, celui des Gardner, est discutable. Les réponses appropriées aux questions-Q traduisent davantage une compréhension lexicale et combinatoire minimale avec capacité de produire et de combiner là aussi minimalement quelques lexèmes pertinents — ce qui, au demeurant, n'est pas trivial — qu'un niveau «relativement avancé de compétence linguistique».

La conclusion des Gardner est que Washoe dispose d'une bonne capacité lexicale et d'un début de compétence syntaxique. La seconde partie de cette conclusion sera sévèrement critiquée par plusieurs auteurs, et notamment par Terrace (1979a; Terrace, Petito, Sanders & Bever, 1979); Terrace refusant toute démonstration d'une quelconque capacité grammaticale chez Washoe de même chez les autres chimpanzés entraînés par les Gardner.

Je pense que Washoe, à côté d'une incontestable capacité lexicale, dispose effectivement d'un début de capacité syntaxique, approximativement comparable à celle d'un enfant humain au moment des premiers énoncés à deux ou trois mots. A l'effet de cette interprétation, on notera que Washoe est capable de comprendre des combinaisons de deux ou trois signes gestuels réalisant des structures sémantiques relationnelles du même type que celles accessibles à Kanzi et à d'autres chimpanzés et bonobos, et de produire les mêmes combinaisons en exploitant quelques régularités positionnelles et/ou séquentielles immédiates. Bien que les données exposées par les Gardner ne permettent pas d'établir un tableau des probabilités d'apparition des séquences possibles et des positions occupées par les items lexicaux dans les productions combinatoires de Washoe (puisqu'ils ne fournissent pas un relevé exhaustif des différents types de combinaisons comprises et produites), et donc qu'on ne peut se prononcer sur le point de la capacité syntaxique de Washoe *sensu stricto*, les exemples fournis sont compatibles avec mon interprétation ci-dessus, au moins en ce qui concerne l'expression ordonnée des rapports agent-action, action-objet et agent-action-locatif (les ordres ci-avant correspondant majoritairement à celui séquentiel des énoncés combinatoires). Pour les relations entité-possesseur, entité-locatif et entité-attribut, et d'autres relations binaires, on trouve les deux ordres séquentiels possibles. Concernant les productions spontanées de Washoe (non consécutives à une question posée par un expérimentateur), les données distributives fournies par les Gardner sont extrêmement réduites. Dix-neuf fois sur vingt instances de productions non interrogatives impliquant le geste pour *ça*, Washoe place le démonstratif en première position dans l'énoncé (Gardner & Gardner, 1974). Dans les énoncés à trois signes gestuels composé de *toi*, *moi* et d'un verbe, le signe pour *toi* précède à la fois le signe pour *moi* et le verbe dans 90 % des cas ; cependant que le signe pour *moi* précède le verbe dans 60 % et le suit dans 40 % des cas (Fouts, 1974, cité par Patterson, 1978).

Il est possible que le dispositif syntaxique de Washoe soit davantage positionnel que séquentiel. La stratégie dominante chez Washoe, en ce qui concerne les productions combinatoires, pourrait consister à juxtaposer quelques signifiants gestuels, sans souci de respecter un ordre séquentiel précis, de façon à exprimer une relation sémantique de type prédicat-argument. Une telle stratégie positionnelle est probablement moins « sophistiquée » qu'une stratégie séquentielle ; mais, aussi primitif soit-il, il s'agit d'un dispositif grammatical, et il ressortit comme les dispositifs syntaxiques exemplifiés précédemment, à mon niveau 2 dans la hiérarchie des systèmes langagiers.

3.4.2. *Les travaux de Fouts et collaborateurs*

Fouts s'établit dans la région de Norman, en Oklakoma, en octobre 1970, à l'Institute for Primate Studies, où il accueille Washoe. Fouts effectue, les années suivantes, une série de travaux originaux avec plusieurs chimpanzés (Lucy, Bruno, Booee, Ally, Cindy, Thelma et Loulis, en plus de Washoe), vivant en semi-liberté dans l'environnement de l'Institut, et apprenant l'ASL. Les chimpanzés avaient également la possibilité d'échanger entre eux ce qui constitue l'originalité de l'approche de Fouts (Fouts, 1972, 1973a, 1973b). Le but de Fouts était d'exploiter une structure de recherche laissant aux animaux une certaine initiative dans les acquisitions langagières, mais permettant un contrôle des apprentissages.

Concrètement, Fouts s'efforce d'abord d'établir si d'autres chimpanzés que Washoe sont capables d'acquérir un lexique important de signes gestuels. Tous les chimpanzés entraînés à l'utilisation d'éléments lexicaux de l'ASL, par simple exposition visuelle et guidance manuelle, purent effectivement apprendre les gestes proposés. Le tableau 3 reprend les acquisitions lexicales d'un des chimpanzés, Ally.

Tableau 3 — Vocabulaire gestuel du chimpanzé Ally à l'âge de 37 mois (d'après Fouts, 1973a, ma traduction).

Ally		
bébé	fourchette	s'il-vous-plaît
balle	grenouille	tirer-jambe
bain	fruit	sac
lit	fille	Roger
bavoir	cheveu	sable
oiseau	chapeau	mère-adoptive
mordre	trou	chaussure
couverture	éteindre	odeur
livre	bobo	neige
garçon	insecte	pardon
brosse	Jacques	ficelle
cage	clé	friandise
voiture	embrasser	téléphone
chat	Larry	ça
prendre	coucher	chatouiller
chaise	écouter	brosse-à-dents
chasser	voir, lunette	arbre
propre	moi	torture
vêtement	miroir	vous
peigne	argent	fermeture-éclair
viens-donne	encore	banane
tasse	mère	rideau
saleté	musique	pieds
chien	non	feuille
boire	pantalon	noix
excrément	crayon	oreiller
fleur	épingle	raisin-sec
nourriture	pipe	cuiller
		eau

Le rythme des acquisitions lexicales varie d'un chimpanzé à l'autre. A titre d'exemple, le nombre moyen de minutes nécessaires de façon à apprendre un signe gestuel varie de 54 minutes pour Booee à 159 minutes pour Bruno. Fouts (1973a) a formulé le problème des différences individuelles dans les apprentissages langagiers chez les chimpanzés. Il s'est demandé si Washoe n'était pas exceptionnellement douée à ce point de vue. On se rappellera que les Rumbaugh s'étaient posés la même question à propos de Lana. Aucune réponse précise n'est possible à ce stade en raison du petit nombre d'animaux étudiés, des variations dans les modalités et les contextes d'apprentissage d'une expérience à l'autre, parfois à l'intérieur d'une même série de travaux, et des différences dans les origines et les conditions de vie des animaux expérimentaux (certains nés en captivité, d'autres en milieux naturels; certains maintenus en laboratoire, d'autres vivant en semi-liberté).

La partie la plus importante du travail de Fouts concerne les *aspects pragmatiques langagiers*. Il a particulièrement étudié les utilisations de l'ASL dans la communication entre chimpanzés. Les chimpanzés mâles Booee et Bruno furent observés en interaction libre l'un avec l'autre alors qu'ils disposaient d'un vocabulaire gestuel de 38 signes gestuels chacun (Fouts, Mellgren & Lemmon, 1973). Leurs conversations en ASL furent vidéo-enregistrées et analysées. Les situations pertinentes concernaient des épisodes de jeu et de nourrissement. Cette dernière situation se révéla peu intéressante; les deux chimpanzés se limitant à requérir de l'autre la nourriture en sa possession (*Donne-moi fruit*; *Donne-moi boisson*); en guise de réponse, l'interlocuteur s'enfuyait habituellement avec la nourriture convoitée par le locuteur. En situations de jeu, Booee et Bruno échangent diverses requêtes en action impliquant des séquences ordonnées de deux ou trois signes gestuels aboutissant ou non à assurer l'effet désiré selon l'humeur et la volonté coopérative du partenaire [*Chatouiller Booee*; *Venir étreindre*; *Se presser*; *Booee moi nourriture*, ce dernier énoncé produit par Bruno pour refuser une requête en action de jeu par Booee sous le prétexte qu'il — Bruno — était occupé à manger (à même la main de l'expérimentateur)]. Lorsqu'ils sont laissés à eux-mêmes, Booee et Bruno dédaignent, en fait, l'ASL pour recourir à leurs moyens naturels de communication. L'expérience, dès lors, n'a rencontré qu'un demi-succès.

A plusieurs reprises, on a observé Washoe cherchant spontanément à communiquer via l'ASL avec les jeunes chimpanzés de la colonie Fouts. Elle ralentissait sa manière de gesticuler. Washoe agissait de même en présence d'un communicateur humain moins expert en ASL que ses expérimentateurs habituels. Témoigne également de cette sensibilité pragmatique chez Washoe et d'autres chimpanzés un film tourné par les Gardner et réalisé par la Picture Corporation de New York. Béatrice Gardner (1977) ajoute qu'outre un ralentissement dans le débit gestuel, Washoe, et les autres chimpanzés étudiés, tendaient à augmenter le nombre de signes gestuels par énoncés (la longueur moyenne d'énoncé gestuel) lorsqu'ils s'adressaient à leurs expérimentateurs habituels (fluents en ASL), et à le réduire lorsqu'ils gesticulaient à destination de chimpanzés plus jeunes ou d'humains moins expérimentés en ASL. Les signes gestuels produits à destination des interlocuteurs moins compétents et/ou lorsqu'un interlocuteur habituel ne comprenait pas l'énoncé qui lui était adressé, étaient modifiés de façon à les rendre davantage perceptibles; par exemple, en élevant le niveau (vertical) de formation des configurations signées dans l'espace gestuel. En cas d'incompréhension du message gestuel par l'interlocuteur humain, Washoe et plusieurs autres chimpanzés ont été observés en train d'effectuer les gestes sur le corps même de l'interlocuteur ou en lui prenant les mains de façon à lui faire produire le ou les signes gestuels jusque-là incompris (un procédé souvent utilisé par les expérimentateurs humains de façon à faire apprendre une configuration gestuelle à un singe débutant et par les mères sourdes profondes interagissant avec leur bébé de quelques mois; *cf.* Maestas y Moores & Rondal, 1981).

Un épisode illustratif du travail de Fouts et collaborateurs concerne la situation d'apprentissage naturelle intraspécifique de l'ASL, où Washoe s'efforce de faire acquérir les rudiments lexicaux de l'ASL à un jeune chimpanzé mâle nommé Loulis (R. Fouts, Hirsch & D. Fouts, 1982; R. Fouts, D. Fouts & Schönfeld, 1984; R. Fouts, D. Fouts & Van Cantfort, 1989). En août 1976, Washoe donne naissance à un bébé chimpanzé qui ne vivra que quelques heures en raison d'une grave malformation cardiaque. En janvier 1979, elle accouche de nouveau d'un bébé qui décède deux mois plus tard dans des circonstances restées peu claires. Quelques semaines plus tard, un jeune chimpanzé, nommé Loulis, arrive à l'Institut de Primatologie de l'Université d'Oklahoma et est proposé à l'adoption de Washoe. Les expérimentateurs humains reçoivent pour consigne de n'utiliser aucun signe gestuel en présence de Loulis, à l'exception de 7 signes utilitaires (*Fais-un-signe*, le nom de *Loulis*, *quoi*, *où*, *qui*, *lequel*, et *Que-veux-tu?*). Loulis s'est rapidement mis à interagir avec les autres chimpanzés de la colonie et particulièrement avec sa mère adoptive. Washoe et les chimpanzés plus âgés ralentissaient leur débit et simplifiaient les productions gestuelles dirigées vers Loulis. Loulis a progressé régulièrement dans ses apprentissages gestuels, effectués exclusivement à partir de l'input fourni par Washoe et par les autres chimpanzés du groupe. A 29 mois, il utilise correctement 8 signes gestuels (*Viens*, *Donne-moi*, *Chatouiller*, *Boire*, *Etreindre*, *non*, *désolé*, *Vouloir*). A 63 mois, Loulis possède 47 signes gestuels, et à 96 mois, 70 signes.

Il est intéressant de relever que Washoe utilisaient diverses techniques «d'enseignement» avec Loulis. Elle effectuait les signes gestuels sur le corps de Loulis et s'assurait qu'il imitait bien les gestes proposés (jusqu'à quarante fois par jour). Washoe apprenait également à Loulis nombre de comportements utilitaires. Elle veillait à ce qu'il fasse son lit avant de se coucher le soir (on se souvient que Washoe jeune a été éduquée en situation quasi humaine dans la caravane expérimentale des Gardner). Ces observations témoignent de bonnes dispositions chez les chimpanzés étudiés pour les aspects interactifs et pragmatiques du langage.

3.4.3. Les travaux de Miles

Miles (1983, 1990) a cherché à faire apprendre des rudiments d'ASL à un orang-outang, nommé Chantek. Elle affirme, en se basant sur ses observations et celles de Maple (1980), que le «style cognitif» de l'orang-outang est plus «détendu» que celui du chimpanzé et la façon de signer plus lente, moins répétitive. A titre d'exemple, le rythme de production gestuelle de Chantek est inférieur de moitié à celui du chimpanzé Ally, étudié par Fouts (Chantek : .92 seconde par signe en moyenne; Ally : .39 seconde).

Chantek («*beau*» en malais) est un orang-outang mâle âgé de neuf mois au début du projet. Il est né au Yerkes Primate Research Center, en 1977. La procédure utilisée par Miles s'inspire de celle des Gardner et de Fouts. Chantek est élevé dans une caravane expérimentale comportant plusieurs pièces, et située dans une partie isolée du campus de l'Université du Tennessee, à Chattanooga. Aucune tentative n'est faite, cependant, d'éduquer le jeune orang-outang comme un enfant humain. En dehors de sa spacieuse caravane, Chantek a accès à un jardin privé, arboré, et reproduisant autant que possible les principales caractéristiques du milieu naturel des orang-outangs.

L'entraînement langagier de Chantek s'est fait en deux étapes. Dans un *premier temps*, un répertoire de signes gestuels emprunté à l'ASL, a été proposé jusqu'à atteindre le critère de maîtrise lexicale fixé, c'est-à-dire un usage spontané et correct de chaque signe pendant au moins 15 jours d'un mois donné. Au lieu de proposer à Chantek des lexèmes gestuels isolés, Miles et ses expérimentateurs les ont inclus d'entrée de jeu dans de courts énoncés formulés en «pidgin ASL»; un système qui organise les séquences de signes gestuels de l'ASL selon l'ordre habituel des mots en anglais standard, mais sans inclure de termes grammaticaux (articles, auxiliaires, pronoms, conjonctions et prépositions) et sans morphèmes (kinèmes) inflexionnels.

Chantek a produit ses premiers signes gestuels (*nourriture-manger*; *boire*) après un mois d'apprentissage. Deux ans et demi plus tard, il maîtrisait 56 signes gestuels. Après sept ans (au début de l'année 1986), son répertoire lexical comprenait 127 items régulièrement utilisés. Les catégories sémantiques concernaient des objets, actions, aliments, boissons, noms propres, animaux, couleurs, locatifs, la conjonction *et*, le geste de pointer (déictique) vers un référent de façon à le désigner à l'attention de l'interlocuteur, des modificateurs, «des augmentateurs» (*encore* ou *plus*), des «accentuateurs» (par exemple, *vite, il-est-temps*) et des pronoms personnels dialogiques (*moi* ou *me, toi* ou *tu*). Chantek surgénéralisait volontiers la référence de certains de ses lexèmes. Ainsi, il produisait le signe pour *chien* en présence d'un chien noir en train de dormir, de chiens divers en train d'aboyer, de l'image d'un chien sur l'écran de l'appareil view-master dont il disposait, d'orang-outangs vus à la télévision, de bruits d'aboiement entendus à la radio, d'un oiseau, d'un cheval, d'un tigre dans un cirque, d'un champ où paissaient des vaches, et même au passage d'un hélicoptère. Miles ne fournit que peu d'indications sur l'évolution temporelle des surgénéralisations. A propos du signe pour *banane*, on passe de 61 % d'utilisations référentiellement correctes en 1979 à 90 % en 1981; les surgénéralisations subsistant se rapportent, dans ce cas, à la dénomination d'aliments «à saveur de banane». Le signe pour *chat* continue d'être surgénéralisé, mais irrégulièrement, aux chiens, oiseaux et à un opossum. De même, le signe pour Lynn (Miles) n'est pas complètement spécifié comme nom propre individuel. Il renvoie à une classe d'individus, composée de Lynn Miles, des autres expérimentateurs et du personnel logistique.

Ces indications suggèrent une labilité des champs sémantiques lexicaux chez Chantek, qui rappelle les remarques de Savage-Rumbaugh, Rumbaugh et Boysen (1978b) concernant la dépendance contextuelle des usages lexicaux chez les chimpanzés. On notera toutefois que si les acquisitions lexicales des singes anthropoïdes peuvent rester imprécises, elles n'en sont pas moins, en gros, référentiellement pertinentes. Chantek, par exemple, surgénéralise le nom Lynn à ses familiers humains, mais jamais aux étrangers, à des animaux ou à des objets inanimés.

Les surgénéralisations pourraient renvoyer (comme c'est le cas aux premiers stades du développement lexical chez l'enfant humain) au manque de marqueurs lexicaux disponibles de façon à dénommer des entités ou des actions intervenant dans l'environnement. Certaines observations faites par Miles sont en congruence avec cette hypothèse. Par exemple, le signe gestuel pour *sale* est utilisé initialement par Chantek pour dénommer l'urine et les fèces. En 1981, 70 % des productions de Chantek impliquant le geste en question se rapportent exclusivement à ces référents. Mais diverses surgénéralisations sont observées. Les objets salis ou détériorés et les comportements socialement inadéquats sont également désignés de la sorte. Cependant, dès que le signe gestuel pour *mauvais* est introduit et maîtrisé, les surgénéralisations du signe *sale* disparaissent presque totalement au profit exclusif du nouveau lexème.

Dans un *second temps*, Miles et ses collaborateurs se sont efforcés de placer Chantek en situation de communication libre et ont centré leur étude sur les productions combinatoires de l'orang-outang. Le tableau 4 reprend l'évolution chronologique de l'indice de longueur moyenne de production gestuelle (Longueur moyenne d'énoncé — LME; adapté de Brown, 1973, au langage gestuel par Hoffmeister, Moores & Ellenberger, 1975; *cf.* Hoffmeister, 1978, et Rondal, 1997, pour une présentation détaillée).

Tableau 4 — Longueur moyenne des énoncés gestuels (LME) et des énoncés les plus longs (L-Max) de l'orang-outang Chantek entre janvier 1979 et mai 1980 (modifié d'après Miles, 1983).

Chronologie	LME[1]	L-Max[2]
Janvier 1979	1.00	1
Août 1979	1.08	2
Novembre 1979	1.52	3
Mars 1980	1.79	4
Mai 1980	1.91	5

[1] Calculés en nombre de signes gestuels.

Miles (1983) fait état d'une progression combinatoire lente mais graduelle chez Chantek, assez comparable pour ce qui est de l'allongement des énoncés à ce qu'on observe chez le jeune enfant humain aux alentours de 20 mois. Cependant, l'indice de longueur moyenne des productions combinatoires ne fournit en lui-même aucune information sur la structuration grammaticale des énoncés. Quant à celle-ci, Miles relève seulement que certaines régularités séquentielles ont été observées [« Some sign order regularities were observed » (1990, p. 519)]. Ainsi, Chantek tendait à faire le signe gestuel dénommant un objet suivi du signe pour *donner*, si l'objet était présent, et inversement si l'objet était absent. D'autres analyses auraient été nécessaires de façon à cerner l'éventuelle capacité grammaticale de Chantek, qui ne sont pas fournies par Miles.

3.4.4. Les travaux de Patterson

Patterson (1978, 1980; Patterson & Linden, 1981) a entrepris un entraînement langagier en ASL avec un gorille femelle nommée Koko, née en captivité (au zoo de San Francisco), et âgée d'un an au début de l'étude. La technique d'apprentissage est semblable à celles utilisées par les Gardner, Fouts et Miles.

Tableau 5 — Répertoire lexical gestuel du gorille Koko
(adapté d'après Patterson & Linden, 1981, ma traduction).

Catégories sémantiques	Lexèmes gestuels
Noms propres	Penny, Koko
Pronoms personnels dialogiques	Moi ou me, toi ou tu
Etres animés	Bébé, ours, oiseau, chat, chien, singe
Aliments	Pomme, banane, haricot, baie, pain, beurre, choux, bonbon, carotte, céréale, fromage, biscuit, maïs, chewing-gum, viande, noix, orange, pêche, pomme de terre
Objets divers	Sac, balle, couverture, livre, bouteille, bracelet, brosse, cigarette, cheveu, chapeau, clé, feuille, lumière, rouge-à-lèvre, téléphone, lunettes, allumette, collier, crayon, oreiller, timbre, paille, pull-over, dent, mouton, brosse-à-dents, arbre, torchon
Attributs	Grand, propre, froid, gentil, chaud, vite, mieux, encore, orange, silencieux, rouge, petit, pardon, sucre, ça, là
Négatif	Peux-pas
Actions	Mordre, attraper, chasser, viens, donne, manger, aller, étreindre, regarder, ouvrir, épouiller, taper, verser-dans, gratter, asseoir, balancer, goûter, chatouiller, retourner
Prépositions	Sur, hors-de ou dehors, en-haut
Formule de politesse	S'il-vous-plaît

Dans un premier temps, les observations sont faites dans la partie «nursery» du zoo de San Francisco. Dès la fin de 1973 et par la suite, l'expérimentation s'est déroulée dans une spacieuse caravane bien fournie en équipement domestique et en jeux divers; située dans le cadre du zoo mais à l'écart des zones parcourues par les visiteurs. Après trente mois d'entraînement, Koko disposait d'une centaine de signes gestuels (répertoriés au tableau 5).

Patterson relève chez Koko des surgénéralisations d'items lexicaux comparables à celles rapportées par Miles avec Chantek, probablement également en raison d'un manque de vocabulaire chez le gorille. Par exemple, initialement, Koko produit le signe gestuel pour *paille* en référence à une paille utilisée pour boire par aspiration à même un ustensile contenant un liquide. Le lexème est ensuite généralisé à tous les tubes en plastic, aux cigarettes et aux antennes-radio des voitures. De même, le signe pour *ouvrir* ou *ouvert*, utilisé initialement dans le contexte exclusif des portes fermées à clé, est produit ensuite à propos des boîtes fermées, des tiroirs fermés et des canettes à boire non ouvertes.

Patterson (1978) a analysé les productions gestuelles à plusieurs signes de Koko. Les premières combinaisons du type *Donne-moi nourriture* furent enregistrées alors que le gorille était âgé de 14 mois, soit deux mois environ après le début de l'exposition langagière. A quinze mois, ayant acquis le signe pour *encore*, Koko le combine rapidement avec les signes pour *aliment* ou *boisson*, de façon à produire *encore aliment* et *encore boisson*.

Tableau 6 — Exemples d'énoncés gestuels produits par le gorille Koko et relations sémantiques correspondantes (adapté d'après Patterson, 1978, ma traduction).

Relations sémantiques	Énoncés
1. Dénotation	*Ca chat; Ca oiseau*
2. Non-existence	*Moi peux-pas*
3. Récurrence	*Encore céréale; Encore verser*
4. Personne affectée	*Désolé moi; Gentil moi*
5. Entité-attribution	*Chaude pomme-de-terre; Rouge groseille*
6. Possesseur et possession (génitif)	*Koko bourse; Chapeau à-moi*
7. Bénéficiaire (datif)	*Donner moi boisson*
8. Action-location et entité-location	*Aller au-lit; Toi dehors*
9. Agent-action	*Toi manger; Moi écouter*
10. Action-objet (patient)	*Ouvrir bouteille; Attraper moi*
11. Agent-objet (patient)	*Alligator me poursuivre*

Les relations sémantiques exprimées combinatoirement par Koko sont reprises au tableau 6. Elles correspondent à celles identifiées par Brown (1973) dans les premières productions combinatoires des jeunes enfants humains.

Brown (1973, p. 40) rapporte que 75 % des énoncés produits par les enfants humains au niveau de ce qu'il appelle son premier stade de développement langagier (entre LME 1.75 et 2.25, calculé en nombre de mots plus morphèmes inflexionnels) sont des réalisations de la série de relations sémantiques figurant au tableau 6. On ne peut donc manquer de relever les similitudes existant entre le premier développement langagier des enfants humains en modalité orale et les acquisitions combinatoires gestuelles du gorille Koko.

Les énoncés produits par Koko se sont allongés avec le temps, bien qu'à un rythme nettement inférieur à celui des enfants humains à niveaux comparables de développement langagier. Patterson (1978) fournit les résultats d'un calcul de LME portant sur 16 heures de transcription des productions spontanées de Koko en interaction avec ses expérimentateurs. On obtient un LME de 1.37 (pour une moyenne de 46 énoncés combinatoires à l'heure) en janvier 1974 et de 1.82 (pour une moyenne horaire de 101 énoncés) en décembre 1974. La L-Max (longueur de l'énoncé le plus long enregistré) est de 7 signes gestuels en janvier et 11 signes en décembre 1974. Les indications correspondent de nouveau (en fait, sont un peu supérieures) à celles fournies par Brown (1973) quant aux premières phases du développement combinatoire chez les enfants humains.

Mais qu'en est-il de l'*organisation syntaxique* des énoncés de Koko ? On sait que l'ordre des signes en langage gestuel (par exemple, l'ASL) est moins exigeant qu'en anglais ou en français standards, langues à dépendances séquentielles fortes; les langues de signes gestuels disposant d'autres moyens pour traduire les rapports entre les significations relationnelles et la structure de surface des énoncés (*cf.* Rondal *et al.*, 1986, pour une analyse). Conséquemment, les enfants sourds apprenant l'ASL se basent moins que leurs pairs entendants apprenant l'anglais oral, sur l'ordre des lexèmes pour exprimer des significations relationnelles (sans négliger complètement ce moyen, toutefois; Klima & Bellugi, 1972). Patterson (1978) observe certaines régularités statistiques dans les énoncés à deux signes produits par Koko. Ainsi, le modificateur adjectif précède le nom dans 75 % des cas (98 instances identifiées); le récurrentiel *encore* occupe la première position de l'énoncé dans 83 % des cas (94 instances); la séquence verbe d'action + nom ou pronom objet (par exemple, *Poursuivre Koko*; *Faire-balancer moi*) domine sur son inverse dans 82 % des 55 combinaisons identifiées. Enfin, les séquences nom ou pronom sujet + verbe d'action constituent 82 % des instances pertinentes identifiées (au nombre de 17). De telles données, quoique très partielles, suggèrent que Koko a commencé à marquer séquentiellement la différence entre les fonctions d'agent et d'objet au niveau des noms et des pronoms dialogiques.

Patterson (1978) remarque encore qu'exploitant toutes les potentialités de la nature tridimensionnelle de l'ASL, Koko se met parfois spontanément à produire plusieurs signes simultanément dans plusieurs localisations hétérogènes de l'espace gestuel; ce qui est rarement observé chez les humains pratiquant l'ASL. Par exemple, sous le coup d'une motivation intense, Koko peut produire trois signes en simultanéité (par exemple, *Moi en-haut vite*, indiquant qu'elle est pressée de sortir — on la soulève et la porte habituellement à cet effet — avec l'index de la main droite au contact de son torse pour signifier *moi*, le bras gauche tendu vers le haut et la main gauche formant le signe pour *en-haut*, et cette même main s'agitant d'avant en arrière et d'arrière en avant pour traduire *vite*).

3.4.5. *Les travaux de Terrace et collaborateurs*

Les recherches d'Herbert Terrace sont largement motivées par une critique systématique des travaux menés précédemment ou simultanément par les autres chercheurs américains qui se sont occupés d'entraîner des singes anthropoïdes à la pratique de l'ASL. De telles analyses, ainsi que les réponses fournies par les divers auteurs et leurs propres critiques des travaux de Terrace, sont intéressantes, à la fois parce qu'elles contribuent à mettre clairement en lumière les points forts et les points faibles des diverses entreprises expérimentales, et parce qu'elles sont révélatrices d'un certain nombre de malentendus et/ou d'éléments de mauvaise foi persistante, lesquels se rapportent invariablement à la question de la nature du langage ou de ce qu'il convient de considérer comme les aspects centraux de l'organisation langagière.

Seidenberg & Petitto, deux des principaux associés de Terrace, publient, en 1979, une double revue très critique des travaux précédents en matière d'apprentissage de l'ASL par des singes anthropoïdes (Seidenberg & Petitto, 1979; Petitto & Seidenberg, 1979). Ils exhibent des citations des Gardner et d'autres chercheurs du domaine, impliquant que ces auteurs ont admis une fois pour toute que les singes anthropoïdes disposent effectivement de capacités linguistiques *de type humain* et qu'ils peuvent apprendre les subtilités de l'ASL. Seidenberg & Petitto non seulement rejettent une telle interprétation mais affirment encore que l'examen des données disponibles n'autorise même pas une conclusion selon laquelle les singes étudiés auraient appris des rudiments de langage humain.

Les arguments négatifs présentés dans les deux publications peuvent être résumés de la façon suivante : (1) les données nécessaires de façon à corroborer l'interprétation des Gardner, Fouts, Miles & Patterson, en particulier, font « tout simplement » défaut ; (2) les observations faites par ces chercheurs ont été systématiquement surinterprétées alors qu'elles peuvent s'expliquer plus économiquement d'une manière non linguistique ; et (3) les singes anthropoïdes « signeurs » ne soutiennent pas la comparaison avec les jeunes enfants humains.

Pour Seidenberg & Petitto, trois caractéristiques permettent d'établir qu'une structuration syntaxique existe réellement dans les productions gestuelles des singes anthropoïdes et elles ne sont pas démontrées dans les travaux mentionnés, à savoir : (1) tout signe isolé doit avoir sa signification propre ; (2) si l'ordre séquentiel des lexèmes change, la signification combinatoire doit changer également ; et (3) un ordre séquentiel donné ne peut être spécifique à une combinaison particulière de lexèmes et/ou à l'expression d'une signification relationnelle unique. De tels critères sont curieux et, en réalité, non pertinents dans la perspective de la différenciation syntaxe/non-syntaxe envisagée par Seidenberg & Petitto. En effet, le critère (1) est de nature purement lexicale. Appliqué strictement, il amènerait à exclure nombre de locutions lexicales fréquentes en langage humain (par exemple, *ras le bol, apprenti-sorcier, maître-chanteur,* etc. Le critère (2) est manifestement inadéquat. Plusieurs processus grammaticaux des langages humains effectuent précisément ce type d'opération, c'est-à-dire modifient l'ordre des lexèmes, à fin emphatique par exemple, sans changer le sens de l'énoncé. Considérez le contraste formel entre phrases actives et passives correspondantes qui maintient l'identité de la signification relationnelle (par exemple, *Les petits loubards ont molesté la vieille dame* et *La vieille dame a été molestée par les petits loubards*). Un autre exemple du même ordre concerne ce qu'on nomme en linguistique les « dislocations à gauche » avec reprise pronominale (par exemple, *Cette fille, je l'ai dans la peau*) par contraste emphatique avec le (légèrement) plus neutre *J'ai cette fille dans la peau*). Enfin, le critère syntaxique (3) de Seidenberg & Petitto est pratiquement vide de champ d'application. Il est sans doute rarissime, même dans les productions langagières des singes anthropoïdes, qu'une combinatoire donnée (par exemple, agent-action-location) ne s'applique qu'à un seul énoncé, si on considère le répertoire entier de l'individu sur une période de temps suffisamment longue.

A la question de savoir ce que les singes ont réellement appris dans les travaux expérimentaux en question, Seidenberg & Petitto (1979) répondent « They appear to have learned about the communicative context » (p. 211; « Ils semblent avoir appris certaines choses à propos du contexte de communication »). Par exemple, ils ont appris quels signes gestuels sont appréciés de leurs enseignants et tendent à les reproduire en présence de ces derniers, car les conséquences de cette façon de faire sont très positives; entendez : ils sont généreusement renforcés. Ce sont des stratégies de réponses pertinentes et qui témoignent de nobles capacités intellectuelles chez les singes supérieurs, mais «... they relate only tangentially to language» (p. 211; «... elles n'ont que peu de rapport avec le langage»). Les singes, écrivent-ils encore, n'ont appris ni la signification, ni la fonction linguistique des signes gestuels qu'ils utilisent, mais plutôt, et exclusivement, les conséquence sociales (expérimentales) liées à la production de signes gestuels et de séquences particulières de ces signes (1979, p. 179).

Avec les critiques de Seidenberg & Petitto, et celles, du même genre, de Terrace et d'autres dont il sera question plus loin, on est au cœur *d'un faux débat*. Les positions radicales des uns et des autres («pro» et «anti» compétence langagière animale) sont aussi inadéquates les unes que les autres. Un des rares auteurs à s'être exprimer avec subtilité dans ce débat est Stokoe (1983). Celui-ci remarque qu'il est difficile de refuser aux singes anthropoïdes une capacité de communiquer au moyen de signes empruntés à l'ASL, qui dépasse le simple dressage ou l'effet «clever Hans». Il ajoute que les critiques ayant attaqué les résultats expérimentaux des Gardner, Fouts, Miles, Patterson, ainsi que ceux de Premack et des Rumbaugh, ces derniers avec d'autres systèmes de communication que l'ASL, n'ont pas fourni de contre-arguments décisifs à l'encontre de l'hypothèse d'acquis langagiers véritables chez les animaux. «Si un singe se comporte dans une situation donnée exactement comme un enfant en voie d'acquisition du langage doit le faire, et si l'information que le singe reçoit et traite est véritablement et exclusivement non verbale, non linguistique et non manuelle (c'est-à-dire, si les signes gestuels qu'il voit sont ignorés par lui au profit d'autres informations, comme le cheval Hans), alors le domaine entier des sciences de la communication et du langage est dans un état bien précaire» (Stokoe, 1983, p. 157; ma traduction). Stokoe (1983) avertit également qu'il serait erroné de dresser une barrière artificielle entre l'expression et la communication chez l'animal et leurs correspondants humains, affirmant sa croyance en l'absence d'une solution de continuité entres ces niveaux phylogénétiques au point de vue considéré.

A mon opinion, il convient de se garder aussi bien d'un «romantisme interprétatif», extrapolant à partir des acquis lexicaux et syntaxiques élémentaires des singes supérieurs en direction d'une compétence linguistique avancée chez ces organismes, que d'un rigorisme critique excessif rejetant toute acquisition animale comme ne pouvant correspondre à rien de véritablement humain. Si, d'entrée de jeu, on définit le langage comme le propre de l'homme, il n'existe évidemment aucune donnée animale, ni démonstration empirique qui puissent satisfaire. Et c'est certainement l'impression que l'on a lorsqu'on lit les analyses de Seidenberg, Petitto, Terrace, Bever (voir plus loin) et autres exégètes. Inversement, considérant certains textes des Gardner, Fouts, Miles et autres Patterson, on ne peut manquer d'être frappé par une sorte de générosité interprétative confinant parfois à la naïveté. Patterson (1978), par exemple, déclare triomphalement au terme de ses expériences avec Koko «... le langage n'est plus le domaine exclusif de l'homme» (p. 70 ; ma traduction). J'ai fait état précédemment d'autres simplismes interprétatifs [par exemple, ceux de Savage-Rumbaugh & Lewin (1994) à propos de la compréhension linguistique *orale* de Kanzi], et j'aurais pu fournir d'autres exemples tirés des écrits des Gardner, de Fouts ou de Patterson encore.

Le problème interprétatif tourne autour de la notion de langage. Ni les uns, ni les autres parmi les auteurs cités ne paraissent tenir compte d'une caractéristique pourtant évidente, celle de la nature componentielle du langage. Comme j'en ai fait l'analyse ailleurs [du point de vue (avantageux) de la pathologie (*cf.* Rondal, 1994, 1995)], le langage est constitué par l'intégration de plusieurs composantes (lexicale, morpho-syntaxique et pragmatique), plus les dispositifs de réception sensorielle et d'exécution motrice liés aux modalités particulières — orale, écrite, gestuelle. Les composantes langagières et leurs substrats organiques sont séparables en principe. On peut s'attendre, dès lors, à ce que telle ou telle composante langagière puisse être accessible (au moins en partie) à telle ou telle espèce animale (particulièrement, supérieure). C'est sans doute le cas pour la capacité lexicale ainsi qu'en témoigne la littérature analysée dans les sections précédentes. On doit également s'attendre à ce qu'il puisse exister des niveaux langagiers disposables sur un continuum allant de zéro au langage caractéristique de *Sapiens sapiens*.

De telles considérations amènent à la conclusion suivante : la notion de langage à laquelle se réfère (implicitement) les exégètes de la littérature sur les expérimentations animales en matière de langue de signes gestuels (notamment) — une sorte de tout humain ou rien — est inappropriée parce que *a priori* et maximaliste. La même critique est applicable aux zélotes du langage animal. Ils se croient obligés, pour montrer que les animaux supérieurs ne sont pas démunis de capacités langagières virtuelles, de prouver chez ceux-là l'existence de ce qui fait la particularité des langages humains. Les deux positions sont aussi erronées l'une que l'autre. Les singes anthropoïdes ne disposent pas, même virtuellement, de quelque chose qui ressemble de près au langage humain. Il ne s'ensuit nullement qu'ils n'ont aucune disposition qu'on puisse raisonnablement qualifier de langagière.

Terrace (1979a,b) et collaborateurs se sont livrés à une sorte de démonstration expérimentale de l'incapacité pour un chimpanzé d'apprendre même les rudiments d'un langage humain (l'ASL, en l'occurrence). Du moins, c'est ce qu'ils ont prétendu dans plusieurs publications. L'opus principal de Terrace (1979b) est curieusement intitulé «*Nim. A chimpanzee who learned sign language*» («*Nim. Un chimpanzé qui a appris le langage gestuel*»), alors que l'objectif était de montrer que Nim n'a pas appris l'ASL, et, par extension, qu'aucun singe n'en est capable.

Nim Chimpsky (chimp : terme anglais pour chimpanzé ; le tout formant un anagramme aimablement irrévérencieux des nom et prénom du linguiste americain Noam Chomsky), est un chimpanzé mâle, âgé de quelques semaines au début de l'étude. Il est élevé comme un enfant humain et reçoit un entraînement systématique en ASL, à New York (Université Columbia), pendant environ quatre ans, avec pas moins de 60 expérimentateurs et enseignants volontaires (dont un seul était sourd et pratiquant couramment l'ASL, selon Stokoe, 1983). Pendant cette période, Nim apprend à utiliser correctement 125 signes gestuels. On retrouve, selon Terrace, la relative imprécision des champs sémantiques lexicaux ainsi que la tendance pour la signification d'un signe gestuel à évoluer sensiblement avec le temps. Ainsi, Terrace (1979a) rapporte que Nim utilisait le signe gestuel pour *sale* ou *saleté* lorsqu'il devait se rendre aux toilettes. La réaction de l'expérimentateur de service était alors de l'emmener au W.-C., toute activité cessante. Il arrivait également que Nim effectuât le signe gestuel pour *sale* en revenant des toilettes. Nim en vint ensuite, en certaines occasions, à produire le signe en question sans véritable besoin de se rendre aux toilettes, mais de manière à interrompre ou à éviter une activité jugée rébarbative.

La liste des signes gestuels produits et compris par Nim, fournie *in extenso* par Terrace (1979b), ressemble beaucoup aux données correspondantes livrées par les Gardner, Fouts et Patterson. Rien ne permet de penser que Nim ait été différent de Washoe, Ally, Koko ou d'autres singes y compris Lana et Sarah, du point de vue des apprentissages lexicaux.

Pendant environ deux ans, Terrace et ses collaborateurs ont recueilli plus de 20.000 énoncés gestuels. La moitié était des énoncés à deux signes dont 1.378 différents les uns des autres. Le tableau 7 (repris à

Terrace, 1979b) fournit les principales catégories sémantiques relationnelles matérialisées dans les énoncés à deux signes produits par Nim (et leurs fréquences relatives d'apparition dans l'ensemble du corpus).

> **Tableau 7** — Exemples d'énoncés à deux signes gestuels produits par le chimpanzé Nim et principales catégories sémantiques relationnelles réalisées, avec leurs fréquences relatives d'apparition par rapport à l'ensemble des énoncés à deux signes (d'après Terrace, 1979b, ma traduction).

1. **Action-entité** (27 %)
   Manger raisin
   Boire thé
   Enlever soulier

2. **Entité-bénéficiaire** (16 %)
   Aliment Nim
   Glace Nim
   Poupée Nim
   Yogourt Nim

3. **Entité-location** (6 %)
   Poupée fauteuil
   Aliment là
   Raisin là
   Banane maison

4. **Routines domestiques** (6 %)
   Enlever pantalon
   Mettre pantalon

5. **Attribut-entité** (5 %)
   Vert couleur
   Rouge pomme
   Orange ballon

6. **Action-location** (5 %)
   Nettoyer ici
   Aller-dehors là
   Chatouiller là

7. **Agent-action** (19 %)
   Bill courir
   Nim aller-dehors
   Nim laver
   Moi ouvrir

Dans un premier temps, explique Terrace (1979b), j'ai pensé qu'il s'agissait bien de «phrases primitives». Nim utilisait régulièrement des séquences indicatives d'une certaine sensibilité à l'ordre des lexèmes en ASL. A titre d'exemple, le signe pour *encore* intervient en première position dans 85 % de ses énoncés à deux signes (*encore banane, encore boire, encore étreindre, encore chatouiller,* etc.). Soixante-dix-huit pour-cent des énoncés à deux termes contenant le signe pour *donner* (sur un total de 348) placent ce dernier en première position. De même, 946 énoncés à deux termes impliquent le signe pour des actions transitives (par exemple, *étreindre, chatouiller, donner*) combiné avec les signes pour *moi* ou *Nim*. Dans 83 % des cas, le signe pour l'action transitive intervient en première position dans l'énoncé. Ces indications et d'autres régularités dans les énoncés à deux signes de Nim (non spécifiées par Terrace, 1979a,b) amènent ce dernier à reconnaître que les énoncés produits par Nim, faisant intervenir plusieurs gestes, ne sont pas combinés au hasard, mais répondent bien à certaines régularités positionnelles et/ou séquentielles.

Terrace conteste, cependant, qu'on puisse assimiler de telles régularités à des règles grammaticales. Ce faisant, il ignore les analyses effectuées dans les années soixante par un psycholinguiste américain, nommé McNeil. Ici, comme ailleurs, on est confronté au manque de connaissances de Terrace en matière de psycholinguistique développementale. McNeil (1966) parle de «grammaire-pivot» comme première étape du développement grammatical chez l'enfant humain aux alentours de 20 mois d'âge. Le tableau 8 reprend, à titre d'exemple, les principaux énoncés-pivots observés dans le premier développement combinatoire d'un enfant francophone.

Tableau 8 — Exemples d'énoncés-pivots dans le langage d'un enfant francophone âgé de 24 mois (repris de Rondal, 1988a).

A'voir mama (au revoir maman)	*Pati* papa (papa est parti)
A'voir mammy	*Pati* mama
A'voir papa	*Pati* bébé
A'voir tonton	*Pati* apin
A'voir apin (lapin-jouet)	*Pati* bonbon
Apu papa (il n'y a plus de papa, c'est-à-dire papa est parti)	*Boum* bateau (le bateau est tombé)
Apu bonbon	*Boum* tauto
Apu apin	*Boum* bébé
Apu anana (banane)	*Boum* papa
Tauto *ama* (l'auto est à moi)	Tamion *broum-broum* (le camion fait broum-broum)
Bayon (ballon) *ama*	Tauto *broum-broum*
Ké (clé) *ama*	Toto (moto) *broum-broum*
Bonbon *ama*	Gue (grue) *broum-broum*
Tauto *ènèna* (l'auto elle est là)	
Tonton *ènèna*	
Mammy *ènèna*	
Mamen (Marraine) *ènèna*	
Téta (Stéphane) *ènèna*	
Tétèr (pomme de terre) *ènèna*	

Une grammaire, précise McNeil, est un ensemble de règles relatives à l'organisation combinatoire des énoncés. La grammaire-pivot proposée pour rendre compte des productions à deux mots chez l'enfant humain répond à deux règles :

$$E \rightarrow \begin{cases} P_1 + 0 \\ 0 + P_2 \end{cases}$$

Cet ensemble se lit de la façon suivante. De façon à former un énoncé, il convient de produire soit un pivot de première position et de le faire suivre d'un lexème dit ouvert, soit un lexème ouvert suivi un pivot de seconde position. Le choix des lexèmes fonctionnant comme pivot de première et de seconde position est entièrement celui de l'enfant. L'opposition de classes entre lexèmes pivots et lexèmes ouverts correspond le plus souvent (*cf.* le tableau 8 pour une illustration) à une opposition entre des locatifs, des possessifs, des verbes d'action ou d'expérience sensorielle et/ou mentale (comme *voir, entendre,* etc.), des indications de présence, absence, récurrence, et diverses autres indications sémantiques précocement exprimées par l'enfant, comme éléments pivots, et le reste du premier lexique enfantin dans le rôle des éléments ouverts.

A ce stade de développement, tout se passe comme si l'enfant sélectionnait dans le langage entendu autour de lui et selon ses possibilités d'analyse cognitivo-sémantique et ses expériences de vie un petit nombre de lexèmes (par exemple, dans le cas de l'enfant francophone illustré au tableau 8, *apu* (*a plus*), *pati* (*parti*), *a'voir* (*au revoir*), *ama* (*à moi*), *ènèna* (*elle est là*), etc., et s'en servait en leur attribuant une position fixe dans ses énoncés à deux termes, soit la première, soit la seconde position. L'autre position dans l'énoncé est attribuée à un lexème susceptible d'être combiné avec le lexème à place fixe. McNeil (1966) a proposé d'appeler «pivots» les lexèmes à place fixe de façon à souligner le rôle de charnière qu'ils jouent dans l'organisation des premiers énoncés combinatoires. La «grammaire-pivot» est graduellement dépassée par le jeune enfant humain au profit d'une organisation ressemblant davantage à celle prévue par la langue adulte.

Un nombre important (sinon la grande majorité) des énoncés produits par Nim ressemblent à s'y méprendre aux énoncés dits pivots des jeunes enfants humains (il suffit de comparer les tableaux 7 et 8 pour s'en convaincre). Si l'analyse de McNeil est correcte, on doit postuler que les énoncés à deux termes produits par Nim le place également au niveau du premier développement combinatoire humain. Comme on le verra plus loin, Nim ne semble pas avoir été plus loin dans son développement grammatical, non plus (ou peu s'en faut) que les autres primates non humains soumis à des apprentissages linguistiques.

Terrace (1979a,b) refuse de considérer l'interprétation selon laquelle Nim aurait acquis un système proche de ce qu'on observe dans le premier développement langagier humain ; tout en reconnaissant, comme je l'ai indiqué, que les productions combinatoires de Nim ne doivent rien au hasard, mais font bien état de régularités positionnelles et/ou séquentielles. Si ces dernières régularités ne sont pas un état primitif de syntaxe, de quelle structuration peut-il s'agir alors ? Terrace ne fournit aucune explication sur ce point.

Les arguments de Terrace à l'encontre d'un parallélisme entre les énoncés combinatoires à deux ou trois termes de Nim et ceux des jeunes enfants humains peuvent se résumer en six points. (1) L'absence d'augmentation avec le temps du LME de Nim. Celui-ci fluctue entre 1.1 et 1.6 signes gestuels; (2) le manque de rapport direct entre le LME de Nim et sa L-max, tandis qu'un tel rapport existerait chez l'enfant humain; (3) seulement 12 pour-cent des énoncés de Nim seraient spontanés, au sens ou 88 pour-cent sont précédés d'un énoncé produit par un expérimentateur; (4) Terrace indique, par ailleurs, qu'à 4 ans, les énoncés de Nim étaient imités à 54 %, entièrement ou partiellement, à partir des énoncés gestuels immédiatement précédents des expérimentateurs (contre 20 % à 21 mois et 38 % à 26 mois); tandis qu'à trois ans d'âge les imitations des énoncés précédents par l'enfant humain tombent virtuellement à zéro; (5) moins de 10 % des énoncés combinatoires de Nim, recueillis pendant les 22 derniers mois de la recherche, consistent en expansion d'énoncés gestuels précédents produits par un expérimentateur; une situation qui contraste avec ce qu'on observe entre les enfants humains en cours d'acquisition du langage et leurs parents ou des adultes familiers interagissant verbalement avec eux; et, enfin, (6) Nim interrompt ses interlocuteurs environ une fois sur deux; ce qui selon Terrace est tout à fait inhabituel entre enfants et parents ou autres adultes humains.

Un examen même rapide des arguments avancés par Terrace pour refuser aux productions combinatoires de Nim un statut (grossièrement) comparable à celles des jeunes enfants humains, suffit à montrer qu'ils sont d'une grande faiblesse et ne peuvent suffire à conforter la position du psychologue américain; laquelle apparaît dès lors comme davantage dogmatique que motivée par des considérations objectives. Concrètement, l'argument numéroté (1) n'est pas pertinent. Le fait que les énoncés de Nim n'augmentent guère en longueur moyenne avec le temps (bien qu'ils puissent compter jusqu'à 16 signes gestuels) témoigne du non-développement de Nim au-delà d'une première phase combinatoire, mais ne signifie pas que cette phase soit nécessairement démunie d'organisation ou sans rapport avec celle correspondante du développement humain. L'argument (6) est sans fondement. Tous les psycholinguistes développementalistes savent qu'aux premiers stades du développement langagier les interruptions enfant-parent (et autres « collisions vocales ») sont particulièrement fréquentes. Concernant l'argument (5), les taux d'expansion des énoncés parentaux par les jeunes enfants sont variables d'un enfant à l'autre; certains enfants s'appuyant considérablement sur les énoncés des adultes leur adressés, d'autres beaucoup moins. Enfin, les arguments (2), (3) et (4) avancés par Terrace sont également spécieux. Il n'existe aucune relation particulière chez l'enfant humain entre LME et L-max. La grande majorité des énoncés du jeune enfant produits en situation d'interaction dyadique sont précédés d'un énoncé adulte. Il suffit pour s'en persuader de consulter l'un ou l'autre des nombreux corpus d'interactions entre enfants humains et adultes repris dans la banque mondiale CHILDES, accessible à partir du site Internet de l'Université Carnegie-Mellon, aux Etats-Unis (MacWhinney, 1991). Quant à l'argument (4), selon lequel, à 4 ans, Nim imite, complètement ou partiellement, jusqu'à 54 % des énoncés (précédents) produits par les expérimentateurs, je n'y vois guère de différence avec l'enfant humain dès lors qu'il s'agit d'imitations complètes (c'est-à-dire verbatim) ou partielles, *totalisées*, ce qui est le critère utilisé par Terrace. Appliquant le même genre de mesure aux énoncés de l'enfant humain produits en situation d'interaction verbale avec l'adulte entre grosso modo 20 et 24 mois d'âge, on trouve qu'une proportion importante de ces énoncés, parfois supérieure aux 54 % de Nim, reprend tout ou partie (un lexème, par exemple) des énoncés adultes précédents (Bloom & Lahey, 1978; Rondal, 1978, 1980).

En *conclusion partielle*, il est évident que les énoncés combinatoires de Nim présentent une parenté notable, formelle et de contenu, avec ceux des enfants humains aux débuts du développement langagier. Mais il est clair également que Nim ne progresse pas au-delà de ce premier stade malgré les efforts des expérimentateurs. Ses énoncés à plus de deux ou trois signes gestuels ne sont guère que des répétitions de séquences de deux ou trois termes sans structuration additionnelle. L'énoncé le plus long produit par Nim illustre bien ce fait. Il est constitué des équivalents gestuels des mots suivants : *Donner orange moi donner manger orange moi manger orange donner moi manger orange donner moi toi*. Il s'agit d'une juxtaposition de séquences à deux ou trois termes à l'intérieur d'un même «élan» combinatoire (motivé par un fort désir d'obtenir le fruit en question).

Dans une autre publication avec Petitto, Sanders et Bever comme co-auteurs, Terrace (1979) pose à propos de Nim et des autres singes anthropoïdes la question de savoir si ces animaux disposent de la capacité de créer des phrases («Can an ape create a sentence?»). La réponse est «non». On rappellera la différence existant entre un *énoncé* (unité discursive) et une *phrase* (unité grammaticale). Un énoncé est tout «fait de langage» compris entre deux pauses dans le débit du locuteur. D'autres critères d'identification des énoncés ont été proposés (*cf.* Rondal, 1995) qui ne nous intéressent pas ici. Comme on l'a vu, les animaux étudiés émettent quantité d'énoncés, une partie d'entre eux étant constitués de séquences de plusieurs lexèmes. Une phrase est une structure morpho-syntaxique particulière impliquant le positionnement, la séquentialisation, et/ou le marquage morphologique des éléments constitutifs.

Entité grammaticale, la phrase est définie grammaticalement. En français, les séquences sujet-verbe-objet (SVO) dominent, mais ce n'est pas le cas pour d'autres langues où interviennent des dispositifs séquentiels différents ou des modifications inflexionnelles qui signalent la fonction grammaticale des lexèmes. En langage de signes gestuels [ASL, LFS (Langue Française des Signes) ou LIS (Lingua Italiana dei Segni), etc.], l'ordre séquentiel des syntagmes est flexible. Mais on y trouve souvent une régularité séquentielle thème-commentaire (Moody, 1983; Rondal *et al.*, 1986). Nim produit des énoncés organisés séquentiellement mais non des phrases au sens propre. Il en va de même pour les autres singes étudiés.

Enfin, dans une publication datée de 1983, Terrace, « bouclant sa boucle critique », pour ainsi dire, se pose la question (qui sert d'intitulé à son chapitre) de savoir, à propos des rapports expérimentaux concernant le langage des singes, s'il ne s'agit pas davantage d'une « projection de langage » par les expérimentateurs sur leurs sujets animaux que de capacités objectivement établies. La réponse est qu'il s'agit bien de projections de la part des expérimentateurs. Ce que les singes anthropoïdes font, conclut Terrace, c'est principalement « renvoyer en miroir » à l'expérimentateur ses propres productions.

Les écrits et rapports de Terrace ont été mal reçus et critiqués à leur tour par les autres chercheurs dans le domaine. La controverse a parfois atteint un niveau de violence verbale rare dans les échanges scientifiques publiés. Le lecteur intéressé verra l'ouvrage de Lestel (1995), lequel, à certains moments, se constitue en chronique des relations personnelles entre chercheurs dans le domaine. Parmi les critiques objectives adressées à Terrace, on relève que Nim a été entraîné par un trop grand nombre d'enseignants et que, vers la fin du projet, il ne supportait plus les changements de personnel. Terrace (Terrace *et al.*, 1979, note 67) concède qu'une petite équipe stable d'expérimentateurs est certainement préférable. Il conteste, cependant, la critique dans une autre publication (Terrace, 1983), affirmant que l'essentiel du travail avec Nim a été effectué par une équipe de 8 personnes. Il mentionne, en contrepartie, 40 enseignants impliqués dans les travaux de Fouts (6 enseignants et expérimentateurs principaux, toutefois), 20 enseignants dans les travaux de Patterson, et un nombre non précisé, mais vraisemblablement élevé, dans ceux de Gardner. Terrace (1983) admet également la critique (par exemple, Stokoe, 1983) selon laquelle les enseignants impliqués dans son projet n'étaient, pour la plupart, pas suffisamment compétents en ASL. Mais il affirme que la même situation prévalait également dans les autres projets rapportés dans la littérature et que ce qu'on y trouvait, en réalité, comme dans le projet Nim, était plutôt de l'ordre du pidgin-ASL. Par contre, Terrace (1983) rejette l'affirmation de Patterson selon laquelle Nim aurait été un chimpanzé relativement peu doué. Rien dans les données publiées ne permet, en effet, de penser de la sorte.

3.5. Quelle capacité langagière chez les singes anthropoïdes?

Marler (1965) relève qu'on trouve dans la nature des répertoires de l'ordre de 10-15 signaux/signes de base chez les primates non humains. Smith (1969) parle d'une douzaine de signaux/signes utilisés dans la communication sociale des vertébrés infrahumains. Chaque série d'unités communicatives est cruciale pour la survie individuelle ou spécielle. A partir de là, il est évident que les réalisations langagières de Sarah, Lana, Washoe et autres singes anthropoïdes transcendent largement le type habituel de production communicative chez les vertébrés infrahumains.

Faut-il néanmoins attribuer du crédit aux déclarations particulièrement pessimistes de Terrace et de ses principaux collaborateurs en ce qui concerne les capacités langagières des singes supérieurs? Je pense que, pour l'essentiel, leurs remarques et critiques (y compris autocritiques) ne sont pas correctement motivées. Comme je l'ai relevé, une bonne partie de leurs mentions vise à montrer que la compétence langagière qu'on peut installer expérimentalement chez un singe anthropoïde est loin de celle présente «naturellement» chez les jeunes enfants humains. Ce qui est inexact. L'autre suggestion majeure de Terrace, élaborée à partir de ses observations avec Nim, et généralisée aux autres singes anthropoïdes, est que les productions gestuelles de ces animaux sont essentiellement des reproductions serviles de messages adressés par les expérimentateurs. Rien n'interdit de penser que de sensibles différences individuelles puissent exister dans la motivation, et, peut être, la capacité à imiter chez les singes anthropoïdes; dans ce cas, la généralisation interprétative de Terrace serait abusive. Nim pourrait être parmi les imitateurs assidus des productions gestuelles de ses expérimentateurs. Par contre, les productions gestuelles de Kanzi sont à 90% spontanées et non imitées (au moins verbatim), selon les indications de Savage-Rumbaugh & Lewin (1994). Pour Chantek, l'orang-outang étudié par Miles (1983), 37% des énoncés gestuels étaient initiés spontanément par l'animal. Quant aux autres singes étudiés (Washoe, Ally, Sarah, Lana), on ne dispose pas de données pertinentes sur ce point. De notables différences individuelles ont été rapportées également dans la motivation et/ou la capacité à imiter tout ou partie des énoncés adultes chez les jeunes enfants humains, sans incidence marquée sur le développement langagier subséquent (Bloom, Hood & Sightbow, 1974; Masur, 1989).

Mais revenons au point central de la discussion, à savoir le *statut linguistique* des apprentissages langagiers des singes anthropoïdes.

Terrace et collaborateurs dépensent une énergie scripturale énorme pour tenter de démontrer que Nim et, secondairement, les autres singes anthropoïdes étudiés (*cf.* Terrace, 1985) ne présentent aucune acquisition qui les rapprocherait de la « nature » du langage humain. Inversement, les autres protagonistes expérimentaux affirment avec conviction [et parfois un extrémisme interprétatif étonnant (*cf.*, par exemple, Patterson, Patterson & Brentari, 1987; Bernstein, 1987)] que les capacités langagières virtuelles des singes anthropoïdes les classent très près des humains.

Les deux positions sont aussi inintéressantes l'une que l'autre. Ce qui paraît bien être le niveau de fonctionnement langagier virtuel des singes anthropoïdes ne les situe pas à un niveau humain (adulte). (Qui s'y attendait vraiment?) Il ne s'ensuit pas que les capacités en question soient triviales. Comme le notent, Roitblat, Harley & Helweg (1993), «... les processus linguistiques humains ne sont pas eux-mêmes 'ineffables' — en français dans le texte. La compétence humaine résulte de la mise en œuvre de mécanismes biologiques. La performance humaine est peut-être intelligente, mais les mécanismes eux-mêmes ne le sont pas nécessairement. D'une certaine manière, les humains produisent des comportements linguistiques 'intelligents' à partir de rien d'autre que des mécanismes biologiques 'stupides'. Les animaux peuvent ou non employer les mêmes mécanismes que les humains, mais il serait erroné de rejeter de tels phénomènes comme étant dénués d'intérêt lorsqu'on peut les expliquer en termes de mécanismes sous-jacents. Nous voulons savoir comment les animaux accomplissent les tâches qu'ils accomplissent. Une compétence linguistique reste une compétence linguistique même si on peut identifier les mécanismes qui la sous-tendent. Souvent et erronément, les psychologues tendent à rejeter comme non psychologique tout phénomène qu'ils peuvent expliquer en termes de mécanismes causaux » (p. 5, ma traduction).

Je l'ai souligné, le langage humain est un dispositif complexe, multi-componentiel et multistratifié, et non une affaire de tout ou rien. L'idée selon laquelle certains aspects de ce langage peuvent se trouver dans l'empan, pour ainsi dire, des capacités virtuelles (ou même fonctionnelles) des espèces infrahumaines, ou au moins de certaines d'entre elles, est parfaitement raisonnable. Au risque de se répéter, il est affligeant de constater combien la perspective componentielle a peu pénétré la littérature sur les capacités langagières animales, au point que les auteurs impliqués s'expriment souvent comme des philosophes du XIXe siècle ou plus anciens, favorisant des interprétations aussi simplistes que radicales.

En parfaite sérénité, une *capacité pragmatique* (langagière) peut être reconnue aux singes anthropoïdes. Les recherches expérimentales et les observations en milieux naturels en attestent largement. Certaines aptitudes, comme la prise de tour conversationnel et l'organisation des contenus des messages de façon à répondre ou à influencer un congénère, sont préfigurées en milieu naturel chez plusieurs espèces de singes inférieurs, comme les marmousets pygmées (Snowdon & Cleveland, 1984). Ceux-ci utilisent la prise de tour dans leurs communications dirigées vers le groupe social ou adressées à des membres particuliers du groupe. Il est sidérant de trouver un article signé par les Rumbaugh & Boysen (1980) niant que les études expérimentales démontrent une capacité pragmatique chez les singes anthropoïdes. Ces auteurs affirment, par exemple, que les singes supérieurs ne pratiquent pas la prise de tour conversationnel, alors qu'ils ont fourni eux-mêmes plusieurs exemples probants à cet effet (voir les sections précédentes et notamment celle dévolue aux travaux des Rumbaugh avec Lana). Les surprises dans cette étonnante littérature viennent parfois autant des chercheurs que des animaux eux-mêmes.

Selon mon opinion, une *capacité sémantique*, à la fois lexicale et relationnelle, doit également être reconnue aux singes anthropoïdes. *Lexicalement*, les nombreuses observations expérimentales démontrent indiscutablement la possibilité chez ces animaux d'apprendre d'importants répertoires de signes gestuels ou de lexigrammes arbitraires à référence concrète, en rapport direct, comme on s'y attendrait, avec leurs préoccupations pratiques et leurs capacités cognitives. La question de savoir à quoi correspondent exactement les champs sémantiques associés aux termes lexicaux n'est pas élucidée à ce stade. Il est vraisemblable que les champs en question diffèrent sensiblement des champs dénotatifs associés aux termes lexicaux correspondants chez les adultes humains, un peu, et même beaucoup sans doute, comme c'est le cas au début du développement lexical chez les enfants humains. Quant aux *relations sémantiques*, on a vu dans les travaux, particulièrement des Rumbaugh, des Gardner, de Fouts, Miles, Patterson & Terrace, que les singes anthropoïdes exprimaient, au moyen d'énoncés gestuels ou lexigrammatiques à un ou à plusieurs termes, un petit nombre de notions sémantiques relationnelles parmi les plus communes dans le langage humain et correspondant assez bien aux relations de sens exprimées par les enfants humains au début de leur développement langagier (période holophrastique et premiers énoncés combinatoires). Les notions cognitives sous-jacentes [localisation dans l'espace, repères temporels, possession et bénéfaction, accompagnement, présence, disparition, récurrence, notion d'agent, d'action, d'objet sémantique, relation transitive sémantique (agent-action-objet), notion d'état, d'expérience sensorielle (*voir*, *entendre*, etc.), volition et motivation, etc.] font partie de la compétence cognitive des singes anthropoïdes (et d'autres espèces animales), comme le relèvent les spécialistes de la cognition animale (voir Vauclair, 1990, 1996). C'est cette compétence cognitive qui permet le développement sémantique relationnel chez les animaux, comme c'est le cas au sein de l'espèce humaine.

En ce qui concerne l'épineuse question de l'existence d'une *capacité syntaxique* chez les singes anthropoïdes, il me paraît justifié de leur prêter une ébauche de syntaxe positionnelle et/ou séquentielle, consistant à faire correspondre un emplacement et/ou une séquence donnée dans un énoncé combinatoire à un rôle sémantique particulier. Lorsque les énoncés ne contiennent que deux éléments lexicaux, il est impossible de distinguer entre stratégie positionnelle et stratégie séquentielle. Une telle distinction n'est possible, en principe, qu'avec des énoncés composés de plus de deux termes. Dans ces cas, et pour certains des singes supérieurs étudiés en laboratoire, il semble qu'il y ait accès à une organisation séquentielle de certains énoncés (cas des productions combinatoires de Lana, Kanzi et Washoe). Les choses sont moins claires pour les autres singes étudiés, et elles n'ont pas fait l'objet de grands efforts de clarification de la part des chercheurs. Il est prudent, dans ces derniers cas, au moins, d'en rester à un constat de capacité combinatoire par positionnement d'un item lexical particulier de façon à traduire une relation sémantique donnée.

On ne s'étonnera pas que je n'aie utilisé dans la discussion précédente sur l'existence d'une capacité syntaxique virtuelle chez les singes anthropoïdes que des données de production langagière. Les données de compréhension, de notoriété commune, sont beaucoup moins probantes (malgré les affirmations naïves en sens inverse parfois formulées par certains chercheurs dans le domaine), sauf en situation d'évaluation parfaitement contrôlée. Il existe en effet diverses façons de « comprendre » un énoncé langagier et d'y réagir adéquatement. On peut se baser sur des indices situationnels, des connaissances générales préalables, un ou plusieurs énoncés précédents, les éléments lexicaux de l'énoncé ou certains d'entre eux, avec peu ou pas de traitement syntaxique.

Il est clair, en définitive, que les ébauches de fonctionnement langagier chez les singes supérieurs ne répondent pas aux caractéristiques des langues humaines, ni aux principales fonctions du langage humain. Ces ébauches ne sont que partiellement combinables et analysables, au sens défini au Chapitre 2. Quant aux grandes fonctions du langage humain, elles sont au nombre de deux : la fonction de communication (transfert d'informations et influences sur les partenaires sociaux), en premier lieu, et la fonction de représentation et d'organisation du fonctionnement mental (au moins en partie), en second lieu. Si les singes anthropoïdes peuvent apprendre à communiquer langagièrement au moins avec leurs expérimentateurs et, dans une moindre mesure, entre eux, il n'existe aucune indication d'une quelconque fonction cognitive, même partielle, du langage appris chez ces organismes.

Bien que très insuffisantes en regard du langage humain, les capacités démontrées chez les singes anthropoïdes n'en correspondent pas moins à un fonctionnement langagier véritable que je situe au niveau du type 2 de langage défini au Chapitre 2 (existence de répertoires lexicaux et expression de relations sémantiques au moyen d'une organisation combinatoire minimale).

Un dispositif syntaxique permettant de rendre compte théoriquement des combinaisons observables dans le comportement langagier des singes supérieurs pourrait être celui à *états finis* (Roitblat *et al.*, 1993). Il s'agit d'un mécanisme par lequel les éléments lexicaux sont produits dans un ordre fixe gauche-droite. Une phrase du type *L'homme a bu un grand verre de...*, par exemple, a davantage de chances de se poursuivre par le mot *bière* que par *mercure*. Les mots intervenant plus tôt dans l'énoncé contraignent de plus en plus fortement les mots suivants. Une grammaire à états finis prévoit que, de gauche à droite dans un énoncé, chaque terme contraint directement le terme suivant et indirectement les termes subséquents. On passe d'un état d'énoncé à un autre, et ainsi de suite jusqu'à la fin de l'énoncé, par l'application de règles de transition qui peuvent varier en complexité selon le modèle théorique envisagé. Chaque état autorise la poursuite de l'énoncé dans certaines directions. Les probabilités transitives peuvent varier selon les antécédents communicatifs, les situations, les apprentissages préalables et les objectifs des interlocuteurs. Avec un tel dispositif stochastique, les réalisations se ramènent à l'ensemble des enchaînements autorisés. Une conception de ce type est définissable mathématiquement comme une chaîne de Markov.

Comme l'ont montré plusieurs recherches en psycholinguistique (à commencer par celle de Miller, 1958), et comme le laisse à penser l'exemple donné plus haut, les humains sont sensibles à de telles régularités séquentielles. Qu'en est-il des animaux ? Les études expérimentales sur la capacité sérielle des rats (*cf.* Roitblat *et al.*, 1993) montrent que ceux-ci peuvent apprendre quelques règles séquentielles simples relatives aux quantités de renforcements alimentaires disponibles. Une grammaire simple à états finis, pourrait effectivement correspondre aux sensibilités positionnelles et séquentielles démontrées par les singes anthropoïdes en matière de production langagière combinatoire.

Un autre modèle théorique envisagé par Roitblat *et al.* (1993) est celui des « frames and slots » [« cadres » et « emplacements » (à y occuper)]. Il s'agit d'un dispositif *formulaïque* où l'organisation syntaxique se fait selon des séquences lexicales à compléter. Une partie non négligeable des productions langagières humaines en situations courantes correspond à la mise en œuvre de formules, éventuellement retravaillées et adaptées aux circonstances et aux informations transmises à l'interloculeur ou requises (« Passez-moi le —, s'il-vous-plaît »; « Merci de —»; « Il va sans dire que —»; N'oubliez pas de —», etc., à des milliers d'exemplaires). Chez l'adulte, il s'agit (en postulant une connaissance au moins minimale de la langue) de « raccourcis » fonctionnels et non de la seule capacité combinatoire à disposition. Chez l'enfant, une grammaire formulaïque peut correspondre à une phase du développement langagier (Peters, 1986), le jeune enfant mémorisant des formules verbales à partir de l'input simplifié qui lui est adressé par son entourage (Rondal, 1985) et les adaptant aux circonstances et à ses objectifs communicatifs. Braine (1976) se référant aux observations faites avec son jeune fils Andrew, attestant du même type d'organisation combinatoire, utilise l'expression « positional associative patterns » (patrons associatifs positionnels), qui rappelle mon analyse des régularités combinatoires chez les singes anthropoïdes.

L'organisation identifiable dans les productions langagières des singes supérieurs pourrait ressortir à un dispositif positionnel et/ou séquentiel de type grammaire à états finis ou formules et cadres combinatoires. L'implication est que les singes étudiés disposent d'une capacité syntaxique, même s'il s'agit d'une capacité rudimentaire. Comme le notent Kuczaj & Kirkpatrick (1993), la grammaire humaine, et plus généralement le langage humain, ne constituent pas les étalons à partir desquels on devrait nécessairement évaluer toute forme de langage.

McNeil (1974), élargissant encore le débat bien qu'il se réfère uniquement aux observations des Gardner avec Washoe, affirme qu'il y a toutes les chances pour que les «priorités sémantiques» et les principes de l'organisation grammaticale soient sensiblement différents chez les chimpanzés et chez les humains; différents au sens d'être orientés dans des directions opposées, et donc non vraiment comparables selon des métriques univariées.

Les langages humains, note McNeil, sont remarquablement adaptés à la tâche de décrire les entités physiques et les relations existant entre ces entités. Les chimpanzés, par contre, avec des moyens conceptuels pas tellement éloignés, dans les grandes lignes, des nôtres, ne paraissent pas équipés des mêmes potentialités. Il se pourrait qu'ils disposent alternativement d'une capacité virtuelle pour un système linguistique basé sur une codification des interactions interpersonnelles. Les chimpanzés sont peu intéressés par les entités physiques en tant que telles. Les bébés chimpanzés, par exemple, ne jouent guère avec les objets de l'environnement à la différence des enfants humains; alors que les premiers développements sociaux et cognitifs sont proches dans les deux genres. Par contre, les chimpanzés sont intensément attentifs les uns aux autres. Ils sont en contact constant les uns avec les autres. McNeil trouve une illustration d'une telle disposition dans une règle qu'il voit à l'œuvre dans les énoncés gestuels de Washoe, à savoir l'ordre séquentiel : personne adressée-action-entité. Il ajoute qu'une telle règle séquentielle n'est ni plus ni moins arbitraire que l'ordre humain agent-action-patient, observable dans nombre de langues humaines. Un autre principe organisationnel à l'œuvre dans les énoncés combinatoires de Washoe, et de nature grammaticale, selon McNeil, mais étranger aux locuteurs-récepteurs humains, concerne la fonction emphatique. Washoe (la même analyse peut être faites pour de nombreuses productions de Nim) ajoute des lexèmes au début ou à la fin de ses énoncés gestuels, non pour transmettre des informations additionnelles à son interlocuteur, mais de façon à intensifier «le message nucléaire» (par exemple, les séquences gestuelles correspondant aux énoncés *SVP ouvrir se dépêcher*; *donne-moi boisson SVP*; *SVP se dépêcher boisson sucrée*; *Ouvrir clé aider se dépêcher*). Les éléments d'insistance paraissent constituer la source principale des allongements d'énoncés chez Washoe (également chez Nim; *cf. supra* et le rapport de Terrace, 1979b). McNeil (1974) spécule que Washoe exploite une règle grammaticale du type $E \rightarrow SB^n$ où E représente un énoncé, SB la signification de base et n le nombre de fois où cette signification (ou une partie) est répétée (en modalité d'insistance). Un énoncé grammatical pour Washoe, dès lors, consiste en un nombre indéfini de signes gestuels pouvant inclure des répétitions de lexèmes (par exemple, *Encore encore encore boisson sucrée*), ou groupes de lexèmes (par exemple, *SVP dehors SVP dehors SVP dehors*). Un tel système combinatoire n'est pas aussi trivial qu'il peut sembler à première vue. Les deux énoncés ci-dessus ont le même degré d'insistance («urgence 3»), mais non la même signification.

McNeil (1974) va jusqu'à prédire qu'une observation plus attentive des chimpanzés en conditions naturelles de vie révélerait qu'ils utilisent effectivement un système linguistique natif organisé selon des principes semblables ou proches de ceux mis en évidence par l'analyse des productions de Washoe.

Enfin, il faut rappeler que si les productions langagières des singes supérieurs correspondent assez bien, du point de vue sémantique relationnel et protogrammatical, à celles des enfants humains au début du développement relativement long qui va conduire ces derniers à la maturité linguistique (humainement définie) — en dépit de tautologies comme celle de Limber (1977) pour lequel il ne peut y avoir de vrai parallèle entre le langage des chimpanzés expérimentaux et celui des jeunes enfants humains parce que ces derniers vont développer ensuite un langage beaucoup plus productif et formellement et sémantiquement sophistiqué, ce qui revient à rejeter le présent en fonction du futur —, les singes en question semblent incapables de dépasser ce premier niveau. En 1983, Terrace écrit «Washoe est âgée à présent de 15 ans, Koko 9 ans et Ally a 9 ans également. Je ne suis au courant d'aucune donnée montrant que leur compétence linguistique ait augmenté avec l'âge, alors que l'intelligence générale d'un singe continue de croître au-delà de la prime enfance» (p. 33, ma traduction). L'expérimentation a sans doute touché aux limites structurales de la capacité langagière des singes anthropoïdes.

Les études sur les capacités langagières des singes anthropoïdes ont le mérite d'ouvrir une «fenêtre» de belle qualité sur l'anthropogenèse du langage. Il existe deux grandes façons d'étudier l'évolution. L'une consiste à recueillir et à analyser les traces physiques et les fossiles à disposition. Cette procédure est limitée dans le cas du langage; celui-ci ne laissant aucune trace (au moins avant l'invention de l'écriture et des moyens d'enregistrement audiovisuels), même si certains corrélats pertinents de l'activité linguistique peuvent être postulés au niveau des restes fossiles. L'autre façon de procéder consiste à examiner et à comparer la distribution des capacités en question au sein des divers genres et espèces selon le niveau phylogénétique.

4. CAPACITÉ LANGAGIÈRE DES DAUPHINS

D'importantes études en matière de capacité langagière virtuelle ont été menées avec des dauphins, particulièrement ceux de l'espèce *Tursiops truncatus* (bottlenose). Il s'agit de dauphins «à grands cerveaux» et fortement grégaires. Leur «quotient d'encéphalisation» (rapport de la masse cérébrale à celle du corps) suggère un niveau de fonctionnement cognitif peut-être plus proche encore de celui de l'espèce humaine que les chimpanzés Pan troglodytes.

Dans les années soixante, quelques expérimentateurs s'étaient déjà efforcés d'entraîner des dauphins bottlenose à comprendre et à utiliser la parole humaine ou un substitut vocal de cette parole. Lilly (1961) était persuadé que les dauphins sont des animaux «à part» du fait de leur tendance à vivre en voisinage amical avec les humains et à imiter (grossièrement) certains aspects prosodiques de la parole humaine. Les tentatives de Lilly d'établir une communication vocale et verbale entre humains et dauphins se sont soldées par un échec. Mais elles ont motivé d'autres chercheurs à étudier plus en détail les capacités langagières potentielles de ces animaux. Batteau & Markey (1967; cités par Schusterman & Gisiner, 1988) ont utilisé la technique operante pour faire produire, par plusieurs dauphins bottlenose, trois réponses comportementales dirigées vers un objet à partir d'une injonction exprimée en langage humain parlé, soit (1) *Nager-à-travers-cerceau*, (2) *Toucher-balle-avec-nageoire-pectorale* et (3) *Aller-chercher-et-apporter-bouteille*. Ces injonctions, de type holophrasique (éléments composites non séparés), étaient transformées en messages sonores perceptibles sous l'eau par les dauphins au moyen d'un dispositif électronique particulier. L'expérience de Batteau & Markey fut également un échec; aucune compréhension des instructions vocales par les dauphins ne put être démontrée. On saisit, cependant, le rapport, au moins incitatif, entre cette recherche et les travaux d'Herman, dont il sera question à présent.

Herman et son équipe ont expérimenté au Kewalo Basin, Laboratoire Mammifère Marin de l'Université d'Hawaii, avec deux dauphins bottlenose femelles, nommés Phoenix et Akeakamai. Diverses publications résument ces travaux (Bower, 1984; Herman, Richards & Wolz, 1984).

Akeakamai et Phoenix ont été capturés en juin 1978 au large des côtes de l'Etat du Mississippi, aux Etats-Unis. Arrivés à Honolulu, ils furent entraînés pendant plusieurs mois à associer des objets de leur environnement expérimental et diverses actions concrètes avec des sons et ultrasons, produits au moyen d'un générateur sonore dans l'eau du bassin,

Tableau 9 — Vocabulaire de compréhension des dauphins Phoenix (P) et Akeakamai (A). Lorsqu'un item ne concerne qu'un seul des dauphins, il est suivi de l'initiale du dauphin en question (adapté de Herman, Richards & Wolz, 1984, ma traduction).

1. ENTITÉS

1.1. Eléments fixes du bassin
(non transportables ou délocalisables)
- *porte*   (chaque porte séparant des sections différentes du bassin expérimental, pouvant être ouverte ou fermée) (P)
- *fenêtre*   (n'importe laquelle des quatre fenêtres sous-marines du bassin)
- *panneau*   (panneau métallique attaché au bord intérieur et sous-marin du bassin) (P)

1.2. Eléments transportables (par l'animal)
- *microphone*   (sous-marin)
- *eau*   (fournie par le jet d'eau en provenance d'un tuyau de caoutchouc)
- *Phoenix*   (nom d'un des dauphins)
- *Akeakamai*   (nom d'un des dauphins)
- *filet*

1.3. Eléments mobiles
- *balle*
- *cerceau*   (en plastic coloré)
- *tuyau*   (en plastic coloré)
- *poisson*   (entité ou renforcement alimentaire)
- *personne*   (dans ou en dehors du bassin)
- *frisbee*
- *planche-à-surf*
- *seau*

2. ACTIONS

2.1. Admettant seulement un objet (grammatical)
- *toucher-(avec-la)-queue*   (toucher quelque chose avec la queue)
- *toucher-(avec-la)-poitrine*   (toucher quelque chose avec la nageoire pectorale)
- *bouche"r"*   (toucher avec la bouche ou prendre une entité en bouche ou avec la bouche)
- *au-dessus*   (nager au-dessus d'une entité située dans ou à la surface du bassin)
- *en-dessous*   (nager en-dessous d'une entité située dans ou à la surface du bassin)
- *à-travers*   (nager au travers d'une structure située dans le bassin)
- *lancer*   (lancer un objet en utilisant la queue)
- *cracher-sur*   (projeter de l'eau du bassin prise en bouche en direction d'une entité située à la surface du bassin ou dans les environs immédiats du bassin)

2.2. Admettant un objet (grammatical) direct et indirect
- *aller-chercher-et-apporter* (<u>fetch</u>)   (prendre une entité et l'amener vers, à, sur, etc., une autre entité)
- *(mettre-) dans*   (placer une entité dans une autre entité)

3. AGENTS

- *Phoenix ou Akeakamai* [sert à indiquer, en préalable à un énoncé adressé à l'un des deux dauphins présent dans le bassin expérimental qu'il doit rejoindre sa base — endroit spécifique du bassin propre à chaque dauphin d'où doit partir invariablement la réponse (du dauphin) — et recevoir ensuite le renforcement alimentaire en cas de réponse correcte]

4. MODIFICATEURS

- *droit* (A)
- *gauche* (A)
- *en-surface* (P)
- *au-fond-du-bassin* (P)

5. AUTRES

- *annuler* (annuler une instruction immédiatement précédente)
- *oui* (utilisé à la suite de l'exécution correcte d'une instruction)
- *non* (parfois utilisé à la suite de l'exécution incorrecte d'une instruction)

pour Phoenix (les dauphins entendent les vibrations bien au-delà des 18.000 cycles par seconde de la perception humaine), et des gestes repris à l'ASL, produits au bord du bassin à la vue du dauphin, par des expérimentateurs humains dans le cas d'Akeakamai. Un répertoire lexical réceptif d'une trentaine de termes (toujours présentés isolément) fut ainsi établi pour les deux dauphins (tableau 9).

Particulièrement intéressant dans le travail d'Herman et de ses collaborateurs est ce qui concerne la dimension syntaxique des apprentissages linguistiques. Aussi bien Phoenix qu'Akeakamai se sont montrés capables de traiter réceptivement des séquences gestuelles ou acoustiques organisées. Les tests ont été menés de façon à établir si les dauphins utilisaient bien une ou plusieurs règles d'ordre séquentiel ou de position de façon à interpréter les énoncés proposés. Le tableau 10 reprend les règles syntaxiques apprises par les deux animaux.

Tableau 10 — Règles syntaxiques dans le langage réceptif acoustique du dauphin Phoenix (P) et dans le langage réceptif gestuel d'Akeakamai (A) (adapté de Herman, Richards & Wolz, 1984, ma traduction)

Règles syntaxiques	Exemples
A. Impliquant deux éléments lexicaux	
1. Objet direct (OD) + action (P,A)	- Fenêtre toucher-queue
B. Impliquant trois éléments lexicaux	
2. Modificateur + OD + action (P,A)	- Gauche personne "boucher"
3. OD + action + objet indirect (OI) (P)	- Planche-à-surf aller-chercher-et-apporter (au-) microphone
4. OI + OD + action (A)	- (au-) microphone planche-à-surf aller-chercher-et-apporter
C. Impliquant quatre éléments lexicaux	
5. Modificateur + OD + action + OI (P)	- (de-) surface frisbee aller-chercher-et-apporter (au-) seau
6. OD + action + modificateur + OI (P)	- Seau aller-chercher-et-apporter (au-) (de-) surface tuyau
7. OI + modificateur + OD + action (A)	- (à-) balle (de-) droite frisbee aller-chercher-et-apporter
8. Modificateur + OI + OD + action (A)	- (de-) droite (au-) seau tuyau aller-chercher-et-apporter
D. Impliquant cinq éléments lexicaux	
9. Modificateur + OD + action + modificateur + OI (P)	- (de-) surface tuyau aller-chercher-et-apporter (du-) fond cerceau

Les règles exposées au tableau 10 stipulent que les éléments lexicaux référant aux objets directs (OD) précèdent toujours les éléments lexicaux renvoyant aux actions, et que les modificateurs précèdent invariablement les termes modifiés. Les modificateurs [(de-) *gauche* ou (de-) *droite*] sont toujours produits par référence à la position du dauphin dans le bassin expérimental au moment où l'instruction langagière est donnée. Les règles 1 et 2 sont identiques pour les deux dauphins ; les règles 3 à 8 varient d'un dauphin à l'autre. Elles concernent la position des OD et des objets indirects (OI) l'un par rapport à l'autre et celle des OI par rapport à l'indicateur actionnel. La règle 9 n'a été mise en application qu'avec Phoenix (Herman *et al.*, 1984).

Les tests effectués après apprentissage donnent des résultats impressionnants. Entre 80 et 85 % de réponses actionnelles correctes, en moyenne, ont été données par les deux dauphins à des séries d'instructions langagières portant sur plusieurs centaines d'énoncés familiers ou nouveaux (pour lesquels ils n'avaient reçu aucun entraînement syntaxique ; les dauphins en connaissaient, certes, les éléments lexicaux ; chacun dans leur modalité langagière propre).

Les dauphins se sont montrés capables de conserver en mémoire jusqu'à 30 secondes et davantage l'instruction langagière dans les cas, voulus par les concepteurs de la recherche, où l'objet-clé n'était pas présent dans le bassin, pour être y introduit ensuite avec plusieurs objets distracteurs (n'ayant rien à voir avec l'injonction langagière en question). Ceci démontre l'existence d'une capacité mémorielle immédiate importante et d'une aptitude à former des représentations mentales différenciées chez les dauphins de l'espèce *Tursiops truncatus*. Phoenix et Akeakamai se montrèrent également capables de répondre à des questions portant sur la présence ou l'absence d'un objet particulier, par exemple *Y-a-t-il balle (dans-le-) bassin?* La réponse affirmative consistait à entrer en contact avec une pagaie « oui » flottant sur l'eau du bassin, et, dans le cas inverse, un pagaie « non » (discrimination établie après conditionnement de départ). Ce dernier type d'expérience montre que les animaux étudiés ont la capacité de répondre correctement à des questions existentielles et non seulement à des injonctions actionnelles (Herman & Forestell, 1985).

Une analyse des principales erreurs commises par les dauphins ne manque pas d'intérêt. Ce sont les modificateurs qui ont déterminé les pourcentages d'erreurs les plus élevés. Akeakamai s'est trompée dans 28 % et 16 % des cas avec les modificateurs se rapportant aux OD et OI respectivement. Les proportions correspondantes pour Phoenix sont 10 et 30 %. Herman *et al.* (1984) invoquent le fait que les modificateurs sont parmi les acquisitions syntaxiques les plus récentes chez les deux dauphins, de façon à expliquer les taux d'erreurs relativement élevés observés avec ces structures. Une autre explication vient à l'esprit, cependant. Les modificateurs se situent à un niveau de profondeur plus important dans la hiérarchie structurale des phrases (troisième niveau de la surface à la profondeur, le deuxième niveau étant celui des rapports OD et OI avec l'élément verbal, et le premier étant celui du rapport entre verbe et sujet grammatical, ici le dauphin lui-même). Il est possible que les modificateurs puissent être plus opaques à la sensibilité linguistique des dauphins. On ne perdra pas de vue, toutefois, que la grande majorité des modificateurs transmis aux deux dauphins ont été correctement interprétés, y compris dans les cas (avec Akeakamai) où des énoncés du type structural OI + modificateur + OD + action (*cf.* le tableau 10) étaient proposés, avec le modificateur placé entre OI et OD et pouvant donc être interprété (non grammaticalement) comme se rapportant à OI.

Un grand luxe de précautions méthodologiques a entouré les épreuves (*cf.* Herman *et al.*, 1984, pour les détails techniques). Il convenait de s'assurer que les dauphins ne puissent exploiter des indices non langagiers involontairement produits par les expérimentateurs. La procédure expérimentale du double aveugle fut mise en œuvre, raffinée même en une sorte de triple aveugle au sens où la saisie des réponses animales aux injonctions humaines était effectuée par une personne non seulement différente de celle fournissant l'injonction mais encore ignorant le contenu spécifique de celle-ci. Dans le cas du langage de signes gestuels adressé à Akeakamai, un épisode expérimental se déroulait de la façon suivante. Un plan de travail (injonctions langagières, lexique et règles impliquées, stimuli utilisés dans et à même l'eau du bassin expérimental) était établi par le ou les concepteur(s) de la recherche (C). Ce plan de travail était remis à trois expérimentateurs (de terrain), E1 se trouvant dans une tour d'observation dominant le bassin expérimental et E2 debout au bord du bassin. Chaque injonction langagière était munie d'un chiffre d'identification. L'ordre de présentation des injonctions langagières dans la séquence expérimentale était établi selon une liste de nombres au hasard établi par C ou par E1 mais dans l'ignorance de E2. E2 recevait le numéro d'identification, soit visuellement directement de la tour d'observation, soit à travers un casque d'écoute, et, muni(e) de lunettes de plongées opaques (de façon à éviter de diriger inopinément les réponses du dauphin par le biais de mouvements même subtils des yeux). Il ou elle effectuait la série de gestes correspondant à l'injonction langagière à destination du dauphin, en pleine vue de celui-ci (chaque épisode expérimental commençait par l'appel du dauphin à la station de départ à proximité directe et en ligne de mire de E2). Le comportement du dauphin était identifié (décrit) par E3.

Les concepteurs de la recherche disposaient en outre d'un enregistrement filmé de l'entièreté des scènes (impliquant E1, E2, E3 et le dauphin évoluant dans le bassin expérimental) et pouvaient *a posteriori* réévaluer toute la procédure, les injonctions langagières, les réponses du dauphin et y détecter éventuellement des indices parasites ou des jugements incorrects effectués par les expérimentateurs de terrain. Lorsque la réponse du dauphin était jugée correcte par E1, celui-ci actionnait un dispositif acoustique à l'intérieur du bassin de façon à produire une séquence particulière de sons signifiant (après conditionnement) *Oui Akeakamai poisson*, et informait E2 que la réponse était correcte. Dans ce cas, E2 distribuait du poisson au dauphin, obligatoirement revenu à la station-départ, et le caressait sur le museau et le rostrum. En cas de réponse incorrecte du dauphin, son nom acoustique était produit dans l'eau du bassin, l'amenant à rejoindre la station-départ mais aucun renforcement alimentaire ni social n'était distribué. Occasionnellement, en cas de réponse erronée répétée, le nom acoustique du dauphin était précédé du geste pour *non*. Cette dernière procédure amenait parfois des réactions émotionnelles, d'irritation notamment, de la part du dauphin.

On a pu montrer que les performances langagières d'Akeakamai et de Phoenix étaient relativement indépendantes du médium de présentation utilisé lors des apprentissages. Pour ce faire, on a disposé un écran de télévision à l'intérieur de la piscine expérimentale, en dessous du niveau de l'eau. Apparaissaient sur l'écran les injonctions, interrogations et énoncés divers en langage gestuel, mais vidéo-filmés au préalable (Herman, 1990; Herman, Morrel-Samuels & Pack, 1990). Akeakamai, pour laquelle le médium visuel était la règle, a reçu les mêmes énoncés sur l'écran de télévision que ceux lui proposés en milieu aérien par l'expérimentateur humain. Aucune différence n'a été relevée dans la correction de ses réponses. Akeakamai s'est donc montrée capable de faire abstraction des particularités non pertinentes du mode de présentation des stimuli pour exploiter uniquement les invariants linguistiques. Le dauphin Phoenix, non versé en langage gestuel, comme on sait, s'est vu proposé sur l'écran de télévision sous-marin uniquement des signes gestuels isolés, lui intimant d'effectuer des actions simples. Il a appris immédiatement le sens des signes en question et a pu les exécuter correctement. Au cours de travaux ultérieurs (Herman, 1990), les deux dauphins reçurent sur l'écran de télévision sous-marin des images modifiées, représentant uniquement les bras et les mains de l'expérimentateur signant l'injonction actionnelle, puis les mains seules, et, enfin, deux points lumineux se déplaçant sur l'écran de façon à représenter le mouvement à effectuer. Dans chaque cas, les dauphins purent extraire l'information pertinente quant à la réponse correcte à fournir, avec une précision un peu moindre dans le cas des points lumineux.

Il paraît établi que Phoenix et Akeakamai disposent d'une notable capacité lexicale et d'une capacité syntaxique au moins minimale. Les calculs effectués par Herman *et al.* (1984), utilisant la fonction distributive binominale et un modèle d'enchaînement syntagmatique à états finis, suggèrent que la probabilité d'obtenir une réponse correcte par hasard pour un injonction actionnelle était inférieure à .02 pour Akeakamai et .04 pour Phoenix. La capacité lexicale des deux dauphins paraît être de l'ordre de celle mise en évidence chez les singes anthropoïdes.

Une certaine capacité d'imitation vocale et d'étiquetage vocal de certains objets familiers a pu être mise en évidence expérimentalement chez Akeakamai par Richards, Wolz & Herman (1984). Le dauphin fut entraîné à imiter des sons modulés dénués de signification (à rythmes lent, modéré et rapide de modulation) et des sons purs. Après apprentissage, des sons artificiels, jamais entendus auparavant par le dauphin, furent imités fidèlement au premier essai. Enfin, dans la dernière partie du travail, Richards *et al.* (1984) ont transféré le contrôle expérimental des productions sonores du modèle acoustique à des objets familiers dans l'univers de travail du dauphin (balle, cerceau, etc.). L'animal en est venu à désigner vocalement ces objets [avec une exactitude relative de 91 % sur 67 essais effectués (avec 5 objets différents présentés dans un ordre au hasard)].

Cognitivo-sémantiquement, les dauphins à grands cerveaux, particulièrement sans doute ceux de l'espèce *Tursiops truncatus*, disposent certainement de capacités naturelles au moins équivalentes à celles des singes anthropoïdes. Ces dauphins, comme les autres espèces océaniques supérieures, ont un champ de vision très large et une excellente capacité de détecter toute forme de mouvement. Les différences de brillance lumineuse sont bien perçues, cependant que la perception des formes géométriques est sensiblement moins bonne mais loin d'être sous-développée (Herman, 1990). La vision des couleurs est probablement faible ou même peut-être absente (Herman & Tavolga, 1980). Il fait peu de doute que les dauphins à grands cerveaux et les mammifères marins supérieurs peuvent se représenter mentalement les objets, les actions, et construire une variété de concepts, que la nature de ces représentations peut être passablement abstraites, et qu'ils disposent des capacités cognitives nécessaires pour appréhender la lexicalisation et même la réalisation linguistique combinatoire de notions sémantiques de base (notamment la localisation, la possession, l'existence, la disparition, la récurrence, l'accompagnement, le bénéfice et la transitivité ; Herman, 1980, 1991 ; Herman, Pack & Morrel-Samuels, 1993).

Qu'en est-il de la *capacité syntaxique* mise en évidence chez *Tursiops truncatus* par Herman et ses collaborateurs ? Il est peu vraisemblable que cette capacité soit impérativement restreinte au volet réceptif. Ce sont les limitations techniques existantes qui empêchent d'interroger validement le volet productif. Herman & Morrel-Samuels (1993) affirment que le volet réceptif est un meilleur indicateur de la compétence linguistique que le volet expressif, particulièrement chez les animaux expérimentaux. Je ne pense pas que cela soit vrai du tout (*cf.* ma discussion précédente). Les aspects réceptifs et productifs du langage ont leurs caractéristiques propres (*cf.* Rondal, 1997, pour une analyse). Ils contribuent supplémentairement à la compétence langagière et doivent, en toute rigueur, être évalués séparément. Le choix réceptif de Herman et collaborateurs est dicté par d'évidentes limitations pratiques et ne correspond à aucune logique linguistique particulière. Il serait évidemment souhaitable de pouvoir étudier également, dans de bonnes conditions, les capacités langagières productives des dauphins *Tursiops truncatus* de façon à compléter l'analyse de leur compétence langagière et pouvoir mieux la comparer à celles des singes anthropoïdes.

Mais que penser des régulations syntaxiques auxquelles sont sensibles les dauphins expérimentaux ? Il est vraisemblable qu'on ait à faire, comme je l'ai postulé dans le cas des singes anthropoïdes, à un type de grammaire positionnelle et/ou séquentielle (minimale) permettant de coder sans trop d'ambiguïté certaines relations sémantiques.

Des expériences additionnelles menées par Herman et collaborateurs, avec Phoenix et surtout avec Akeakamai, exploitant des énoncés sémantiquement et/ou syntaxiquement anormaux, permettent de préciser l'interprétation théorique. A ma connaissance, de tels compléments de recherche n'ont pas été effectués avec les singes anthropoïdes (également Herman, Kuczaj & Holder, 1993), à l'exception toutefois du travail de Rumbaugh, Gill & von Glasersfeld (1973) avec le chimpanzé Lana. L'objectif de Rumbaugh *et al.* n'était pas, cependant, d'approfondir l'étude de la capacité grammaticale de Lana, mais plutôt d'établir si Lana était capable d'appliquer une règle lexicale séquentielle de façon à discriminer entre des débuts d'énoncés (requêtes) bien et mal formés. Les jugements de grammaticalité ou d'anomalie sémantique ont été largement utilisés avec les enfants en voie d'acquisition du langage, de façon à préciser les processus acquisitionnels (*cf.* Brédart & Rondal, 1982, pour une synthèse). Ce courant de recherche a montré, entre autres choses, que si les anomalies sémantiques des énoncés sont déjà décelées par des enfants âgés de 3 ou 4 ans, il faut attendre plusieurs années supplémentaires pour une détection effective des anomalies grammaticales les plus marquantes.

Herman, Wolz & Richards (1983, cité et résumé dans Herman *et al.*, 1993 ; voir aussi Herman, 1986, 1987 ; et Herman *et al.*, 1984) ont construit des énoncés anormaux du point de vue lexical, sémantique ou syntaxique, de façon à mieux cerner la nature des capacités linguistiques d'Akeakamai et de Phoenix. Les anomalies syntaxiques violaient les règles séquentielles apprises par les dauphins [il s'agissait, par exemple, du renversement de l'ordre habituel des signes ; par exemple, *au-dessus frisbee*, au lieu de *frisbee au-dessus*]. Les anomalies sémantiques déterminaient des énoncés syntaxiquement corrects mais ne pouvant être traduits en actions (par exemple, *fenêtre à-travers*; alors que les fenêtres sous-marines du bassins étaient hermétiquement fermées en permanence). Enfin, les anomalies lexicales étaient produites par l'insertion d'un signe sans signification dans un énoncé correct par ailleurs et à un endroit grammaticalement pertinent de l'énoncé (selon qu'il s'agissait d'un modificateur, du nom d'une entité, ou d'un terme actionnel). Les réponses des deux dauphins expérimentaux à de tels énoncés inclurent : (1) l'exécution d'une partie correctement interprétable de l'injonction anormale; (2) le remplacement d'un signe inadéquat quant au reste de l'injonction par un autre geste hypothétiquement plus approprié (par exemple, nager à travers un cerceau plutôt que l'impossible fenêtre en réponse à l'instruction *fenêtre à-travers*); (3) ou le rejet de l'ensemble de l'injonction (aucune tentative de réponse).

Les résultats montrent que les dauphins comprennent parfaitement les implications lexicales, pragmatiques et sémantiques relationnelles des énoncés qu'ils traitent, et, au plan syntaxique, que les règles séquentielles et positionnelles relatives aux éléments lexicaux composant les énoncés sont bien appliquées.

Herman, Kuczaj & Holder (1993), prolongeant les études précédentes, avec l'avantage de disposer avec Akeakamai d'un dauphin plus avancé dans ses apprentissages linguistiques que dix ans auparavant, se sont surtout intéressés aux réactions de l'animal mis en présence de séquences relationnelles anormales. Les séquences dites relationnelles constituent les énoncés les plus complexes du langage réceptif d'Akeakamai (*cf.* le tableau 10). Ces énoncés sont régis par une «grammaire de type OI + OD + V [objet indirect + objet direct + verbe (d'action)]. Herman *et al.* (1993) ont particulièrement étudié la façon dont le dauphin réagissait à des instructions faisant intervenir deux catégories fonctionnellement distinctes d'entités physiques : les entités transportables (le plus souvent codées en position d'OD dans la syntaxe d'Akeakamai) et les entités non transportables (normalement codées en position d'OI). Au cours de chaque séance expérimentale, le dauphin a reçu 17 énoncés injonctifs, syntaxiquement et sémantiquement corrects, comportant entre 2 et 4 signes gestuels. Cinq séances toutes les sept séances expérimentales ont été sélectionnées au hasard pour contenir deux énoncés anormaux mélangés aux 17 énoncés normaux avec les restrictions suivantes : (1) aucun signe gestuel utilisé dans les 3 énoncés précédents ne pouvaient apparaître dans l'énoncé anormal; (2) aucun énoncé anormal ne pouvait figurer parmi les trois premiers ou les trois derniers énoncés d'une séance expérimentale;(3) deux énoncés anormaux devaient toujours être séparés par au moins 6 énoncés normaux; (4) un énoncé anormal ne pouvait être présenté qu'une fois durant toutes les séances expérimentales; et (5), enfin, les énoncés anormaux ne pouvaient référer à des entités pairées dans le bassin.

Peu d'erreurs furent commises par Akeakamai en réponse aux instructions correctement formulées, ce qui était attendu sur la base des performances antérieures du dauphin. Les erreurs intervinrent principalement en réponse à des instructions impliquant un objet transportable comme entité de destination (syntaxiquement OI), mais aucun refus de répondre ne fut enregistré.

Les instructions anormales concernaient trois types d'énoncés : (1) des instructions visant au transport d'objets non transportables (stationnaires), (2) des instructions incorrectes parce que ne correspondant à aucune règle séquentielle et/ou positionnelle apprise par le dauphin, et (3) le remplacement du terme d'action relationnel (par exemple, *aller-chercher-et-apporter*) terminant l'instruction, par un terme d'action non relationnel (un prédicat à un seul argument ; par exemple, *toucher-queue*).

Voyons les résultats de ces manipulations expérimentales séparément pour chacune des trois catégories d'énoncés anormaux.

Akeakamai a rejeté (refus de répondre) la totalité des instructions intimant d'aller chercher et d'apporter une entité non transportable, exception faite pour quelques réponses substitutives (par exemple, invitée à transporter l'autre dauphin Phoenix jusqu'au courant d'arrivée d'eau, Akeakamai remplace son congénère par un cerceau qu'elle transporte à l'endroit indiqué). Mise en présence d'injonctions impliquant une entité transportable en position de destinataire (OI) et une entité non transportable à manipuler (OD), Akeakamai en rejette un tiers. Mais à aucun moment, elle ne cherche à renverser la séquence, ce qui aurait rendu l'instruction effectuable. Elle préfère choisir un autre objet transportable parmi ceux disponibles dans ou à la surface du bassin et l'amener au contact de la première entité (OI).

Les dauphins étudiés commettent très peu d'erreurs d'inversion OI-OD, même lorsque de telles erreurs sont sémantiquement possibles dans des énoncés sémantiquement normaux (mais non réversibles syntaxiquement). Cette dernière observation atteste, de nouveau, du bon niveau de compréhension des règles syntaxiques gouvernant l'attribution des rôles OI et OD dans les grammaires apprises par Phoenix et Akeakamai.

Faut-il risquer une comparaison sur ce point avec les enfants humains comme le font (en note) Herman *et al.* (1993) ? Je n'en suis pas sûr. Il est vrai que confrontés à des phrases passives réversibles (où le sujet grammatical et le complément d'agent sont sémantiquement interchangeables ; par exemple, dans la phrase *La voiture bleue est suivie par la voiture rouge*), les jeunes enfants tendent à les interpréter comme s'ils s'agissaient de phrases actives correspondantes (dans le cas indiqué, *La voiture bleu suit la voiture rouge*); ce qu'ils font beaucoup plus rarement avec les passives non réversibles où le sens des mots suffit à assurer la compréhension de la phrase (par exemple, *Le renard est poursuivi par le chasseur*; *cf.* Turner & Rommetveit, 1967; Rondal & Brédart, 1982). Les situations dauphin et enfant et les énoncés en question ne sont pas aisément comparables. Tout au plus pourrait-on hypothétiser que les enfants humains, au contraire des dauphins, paraissent tendre davantage vers la recherche d'une solution syntaxique (même erronée) pour solutionner le problème de compréhension.

Concernant les instructions données à Akeakamai et ne correspondant à aucune règle séquentielle et/ou positionnelles apprises, le dauphin s'est généralement efforcé d'extraire un sous-ensemble normal de l'énoncé anormal et d'y faire correspondre une réponse ou une tentative de réponse motrice. Par exemple, en réponse à l'instruction *Eau Phoenix seau (mettre-) dans* pour laquelle Akeakamai ne dispose pas de règle syntaxique d'interprétation (il n'y a, en effet, dans sa grammaire aucune disposition concernant des énoncés contenant *trois* entités physiques), le dauphin place le seau dans le courant d'eau qui alimente le bassin et néglige la référence à l'autre dauphin.

Un nombre important de réponses du même type amène à l'importante conclusion (sur laquelle je reviendrai plus loin) que le positionnement adjacent des items nominaux ne contraint pas nécessairement les associations sélectionnées par Akeakamai de façon à constituer les sous-ensembles composés de deux termes + élément verbal, auxquels elle choisit de répondre dans le cas des instructions anormales du type ci-dessus. Ceci suggère que dans son traitement réceptif, Akeakamai est davantage sensible à des rapports (séquentiels) globaux, c'est-à-dire impliquant un terme d'action et deux entités physiques selon leur rapport de sens, qu'au positionnement absolu des items lexicaux nominaux et notamment à leur contiguïté (également Holder, Herman & Kuczaj, 1993). Soutenant cette interprétation est le fait supplémentaire qu'Akeakamai tendait largement à respecter l'ordre canonique des items selon leur fonction grammaticale [OI-OD-(verbe d'action)] dans son choix des sous-ensembles lexicaux de façon à répondre à des injonctions incorrectes de type 2.

Concernant le troisième type d'énoncés anormaux, Herman *et al.* (1993) observent que le remplacement d'un terme actionnel relationnel par un terme non relationnel dans les énoncés à trois termes (les deux autres signes gestuels renvoyant à des entités physiques correspondant «normalement» à OI et OD) avait un effet marqué sur la performance d'Akeakamai. Le dauphin ne cherchait nullement à interpréter au mieux la séquence proposée. Plus intéressant encore, le cas des énoncés (ressortissant techniquement au deuxième type d'instructions anormales) où deux entités physiques et un verbe d'action relationnel étaient impliqués, suivis d'un terme actionnel non relationnel (par exemple, l'injonction *Phoenix seau aller-chercher-et-apporter toucher-queue*). Dans ces cas, aucune interprétation «sous-ensembliste» n'était tentée par Akeakamai, contrairement, comme on l'a vu, aux injonctions de même type se terminant par un terme actionnel relationnel. Il s'agit d'une autre indication que Akeakamai évaluait systématiquement la séquence entière des items lexicaux avant d'y faire correspondre ou non une réponse motrice.

Muni des indications issues des expériences avec des énoncés anormaux, on peut préciser le statut linguistique des capacités langagières démontrées par le dauphin Akeakamai, peut-être indicatives de celles des mammifères marins à grands cerveaux, et, sans doute, de celles des dauphins de la sous-espèce *Tursiops truncatus*. La sensibilité d'Akeakamai aux incorrections lexicales et sémantiques des énoncés expérimentaux ne surprendra pas, compte tenu des observations précédentes. Pour ce qui est de la compétence syntaxique, une importante clarification est possible. J'ai parlé jusqu'ici, en ce qui concerne les dauphins étudiés par Herman (et les singes anthropoïdes), d'une capacité positionnelle et/ou séquentielle, ne pouvant aller plus loin dans l'interprétation sur base des données exposées. On peut être plus précis dans le cas d'Akeakamai. Celle-ci paraît bien utiliser une procédure analytique de nature séquentielle plutôt que simplement positionnelle. Il faut ajouter qu'il ne s'agit apparemment pas de dépendances linéaires gauche-droite étroites. Akeakamai est capable d'envisager *l'ensemble* de l'énoncé avant d'y réagir. A partir d'un item ou d'une série d'items lexicaux, elle cherche à la fois «en avant» et «en arrière» dans l'énoncé, de façon à repérer une structure grammaticale correspondant à une ou plusieurs relations sémantiques pertinentes. Des observations congruentes, provenant d'une autre source expérimentale, permettent d'étendre l'hypothèse d'une analyse non étroitement linéaire des énoncés à l'autre dauphin Phoenix. Ce dernier s'est vu proposer, à un moment de la démarche expérimentale (Herman *et al.*, 1984), des énoncés complexes composés de deux injonctions coordonnées (par exemple, *Phoenix cerceau «boucher» cerceau toucher-queue*). La tendance du dauphin était d'exécuter les deux réponses motrices selon l'ordre indiqué dans l'injonction. Cependant, à plusieurs reprises, Phoenix a effectué correctement la double injonction en analysant l'énoncé de «droite à gauche», montrant qu'elle pouvait interpréter ce dernier en partant de la fin.

En *conclusion*, les travaux d'Herman et collaborateurs démontrent que les dauphins de la sous-espèce *Tursiops truncatus* peuvent interpréter des énoncés impératifs très au-dessus du niveau de chance, en analysant correctement certains aspects sémantiques relationnels et syntaxiques de ces énoncés. Ce faisant, ils font preuve d'une capacité de comprendre les dépendances structurales existant entre les composants des énoncés, et ce selon deux modalités (gestuelle et sonore) et deux séries de règles syntaxiques. Tous les éléments lexicaux utilisés avec les dauphins étaient discrets et arbitraires, confirmant, par ailleurs, l'existence de bonnes dispositions lexicales chez ces mammifères marins.

5. CAPACITÉ LANGAGIÈRE DES PHOQUES À CRINIÈRE

Schusterman et ses collaborateurs ont étudié expérimentalement la capacité langagière d'une autre espèce de mammifères marins (en réalité, amphibiens), les lions de mer ou, plus exactement, les phoques à crinière. Les principales données et précisions techniques relatives à ces travaux sont résumées dans Schusterman & Gisiner (1988). Ces auteurs ont travaillé avec trois phoques à crinière de Californie [espèce *Zalophus californianus*; deux femelles, Gertie et Rocky, et un mâle (Buckey)], âgés entre 6 et 11 ans au début de l'étude, dans un laboratoire marin (Long Marine) à Santa Cruz, en Californie. Les phoques à crinière sont des mammifères de l'ordre des pinnipèdes, à plus petits cerveaux que les dauphins et les baleines. Le rapport entre la masse cérébrale globale et le neocortex fournit le quotient d'encéphalisation (QE). Selon Jerison (1973), le QE donne une indication globale mais valide de l'intelligence biologique et de la capacité de traitement de l'information d'une espèce supérieure donnée. On estime généralement que le QE des phoques à crinière et des autres pinnipèdes se situe entre 1 et 2, de l'ordre de ce qu'on trouve chez les carnivores terrestres, tandis que le QE des dauphins et des chimpanzés varie entre 2 et 5 (Eisenberg, 1981).

Les phoques à crinière étudiés par Schusterman effectuèrent avec succès les apprentissages langagiers proposés. Cependant, c'est le phoque Rocky qui est allé le plus loin dans ces apprentissages et c'est d'elle qu'il est le plus souvent question dans les rapports publiés.

Schusterman & Gisiner (1988) ont exploité la même technique qu'Herman et collaborateurs avec le dauphin Akeakamai. Le langage réceptif proposé aux phoques à crinière était constitué de signes gestuels désignant des entités présentes dans le bassin expérimental, de propriétés physiques de ces entités comme la taille, la luminosité et la localisation

Tableau 11 — Vocabulaire de compréhension du phoque à crinière Rocky (adapté de Schusterman & Gisiner, 1988, ma traduction)

1. ENTITES

1.1. Eléments fixes du bassin (non transportables ou délocalisables)
- *eau*
- *personne*
- *jet d'eau*

1.2. Eléments transportables (par l'animal)
- *tuyau*
- *ballon* (de plastic)
- *anneau*
- *cube*
- *ballon* (de football américain)
- *cône*
- *batte* (de base-ball)
- *disque*
- *automobile* (miniature)
- *palme* (de nageur)

2. ACTIONS
- *aller-chercher-et-apporter*
- *toucher (-avec-l')-aileron*
- *bouche"r"* (toucher avec la bouche ou prendre une entité en bouche ou avec la bouche)
- *au-dessus* (nager au-dessus d'une entité située dans ou à la surface du bassin)
- *en-dessous* (nager en-dessous d'une entité située dans ou à la surface du bassin)
- *(mettre-) dans* (mettre quelque chose dans quelque chose d'autre)

3. MODIFICATEURS

3.1. Relatifs à la luminosité des entités
- *noir*
- *blanc*
- *gris*

3.2. Relatifs à la taille
- *petit*
- *grand*

dans le bassin, et d'actions physiques effectuables sur ou avec les entités en question. Après les nécessaires apprentissages lexicaux (tableau 11), deux règles interprétatives principales furent enseignées, relatives à des séquences comportant de 2 à 7 lexèmes (tableau 12). La première règle stipulait qu'une entité pouvait être spécifiée par un ou deux modificateur(s). La seconde établissait que les actions à effectuer pouvaient impliquer deux objets, un objet cible et un objet à transporter, placés dans cet ordre [soit, grammaticalement, une séquence (modificateur 1 +

Tableau 12 — Règles syntaxiques dans le langage réceptif gestuel du phoque à crinière Rocky (adapté de Schusterman & Gisiner, 1988, ma traduction)

Règles syntaxiques	Exemples
A. Séquences avec une seule entité	
1. *Deux signes :* Entité + action	- *Ballon au-dessus*
2. *Trois signes :* Modificateur + entité + action	- *Blanc batte toucher-queue*
3. *Quatre signes :* Modificateur1 + modificateur2 + entité + action	- *Grand noir cône "boucher"*
B. Séquences avec deux entités à mettre en relation	
1. *Trois signes :* Objet indirect (OI) + objet direct (OD) + action	- *(au-) ballon anneau aller-chercher-et-apporter*
2. *Quatre signes :* Modificateur + OI + OD + action	- *(à-) blanc automobile disque aller-chercher-et-apporter*
3. *Cinq signes :*	
(a) Modificateur1 + modificateur2 + OI + OD + action	- *(au-) noir petit cône batte aller-chercher-et-apporter*
(b) OI + modificateur1 + modificateur2 + OD + action	- *(à-) automobile blanc petit ballon aller-chercher-et-apporter*
(c) Modificateur + OI + modificateur + OD + action	- *(au-) grand cône noir anneau aller-chercher-et-apporter*
4. *Six signes :*	
(a) Modificateur + OI + modificateur1 + modificateur2 + OD + action	- *(au-) blanc grand cône petit ballon aller-chercher-et-apporter*
(b) Modificateur1 + modificateur2 + OI + modificateur + OD + action	- *(au-) blanc grand cône petit ballon aller-chercher-et-apporter*
5. *Sept signes :* Modificateur1 + modificateur2 + OI + modificateur1 + modificateur2 + OD + action	- *(à-) petit blanc automobile noir petit cube aller-chercher-et-apporter*

modificateur 2) + OI + (modificateur 1 + modificateur 2) + OD + action] — les parenthèses, dans ce qui précède, signalent les composants optionnels des énoncés relationnels (c'est-à-dire impliquant la mise en relation de deux entités nominales).

Les règles syntaxiques de Schusterman & Gisiner (1988) sont pour l'essentiel identiques à celles utilisées par Herman *et al.* (1984) avec le dauphin Akeakamai. Elles impliquent des séquences OI + OD + action ; le(s) modificateur(s) éventuel(s) se rapporte(nt) toujours à l'élément nominal suivant dans la séquence. La seule différence entre la syntaxe exploitée par Schusterman et celle d'Herman concerne le fait que dans l'approche de Schusterman, certains énoncés peuvent comporter jusqu'à 4 modificateurs, disposés par groupe de deux devant les items nominaux. L'ordre séquentiel des modificateurs (deux par deux) pouvait varier, sans incidence sur la signification de l'énoncé (*cf.* les exemples au tableau 12).

Sur un intervalle de plusieurs années, les phoques purent apprendre le registre lexical proposé et appliquer correctement les règles imparties pour le décodage des instructions actionnelles. Schusterman & Gisiner (1988) signalent des scores de réussite de l'ordre de 90 % dans les épreuves impliquant une seule entité nominale, et des scores inférieurs, mais dépassant largement les niveaux de chance, pour les différents types d'énoncés impliquant deux entités nominales, non modifiées ou modifiées par un ou deux modificateurs. Bien que la capacité des phoques à crinière de comprendre des signes lexicaux ne fasse guère de doute, il s'en faut pour que Schusterman et collaborateurs considèrent que les répertoires en question soient nécessairement de même nature que ceux des humains, d'un point de vue sémique et référentiel (*cf.* Schusterman, Gisiner, Grimm & Hanggi, 1993, pour des indications complémentaires sur ce point à partir d'expériences exploitant une technique d'appariement à l'échantillon). Une telle prudence interprétative rappelle les réserves exprimées par les Rumbaugh à propos des apprentissages lexicaux chez les singes anthropoïdes.

L'analyse des réponses aux injonctions relationnelles révèle que la plus grande partie des erreurs commises par les phoques à crinière concerne les objets non transportables. La même observation a été faite par Herman (1986) quant à la performance d'Akeakamai avec des énoncés semblables. Les changements dans l'ordre séquentiel des modificateurs intervenus en cours de test (par exemple, *petit noir cône*, à un moment, et *noir petit cône*, à un autre moment) furent sans incidence sur les scores de compréhension des phoques, ainsi que les usages croisés des mêmes entités physiques transportables en fonction grammaticale soit d'OI ou d'OD à différents moments de la même séance expérimentale ou d'une séance expérimentale à une autre (étude détaillée menée avec Rocky).

Schusterman & Gisiner (1988) relèvent, comme Herman *et al.* (1984), le rôle important de la conservation en mémoire à court terme du lexème correspondant à OI (entité de destination) pour une bonne exécution des injonctions actionnelles. Le lexème en question est celui des deux objets grammaticaux qui est le plus éloigné du terme actionnel dans la séquence injonctive (au moins pour la grammaire d'Akeakamai dans les expériences d'Herman et collaborateurs). Schusterman & Gisiner (1988) définissent comme variables influençant notablement l'identification correcte de l'entité correspondant à OI : (a) le nombre d'objets physiques présents dans ou à la surface du bassin, et (b) le fait que l'entité en question soit ou non délocalisable [les OI délocalisables étant en principe transportables, ils peuvent être plus facilement confondus avec les OD (entités transportables)].

Schusterman, Hanggi & Gisiner (1993) ont entraîné les deux phoques Rocky et Gerdie à agir directement sur une entité déterminée présente dans le bassin avant d'utiliser cette même entité comme objet de destination (OI) dans des injonctions ultérieures, réalisant ainsi l'équivalent expérimental, dans le contexte des apprentissages linguistiques des phoques à crinière, de l'effet dit d'amorçage en mémoire humaine. Il s'agit de la facilitation introduite sur un rappel ultérieur par la présentation précédente d'un matériau quelconque (symbolique ou non symbolique Tulving, 1974). Conformément à l'hypothèse des auteurs, Rocky & Gerdie montrèrent une plus grande facilité pour identifier correctement et garder en mémoire à court terme, les OI ayant fait l'objet d'un amorçage par rapport aux situations correspondantes où un tel amorçage n'avait pas été mis en place.

En outre, Schusterman & Gisiner (1988) et Gisiner & Schusterman (1992), à l'instar de Herman et collaborateurs avec Akeakamai, ont proposé à Rocky des injonctions actionnelles incorrectes d'un point de vue sémantico-syntaxique par rapport à la grammaire apprise. Un premier type d'énoncé incorrect correspondait assez directement au type (3) d'énoncés grammaticalement anormaux proposés à Akeakamai. Les injonctions anormales de ce type transmises à Rocky retenaient les deux entités nominales (correspondant grammaticalement à OI et OD), indicatives d'une séquence relationnelle, mais y adjoignaient un signe actionnel non relationnel (prédicat impliquant un seul argument), par exemple, l'énoncé *Cube disque toucher-aileron*. La seconde catégorie d'énoncés incorrects proposés à Rocky comportait trois sous types : (a) des énoncés incorrectement ordonnés séquentiellement, (b) des énoncés comportant des signes additionnels, et donc pour lesquels l'animal ne disposait d'aucune règle grammaticale, et (c) des énoncés où un élément canonique faisait défaut, déterminant une situation interprétative où l'animal ne disposait non plus d'aucune règle apprise.

Les résultats rapportés par Schusterman & Gisiner (1988) pour le premier type d'énoncés incorrects, sont semblables à ceux fournis par Herman et collaborateurs concernant les énoncés correspondants proposés à Akeakamai. Confrontée à de tels énoncés, Rocky (comme souvent Akeakamai) ne cherchait pas à inventer une interprétation plausible impliquant les trois termes de l'énoncé, mais se rabattait, pour ainsi dire, sur la seconde entité nominale (correspondand à OD, dans sa grammaire). Par exemple, en réponse à l'injonction *Disque balle (nager-) au-dessus*, elle nageait par dessus le ballon en négligeant le disque disposé à la surface du bassin.

Herman *et al.* (1993) interprétaient cette stratégie de réponse chez Akeakamai, par comparaison avec les essais interprétatifs du même animal impliquant (au moins) deux entités nominales lorsqu'il était en présence en fin d'énoncé d'un signe actionnel relationnel, comme une indication attestant d'un traitement global de l'énoncé par le dauphin (celui-ci «attendant» la fin de l'énoncé pour «se décider» sur la conduite à tenir). Schusterman & Gisiner (1988) favorisent une interprétation en termes d'une tendance chez l'animal à procéder selon un principe de contiguïté séquentielle, à partir du signe actionnel à rebours vers le voisin nominal immédiat, en négligeant l'autre élément nominal plus éloigné dans la séquence [soit, dans l'exemple proposé ci-dessus, associer (*nager-*) *au-dessus* avec *balle* et négliger *disque*]. Cette interprétation, présentée par les auteurs comme alternative à celle envisagée par Herman *et al.* (1993) pour Akeakamai, tout en insistant plus sur le rôle des dépendances séquentielles immédiates, ne s'oppose pas en réalité à l'accent mis par Herman sur les traitements réceptifs «globaux» effectués par les animaux, puisque Rocky, comme Akeakamai, est capable d'attendre la fin de l'énoncé, où elle sait pouvoir trouver le signe actionnel, avant de choisir une partie du même énoncé pour y faire correspondre l'argument nominal OD.

Concernant la seconde catégorie d'énoncés anormaux, les résultats fournis par Schusterman & Gisiner (1988) sont particulièrement informatifs sur les stratégies de traitement réceptif mises en exergue par Rocky. D'une façon générale, le phoque à crinière est très sensible à l'ordre sériel des signes gestuels. Lorsque la séquence standard est violée dans l'injonction anormale, Rocky montre souvent dans sa façon de répondre qu'elle s'attendait à un type de signe différent. Par exemple, lorsque Rocky reçoit une injonction libellée : entité + modificateur + action, elle s'oriente (mais sans se mouvoir en conséquence), au moment de recevoir le signe actionnel, vers un des objets présents dans le bassin montrant qu'elle s'attend à recevoir un signe d'entité à la suite immédiate du modificateur. De même, lorsqu'on présente un énoncé incorrect par omission d'un élément lexical, comme par exemple *Noir grand blanc balle toucher-queue*, elle tend à s'orienter vers un objet du bassin après la présentation du deuxième modificateur, car c'est à cet endroit dans un énoncé grammatical du même type qu'elle trouve le signe gestuel référant à l'entité. Enfin, dans les situations où un énoncé est incorrect en raison de la présence indue d'un élément lexical additionnel (par exemple, un énoncé du type : entité + action + action), Rocky cherche le plus souvent à initier la première action signifiée et à négliger le signe actionnel ultérieur.

Outre une sensibilité aux dépendances séquentielles dans les énoncés de son langage, Rocky fait preuve d'une certaine capacité de comprendre le rôle des trois catégories sémantico-grammaticales qui y interviennent : les modificateurs, les signes nominaux et les indications actionnelles. Elle accepte sans problème les inversions (canoniques) de l'ordre des modificateurs entre eux, cependant qu'elle refuse toute modification de l'ordre d'un signe nominal et d'une action, d'un modificateur et d'une action, ou d'un modificateur et d'un signe nominal. En accord avec ce qui précède, Schusterman & Gisiner (1988) suggèrent que Rocky traite différemment les modificateurs, d'une part, et les signes nominaux et actionnels, d'autre part. Confronté à un énoncé du type : entité + action [par exemple, *Balle toucher-aileron*], formellement correct mais référentiellement ambigu en raison de la présence de plusieurs balles de tailles et couleurs diverses à la surface du bassin, Rocky répond en effectuant l'action demandée sur la première balle qu'elle rencontre. Par contre, en réponse à une injonction du type : modificateur + action [par exemple, *Blanc (nager-) au-dessus*], formellement incorrecte mais exécutable sans difficulté à l'instar situationnel de l'exemple précédent, Rocky n'initie aucune action. Les deux types d'injonction ci-dessus sont superficiellement identiques. La différence est dans la nature du premier élément de la séquence : signe nominal, dans le premier cas, modificateur, dans le second. La séquence signe nominal + action est grammaticale pour Rocky, celle modificateur + action ne l'est pas. Le phoque réagit bien effectivement en fonction de ses connaissances grammaticales.

Il pourrait sembler que les observations précédentes sur le rejet par Rocky de tout énoncé inversant l'ordre canonique d'un signe nominal et d'un modificateur, d'un signe actionnel et d'un modificateur, ou d'un signe nominal et d'un signe actionnel, celles concernant la tolérance de l'animal quant à l'inversion de l'ordre des modificateurs, et celles sur l'acceptation par le phoque des utilisations croisées (renversées) des mêmes entités (transportables) tantôt en fonction d'OI et tantôt en fonction d'OD, sont contradictoires. En réalité, il s'agit de choses différentes et les contradictions sont seulement apparentes. Rocky rejette toute violation de l'ordre appris des éléments OI, OD et action, en tant que représentants de catégories grammaticales particulières. Elle accepte les inversions de l'ordre séquentiel des modificateurs entre eux et les usages croisés d'entités physiques transportables comme OI et OD, dans le cours ou entre les séances expérimentales, parce que ces usages ne violent pas les dispositifs canoniques. Il s'agit de simples variations lexicales, pragmatiquement plausibles puisque les entités physiques en question peuvent servir soit d'objet à transporter, soit d'objet de destination.

Les dissociations entre les aspects lexicaux et grammaticaux des énoncés par Rocky, outre le fait exposé précédemment qu'elle semble avoir catégorisé différemment les modificateurs, les OI, les OD et les signes actionnels, me paraît constituer un argument attestant d'une véritable sensibilité formelle (catégorielle et concaténatoire) chez ce phoque à crinière.

Schusterman & Gisiner (1988) concluent que les phoques à crinière peuvent comprendre des injonctions formulées selon un registre lexical gestuel et organisées selon quelques règles syntaxiques séquentielles. Leurs résultats leur paraissent assez semblables à ceux obtenus par Herman et collaborateurs (également la conclusion de Pearce, 1996, p. 272, dans sa revue des travaux en matière de langage animal).

Un point particulier du rapport de Schusterman & Gisiner (1988), et également de Gisiner & Schusterman (1992) porte sur l'interprétation théorique des apprentissages syntaxiques effectués par les phoques à crinière et par les dauphins. Schusterman & Gisiner (1988) affirment que l'interprétation la plus parcimonieuse des comportements grammaticaux de ces animaux est en termes de « discrimination séquentielle conditionnée » (p. 312). On sait que, dans les contextes expérimentaux utilisés, les acquisitions langagières ont été effectuées sur la base du conditionnement operant. Par discrimination séquentielle, les auteurs entendent une série de réponses conjointes, où chaque élément agit à la fois comme renforcement pour la réponse précédente et comme stimulus discriminatif (signalant la disponibilité d'un renforcement ultérieur contingent à la production d'une réponse définie) pour l'élément suivant dans la chaîne (Reynolds, 1968). Schusterman & Gisiner (1988, 1989) affirment que « les réponses des animaux n'exigent pas la capacité de traiter les signes comme des éléments syntaxiques au plein sens grammatical du terme » (p. 346, traduit par mes soins), puisque « ... ces signes ont été appris en combinaisons séquentielles invariables » (1989, p. 7). Cette indication est fallacieuse. Schusterman & Gisiner devraient être les premiers à savoir que si leurs séquences sont contraignantes, elles ne concernent que les catégories syntaxiques et non les lexèmes pris individuellement. Les mêmes auteurs insistent incontinent : « La pensée grammaticale des animaux est dans l'œil de celui qui regarde : c'est une erreur due à notre propre pensée d'interpréter leurs réponses en termes de grammaire formelle... » (*ibidem*, N.B. Il eut été psychobiologiquement plus approprié de dire : « La pensée grammaticale est dans le cerveau de celui qui regarde... »). On doit rejeter comme spécieuse (également Herman, 1989) l'affirmation de Schusterman & Gisiner (1988) selon laquelle toute interprétation grammaticale des performances langagières des animaux serait subjective. Cela reviendrait à considérer l'organisation grammaticale comme inaliénablement humaine. Une position pour le moins curieuse chez des expérimentateurs animaliers.

Quantité d'observations dans les travaux d'Herman et collaborateurs et de Schusterman et collaborateurs, eux-mêmes, suggèrent, en outre, que certains dauphins bottlenose et phoques à crinière peuvent développer des représentations mentales correspondant à ce que nous appelons des mots ou signes gestuels, des énoncés composés de plusieurs signes avec un début et une fin identifiables, et peut-être des notions catégorielles comme celles de modificateur, d'entité de destination (grammaticalement objet indirect), d'entité patiente (objet direct) et d'incitation actionnelle (verbe ou prédicat d'action). Certes, il n'est nullement garanti, ni logiquement nécessaire de toute manière, que les représentations mentales en question se rapportent exactement et complètement à celles humaines correspondantes. Il suffit, dans la perspective théorique envisagée ici, que les représentations mentales des animaux soient en continuité avec les représentations humaines.

L'interprétation syntaxique de Schusterman & Gisiner correspond au modèle Markovien à états finis dont il a été question. Au niveau humain, c'est la conception des principaux théoriciens behavioristes (Skinner, 1938, 1957; Mowrer, 1960; Staats, 1968). D'autres auteurs, cependant, ont cherché à montrer qu'une grammaire à états finis est incapable en principe de rendre compte de la complexité structurale des langages humains. Chomsky (1957), par exemple, entend prouver, à partir de phrases du type *(Des) idées vertes incolores dorment furieusement (Colorless green ideas sleep furiously)*, que la notion de grammaticalité ne peut être assimilée à un modèle associatif ou probabiliste. La phrase mentionnée est grammaticale mais elle n'avait sans doute jamais été produite jusque là, et les probabilités transitionnelles entre les termes qui la composent sont proches de zéro. Selon Chomsky, les modèles probabilistes ne fournissent aucun éclairage intéressant sur les problèmes de base relatifs aux structures syntaxiques (1957, p. 17).

Les modèles stochastiques présentent les énoncés comme organisés de façon exclusivement linéaire. On n'y fait aucune place aux niveaux hiérarchiques ni aux principes qui régissent les déplacements des constituants. Si une grammaire à états finis pouvait suffire à rendre compte des performances grammaticales observées chez les dauphins et les phoques à crinière, on devrait sans doute envisager une séparation nette entre capacités langagières animales et humaines. Herman (1988, 1989) rejette l'interprétation de Schusterman & Gisiner concernant la nature étroitement associative et strictement linéaire des régulations grammaticales animales. Il réaffirme que ses données ainsi que celles de Schusterman et collaborateurs autorisent une interprétation dépassant ce niveau élémentaire. C'est également mon point de vue. Le fait que le traitement des injonctions données à Akeakamai et aux phoques à crinière puisse se faire avec succès d'arrière en avant (dispositif syntaxique «inversé»), pour ainsi dire, «à contre-linéarité», milite considérablement contre une interprétation réductionniste, puisque dans un dispositif de ce genre, la seule voie ouverte dans l'énoncé est «de gauche à droite» dans l'énoncé. De même, les observations effectués par Herman et collaborateurs, et également par Schusterman et associés, concernant la capacité des dauphins et des phoques à crinière d'établir des rapports syntaxiques entre lexèmes non contigus, vont à l'encontre d'un modèle interprétatif basé sur la notion de chaînes associatives fermées.

D'autres indications empiriques, encore, sont *a contrario* du compte rendu minimaliste de Schusterman & Gisiner. Je les ai analysées dans les pages précédentes. On insistera sur la tolérance du dauphin Akeakamai et du phoque à crinière Rocky quant aux renversements d'ordre séquentiels pour certaines classes de constituants (par exemple, les modificateurs pour Rocky, la seule a avoir été exposée à des injonctions incorrectes impliquant deux modificateurs pour un signe nominal), mais pas d'autres classes (OI, OD et verbes d'action), sans que l'utilisation des mêmes éléments lexicaux nominaux (ceux interchangeables), tantôt en position d'OI, tantôt en position d'OD (ce qui correspondait également à un renversement des éléments de l'énoncé), ne fasse problème. Ceci démontre la capacité de ces animaux de faire la part des choses entre les modifications pertinentes et celles non pertinentes des énoncés (en regard des apprentissages grammaticaux, évidemment arbitraires).

Si une interprétation associative par contiguïté séquentielle est trop restrictive, quelle théorie convient-il de proposer?

Hunt (1993) s'est demandé si un modèle connexionniste du langage, et en particulier un modèle de la sous-classe «Parallel Distributed Processing» (PDP — Rumelhart & McClelland, 1986), pouvait être construit de façon à rendre compte des données sur la compréhension du langage chez les animaux, particulièrement les dauphins *Tursiops truncatus*. Les modèles connexionnistes sont des collections relativement lâches de théories de l'apprentissage basées sur la reconnaissance de patrons superficiels et la singularisation de caractéristiques pertinentes dans le matériau à disposition. Le lecteur intéressé verra la source mentionnée pour une explication détaillée, de même que la synthèse de Brent (1997) sur les diverses familles de modèles computationnels.

Hunt (1993) remarque qu'il est extrêmement difficile (cela n'a pas été réalisé jusqu'ici) de créer un modèle connexionniste (avec les supposés réseaux neuronaux correspondants) capable de prendre en compte les niveaux hiérarchiques existant dans l'organisation grammaticale des langages humains (ceux-ci seraient au nombre de 7, au moins, en-deçà de l'énoncé de surface, selon Yngve, 1960). Par contre, Hunt (1993) estime l'entreprise faisable, en principe, pour les capacités langagières réceptives des animaux dès lors que les énoncés traités ne dépassent pas une profondeur structurale de trois niveaux : (1) énoncé global, (2) verbe + OD et OI, et (3) rapport modificateur-entité, du haut vers le bas d'un arbre structural du type de ceux utilisé en linguistique dans l'analyse des phrases en constituants immédiats. Il reste qu'un tel modèle PDP des performances réceptives des dauphins n'a pas été construit à ce jour.

L'interprétation théorique la plus intéressante, à mon avis, est en termes du dispositif formulaïque, «cadres et emplacements», dont il a été question précédemment. On peut imaginer un tel dispositif comme incorporant un petit nombre de relations sémantiques. Les énoncés complets comportent les trois niveaux hiérarchiques définis ci-dessus, où interviennent des notions catégorielles (modificateur, OD, OI, prédicat d'action), le tout définissant les concaténations et les substitutions de lexèmes analysables.

Il est raisonnable de penser que les capacités langagières démontrées par certains mammifères marins et amphibiens, et sans doute par certains singes anthropoïdes, annoncent les développements ultérieurs en matière de langage chez *Sapiens sapiens*. Je suis de l'opinion qu'il n'existe pas de solution de continuité entre les rudiments de compétence grammaticale existant virtuellement chez les animaux supérieurs et les réalisations humaines. En particulier, les dispositifs formulaïques utilisés par ces animaux dans la production et/ou la réception d'énoncés langagiers à plusieurs lexèmes peuvent passer pour une préfiguration des structurations syntaxiques typiquement humaines.

D'un dispositif à «cadres et emplacements» à une grammaire humaine, le chemin peut sembler long, et il l'est assurément. On peut s'en convaincre ontogénétiquement en mesurant la distance et le temps développemental qui séparent les premières productions combinatoires du jeune enfant humain des réalisations formellement élaborées de l'adulte. Mais il s'agit du même chemin.

Une inconnue (au moins) demeure. Pourquoi les espèces animales supérieures dotées de capacités langagières virtuelles ne les utilisent-elles pas spontanément dans leurs milieux naturels ? Une réponse parfois donnée est en termes de motivation ou de besoin. Dans une de ses histoires courtes, Franz Kafka (1917, 1952) met en scène un chimpanzé ayant acquis le langage humain et le fait s'exprimer de la façon suivante «... le langage humain ne m'attirait pas particulièrement. Je l'ai imité parce que je devais m'en sortir et pas pour une autre raison... Et ainsi, messieurs, j'ai appris les choses. Ah on apprend quand on est obligé; on apprend quand on doit s'en sortir; on apprend à tout prix» (p. 178-197, traduit par mes soins). Le passage de Kafka me fait penser à la réponse donnée par Premack (1972) à sa propre question de savoir pourquoi les chimpanzés n'utilisent pas naturellement les aptitudes langagières qu'ils démontrent en laboratoire. Premack indiquait : «L'échec est peut-être plus motivationnel que cognitif, et le chimpanzé n'a pas le désir de communiquer d'une façon qui puisse rendre le langage possible» (p. 164, ma traduction). La réponse est insatisfaisante. Si même elle était correcte, il resterait à expliquer le manque de motivation d'espèces intelligentes pour un puissant moyen d'influence sociale et de continuité culturelle[1]. Par ailleurs, l'exploitation éthologique d'un langage de niveau 2 est de nature à conférer un notable avantage évolutif à n'importe quelle espèce, comme cela a été le cas dans l'évolution humaine[2].

Premack (1972) relevait encore que le type de dissociation illustré chez les animaux supérieurs entre disposition phylogénétique et réalisation ontogénétique peut s'observer également dans l'espèce humaine. Et de citer les personnes retardées mentales, lesquelles ne développent pas spontanément toutes les facettes du langage humain mais peuvent y être aidées au moyen de techniques d'éducation spécialisée. Cependant, la raison de cette dissociation dans le cas des personnes retardées mentales n'est pas un manque de motivation mais l'insuffisant développement du système nerveux central et des zones langagières cérébrales (*cf.* Rondal, 1998b; Rondal & Comblain, 1999).

NOTES

[1] La « transmission culturelle » (au sens particulier de continuité de génération en génération) n'existe chez les chimpanzés que par le biais de la permanence du contexte dans lequel ils effectuent leurs expériences de vie. Très peu d'apprentissages chez ces animaux viennent de l'observation et de la reproduction des comportements des congénères (Tomasello, 1990; Visalberghi & Munkenbeck Fragaszy, 1990), à la différence des humains chez qui les apprentissages sociaux jouent un rôle très important dans le développement et la continuité culturelle (Bandura, 1978).

[2] Certains anthropologues (par exemple, Bloch, 1990) tendent à réduire le rôle du langage dans la préhistoire culturelle et la transmission (ancienne) des connaissances, mais sans nier son importance évolutive. D'autres auteurs, comme Cavalli-Sforza (biologiste et anthropologue), insistent sur l'énorme avantage que le fait de disposer d'une technique de communication rapide et précise a donné à l'homme, particulièrement dans ses activités économiques et son expansion géographique (Cavalli-Sforza & Cavalli-Sforza, 1994).

Chapitre 4
Origines du langage humain

1. PALÉOANTHROPOLOGIE

Notre univers est âgé d'environ 15 milliards d'années. La planète Terre compte 4,5 milliards d'années. Les plus vieilles roches connues se sont formées il y a 3,8 milliards d'années. Sur terre, la vie assemble ses premières cellules il y a 3,5 à 3,8 milliards d'années. Cette vie restera longtemps très primitive. Bactéries et archaebacéries seules, d'abord, puis en compagnie des protistes et des algues filamenteuses, en sont les représentants, pendant à peu près 3 milliards d'années. Par le jeu de l'évolution, des formes de vies plus complexes interviennent ensuite (plantes, champignons et animaux).

Règnes végétal et animal se séparent il y a 2 milliards d'années. L'origine des vertébrés remontent à environ 500 millions d'années. Au sein des vertébrés, les mammifères apparaissent il y a 200 millions d'années. Vers la fin du Crétacé, il y a 65 millions d'années, un énorme météorite en provenance d'un astéroïde heurte la planète dans la péninsule mexicaine du Yucatan. Les conséquences (surtout indirectes : d'importants nuages de poussières obscurcissent le ciel pendant une longue période, filtrant le rayonnement solaire et plongeant la planète dans une froide pénombre empêchant la photosynthèse) furent une extinction massive de nombreuses espèces végétales et animales présentes à la surface de la terre, y compris les grands dinosaures, laissant la planète à la disposition des reptiles, des petits dinosaures[1] et des mammifères, dont les formes de vie vinrent à dominer le globe (façon de parler; comme le rappelle

Gould, 1997, la forme de vie prépondérante sur terre a toujours été celle des bactéries). Cet épisode d'extinction massive n'est pas le seul connu. Vers -250.000.000 ans, 85 % des espèces vivantes océanes et 70 % des vertébrés terrestres avaient disparu en quelques centaines de milliers d'années; élimination causée par la conjonction d'événements géologiques (abaissement des niveaux marins dû au développement de l'océan panthalassique, ancêtre du Pacifique, accumulation de dépôts de lave en Sibérie, etc.).

Les premiers primates (lémuriens) se multiplièrent à l'occasion du réchauffement de la planète intervenu à la fin du Crétacé et largement dû à un important volcanisme dans l'Atlantique Nord et les Caraïbes. La période de l'Oligocène (commencée il y a 36 millions d'années) a vu l'évolution des primates vers les singes supérieurs. Apparaissent également à cette époque les formes primitives des chevaux et les singes inférieurs. Ensuite, les ours et les chiens, tandis que se répandent les plantes à fleurs et les arbres que nous connaissons aujourd'hui.

Selon certains travaux en paléoanthropologie, les événements qui allaient conduire à la séparation du genre *Homo* d'avec les panidés se sont produits en Afrique orientale, il y a environ huit millions d'années. A cette époque s'est constituée la vallée du Rift (Ethiopie) et la ligne montagneuse qui en forme la limite occidentale. Un rift désigne une zone de cassure, le long de laquelle deux blocs géologiques se séparent. Cette gigantesque vallée aux pentes abruptes divise aujourd'hui l'Afrique en deux parties du nord au sud : l'Afrique centrale et occidentale, d'une part, l'Afrique orientale, d'autre part. Les parties centrale et occidentale comprennent des forêts relativement humides. La partie orientale, plus sèche, est principalement constituée de savanes et de prairies.

De nombreux biologistes pensent qu'un isolement géographique peut favoriser l'apparition et le développement de nouvelles espèces en interrompant les croisements reproductifs entre populations originelles. Cette idée a été d'abord proposée par Eldredge (1985) pour expliquer les changements spéciels impliquant d'importantes modifications morphologiques et intervenant endéans des intervalles de temps relativements courts. Eldredge parle de changement «allopatrique», c'est-à-dire favorisé ou déterminé par un changement de «patrie». De nouvelles espèces émergent préférentiellement lorsque des populations qui se sont intercroisées jusque-là voient leur continuité reproductive interrompue par une barrière physique, telle une mer, un océan ou une haute chaîne de montagnes. Dans l'impossibilité, désormais, d'échanger des gènes, les populations divergent graduellement à mesure que s'accumulent mutations et autres modifications génétiques.

L'hypothèse proposée par Coppens (1988, 1994), sous le nom « d'East side story », et d'autres paléoanthropologues (voir, par exemple, Tattersall, 1998), est la suivante. Les importants mouvements tectoniques d'il y a huit millions d'années perturbèrent profondément le jeu des courants aériens sur le continent africain. Les territoires de l'Ouest ont continué à recevoir de généreuses précipitations provenant de l'Atlantique (les vents dominants en Afrique, comme en Europe, viennent de l'Ouest), tandis que les masses d'air orientales naviguant entre les montages du Rift et les haut-plateaux d'Asie (Tibet) se sont organisées en un système de précipitations saisonnières appellé mousson. Le climat de l'Est africain est devenu plus sec, aboutissant à modifier la végétation et les écosystèmes. Par la force des choses, la population des ancêtres communs aux hominidés et aux panidés se serait trouvée divisée en deux. Les panidés auraient continué leurs modes d'adaptation au milieu arboricole de l'Afrique occidentale (tout en évoluant à l'intérieur du genre), tandis que les descendants de ces mêmes ancêtres communs auraient dû inventer de nouveaux répertoires comportementaux de façon à s'adapter à l'environnement désormais plus ouvert de l'Afrique orientale. Ces derniers seraient devenus les hominidés sur un intervalle de plusieurs millions d'années et à mesure que les nouveaux modes d'adaptation auraient favorisé les modifications biologiques que nous connaissons. La divergence entre panidés et hominidés date d'environ 6 millions d'années (Brunet, 1999).

La thèse de Coppens (mais non l'origine africaine de l'homme) est contestée par certains paléontologues. Leakey & Walker (1997), par exemple, font valoir que la répartition géographique des fossiles de singes et d'hominidés, sur laquelle se base Coppens, est peut-être davantage le résultat de circonstances fortuites, géologiques et heuristiques que le reflet de la dispersion historique réelle des genres. On a trouvé certains fossiles de préhominidés également à l'ouest de la vallée du Rift, soit plus au centre du continent africain. Leakey & Walker (1997) en infèrent que les premiers préhominidés bipèdes connus vivaient également, au moins en partie, dans des régions forestières et humides (mais ils auraient pu s'y déplacer secondairement à partir de l'est de la vallée du Rift).

La question de savoir quels éléments exacts des écosystèmes ont favorisé ou déterminé quels genotypes-phenotypes reste très débattue (voir, par exemple, Tattersall, 1998). Certaines suggestions mettent au premier plan le contrôle de la température corporelle et cérébrale plutôt que l'efficacité locomotrice en milieu ouvert pour expliquer le bipédisme. La station debout est celle qui protège le mieux de la chaleur des savanes parce qu'elle minimise la surface corporelle directement exposée aux rayons solaires verticaux tout en maximisant la surface corporelle qui permet d'éliminer l'excès de chaleur absorbé ou produit métaboliquement de l'intérieur du corps (à condition de débarrasser la surface du corps de l'essentiel de son tissu pileux, à l'exception du crâne qu'il faut protéger du rayonnement solaire vertical). En outre, la station debout a l'avantage d'exposer une plus grande partie du corps aux brises refroidissantes.

Au long de l'évolution vers les hominidés, on trouve, à partir de la séparation d'avec les panidés, d'abord les Australopithèques (cinq millions d'années, environ; Cavalli-Sforza, 1996). Il s'agit de préhominidés avec un volume cérébral entre 360 et 550 cm^3, une taille de 1 m 40 pour 40 kilos, et des capacités cognitives et communicatives de l'ordre de celles qu'on trouve chez les singes anthropoïdes. Le groupe des Australopithèques est complexe et a lui-même évolué sur une période de temps assez longue. On y distingue, sur base des fossiles découverts, *Ardipithecus ramidus* (environ 4,4 millions d'années, Afrique orientale), encore proche des grands singes (il présente de nombreux traits communs avec les chimpanzés), *Australopithecus anamensis* (4,2 à 3,9 millions d'années, Afrique orientale), *Australopithecus afarensis* (3,9 à 2,8 millions d'années, Afrique orientale), doté de la station debout et d'une marche de type humain — haut du corps à la verticale et articulation droite du genou (Agnew & Demas, 1998) — (même s'il semble qu'*Afarensis* ne disposait pas d'une locomotion aussi efficace que les hominiens plus modernes en raison de son physique caractérisé par de longs bras et de courtes jambes avec mains et pieds incurvés, et épaules étroites, tous traits réminiscents d'un passé arboricole), *Australopithecus garhi* — *garhi* signifiant *surprise* en langue afar, parlée dans l'Est de l'Ethiopie — (2,5 millions d'années, Afrique orientale), sans doute l'inventeur des premiers outils de pierre utilisés pour briser les os des animaux tués à la chasse, *Australopithecus africanus* (3,5 à 2,5 millions d'années, Afrique australe), ancêtre possible des *Paranthropes*, et les *Paranthropes* (*aethiopicus*, *robustus*, *boisei* et *crassidens*) ou australopithèques robustes (1 à 2,6 millions d'années), considérés comme un «cul-de-sac» de l'évolution des préhominidés. Les vestiges d'un des plus célèbres préhominidés, un *Australopithèque afarensis*, nommée Lucy, ont été découverts en Ethiopie dans les formations volcaniques du Hadar, entre Addis-Abeba et Djibouti (Johanson & Edey, 1983). Les mesures effectuées ont permis de dater le squelette à 3,18 ± 0,01 millions d'années (Wintle, 1998).

L'aventure humaine commence vraiment il y a environ 2 millions d'années, avec *Homo abilis* (2,4 à 1,5 millions d'années, Afrique orientale et australe, volume cérébral entre 500 et 700 cm^3) initiant une culture lithique (les premiers outils, relativement simples, en pierre), avec une taille entre 1 m 30 et 1 m 55, *Homo rudolfensis* (2,4 millions d'années, Afrique orientale, volume cérébral entre 600 et 800 cm^3), taille entre 1 m 30 et 1 m 40, *Homo erectus* (1,9 à 300.000 ans, Afrique, Asie, Europe, volume cérébral entre 900 et 1.300 cm^3, taille entre 1 m 50 et 1 m 80, premier à domestiquer le feu vers -500.000 ans), *Homo sapiens* archaïque — dont *Homo heidelbergensis* — (500.000 à 200.000 ans, Afrique australe, orientale, Proche-Orient et Europe, volume cérébral environ 1.280 cm^3), taille entre 1,60 m et 1,75 m, *Homo neandertalensis* (175.000 à 30.000 ans, Europe, Proche-Orient, Asie Centrale, volume cérébral 1.500-1.700 cm^3), taille 1 m 55 à 1 m 65, soit une espèce éteinte d'*Homo sapiens* (*Homo sapiens neandertalensis*), soit une espèce à part (également éteinte), la question est toujours discutée, et *Homo sapiens sapiens* (150.000 ans à nos jours, volume cérébral 1.350 à 1.400 cm^3), Cro-Magnon en Europe vers -40.000 ans.

Le plus ancien être humain (*Homo erectus* ou *Sapiens* archaïque, la chose n'est pas assurée) connu à ce jour en Europe (fossile crânien) a été découvert en 1971 à Tautavel, France. Il date de 400.000 ans. Les techniques de datation évolutive faisant encore l'objet de discussions entre experts (*cf.*, par exemple, Gibbons, 1998, Wintle, 1998, et Bard, 1999), il convient de rester prudent quant aux époques avancées[2].

Les mécanismes selon lesquels les hominidés ont multiplié leur volume cérébral par un facteur de 3 sur un intervalle d'environ 2 millions d'années sont controversés. Les deux théories principalement invoquées, et présentées le plus souvent comme alternatives, sont celle néodarwinienne « du hasard et de la nécessité », selon l'expression de Monod (1970) — reprise à Démocrite — et celle « des équilibres ponctués », proposée par Eldredge (1985, 1995) et popularisée par Gould (1998).

Dawkins (1982, 1989) rappelle que l'évolution agit au niveau des gènes par mutation et sélection. L'histoire naturelle évoluerait ainsi graduellement au hasard des mutations et via la sélection naturelle des plus aptes (plus exactement, des individus dotés d'un taux différentiel de reproduction plus favorable). Pour Eldredge & Gould, au contraire, l'évolution connaîtrait de longues périodes de quasi stagnation entrecoupées de transitions rapides (des «ponctuations»).

Il est connu depuis Darwin que le dossier des fossiles considérés dans les discussions sur les théories de l'évolution est incomplet, au sens où il présente de nombreuses discontinuités. Les espèces (ou, au moins, certaines espèces), au lieu de se transformer graduellement, semblent apparaître brusquement. Les néodarwiniens ont attribué ces discontinuités à des fluctuations chroniques dans les taux de mutation et la force des pressions sélectives. Les tenants de la théorie des équilibres ponctués affirment, au contraire, que les discontinuités renvoient à un principe fondamental de l'évolution. Prenons l'émergence en un espace de temps évolutivement court, il y a environ 500 millions d'années, d'un grand nombre d'espèces constituées selon le plan de base des animaux actuels. Dawkins (1998) explique cette diversité par la pression sélective due à la concurrence entre les espèces présentes. Pour Gould (1998), différents événements (par exemple, des bombardements de météorites modifiant profondément les conditions climatiques) ont favorisé «la créativité évolutive» de l'époque. Les néodarwiniens ont reproché à Eldredge & Gould de ne proposer aucun mécanisme biologique permettant d'étayer leur conception. Plusieurs travaux en biologie moléculaire amènent à reconsidérer le problème (Gross, 1999a).

On a pu préciser le rôle de certaines protéines dites de «choc thermique» dans le fonctionnement des cellules eukaryotes (cellules à noyau). Il s'agit d'un type de protéines «chaperon» dont le rôle est de protéger les autres protéines en cas de stress thermique (réchauffement ou refroidissement ambiant excessif) pouvant aboutir à des effets létaux. On suspectait depuis longtemps que certaines protéines de choc thermique, présentes en permanence dans la cellule (ce qui n'est pas le cas de toutes les protéines chaperon), puissent jouer également un rôle dans la communication intracellulaire (Ellis, 1996; Gross, 1998, 1999b). Ce rôle vient d'être élucidé dans le cas de la protéine HSP90 (le chiffre représente son poids moléculaire). Des mécanismes correspondants paraissent exister au niveau des espèces prokaryotes (bactéries et archaebactéries) — démunies de noyaux cellulaires — (Gross, 1999a). A la suite d'une série de travaux expérimentaux menés avec des mouches drosophiles mutantes par rapport au gène codeur de la protéine HSP90 — cette mutation n'empêchant pas les insectes de se reproduire —, Rutherford & Lindquist (1998, cité par Gross, 1999a) ont conclu que, lors d'une crise perdurant suffisamment, la protéine HSP90 étant entièrement mobilisée par son rôle de chaperon anti-stress, un nombre important de mutations jusque-là «silencieuses» (c'est-à-dire n'étant pas traduites dans le phénotype cellulaire en raison de l'action « tampon » de cette même protéine en période normale) s'exprimaient, engendrant, en un laps de temps court, un grand nombre de nouveaux types morphologiques correspondant à une variabilité génétique restée cachée jusque-là. Même si 99 % des individus nés avec les nouvelles caractéristiques peuvent être moins bien adaptés que les individus modaux, il existe une chance que parmi les descendants mutants se trouve au moins un organisme mieux adapté au nouvel environnement, et pouvant, dès lors, assurer la survie de l'espèce (ainsi transformée). A condition de supposer que des mécanismes de ce genre non seulement ne sont pas restreints aux mouches drosophiles parmi les eukaryotes, mais ont existé (et existent) chez les animaux supérieurs et notamment chez les primates, on dispose d'un modèle évolutif susceptible de compléter la théorie néodarwinienne.

L'évolution génétique se fait selon un mécanisme moléculaire lent (néodarwinien), sur de longues périodes de temps écologiquement stables, en alternance avec des transformations rapides au cours de périodes de crise. Le néodarwinisme explique pourquoi les espèces évoluent lentement. On commence à comprendre aujourd'hui comment elles peuvent également évoluer rapidement. Mais, comme y insiste Tattersall (1998), dans ce second cas, il ne s'agit pas d'un retour à une sorte de « saltationisme » (saut d'une espèce à une autre voisine sans transition) — une critique qu'on a parfois fait aux suggestions d'Eldredge et de Gould — mais bien de l'évolution (plus) rapide par transformation et innovation morphologique intervenant aussi bien au moment ou aux alentours temporels de la spéciation que durant la durée d'existence de l'espèce.

Trois grands types d'hypothèses s'affrontent actuellement de façon à expliquer l'émergence de l'homme moderne. Il s'agit : (1) de l'hypothèse de l'origine singulière (linéaire), encore dite de « l'Eve africaine » ou de « l'arche de Noé », (2) celle de la « continuité régionale » (ou de l'évolution réticulée), et (3) celle dite du « candélabre ».

La thèse linéaire stipule une filiation directe et unique de *Sapiens sapiens* à partir du tronc africain. La légende d'une « Eve » africaine à laquelle remonterait toute l'espèce *Sapiens sapiens*, il y a quelques 150.000 ans, a fait un certain bruit dans la presse voici une dizaine d'années. Cette suggestion est basée sur l'étude de l'ADNmt (acide désoxyribonucléique mitochondrial) de façon à préciser l'héritage génétique commun à l'humanité actuelle. Les mitochondries sont des organites qui se trouvent dans toutes les cellules des organismes supérieurs et qui prennent en charge la génération de l'énergie cellulaire. Une mitochondrie détient plusieurs copies d'un chromosome circulaire comme ceux des bactéries (en fait, les mitochondries sont des bactéries qui sont entrées en symbiose avec les cellules des organismes pluricellulaires, il y a environ un milliard d'années).

L'ADNmt est encore souvent considéré comme passé directement de la mère à l'enfant. Les variations identifiables dans une lignée d'individus quant à l'ADNmt seraient uniquement le produit de mutations à l'exclusion de toute recombinaison génétique. Comme les mutations génétiques interviennent selon un rythme globalement constant (en moyenne dix fois plus élevé pour les mitochondries que pour les chromosomes nucléaires), l'intervalle de temps passé depuis la divergence entre deux séquences de paires de bases de l'ADNmt est en principe établissable. Mais il faut noter que le « dogme » de la non-recombinaison de l'ADNmt (c'est-à-dire de l'absence d'un brassage de l'information génétique en provenance du père et de la mère) a été remis en cause. Des travaux récents révèlent que les mitochondries du spermatozoïde peuvent pénétrer dans l'ovule et s'y mélanger avec l'ADNmt maternel (Strauss, 1999), et, même, qu'une transmission à la cellule fille de la seule mitochondrie présente dans le spermatozoïde peut intervenir (rarement). Quoi qu'il en soit, et avec les réserves nécessaires, connaissant la fréquence des mutations de l'ADNmt qui différencient les humains des chimpanzés et le temps de séparation entre les deux espèces, il est possible de déterminer le nombre de mutations accumulées entre deux lignées d'individus depuis leur séparation génétique, c'est-à-dire l'époque où vivait leur dernier ancêtre commun. L'homme initial, dans le cas des mitochondries, était très probablement une femme, d'où l'appellation d'Eve africaine[3].

Selon l'hypothèse de continuité régionale (Wolpoff, 1989), les populations humaines modernes proviennent effectivement d'*Erectus*, mais on insiste sur le fait que chaque population régionale a évolué en échangeant suffisamment de gènes avec les populations voisines pour rester à l'intérieur de la même espèce, laquelle devient finalement *Sapiens sapiens*. Les variations qu'on observe aujourd'hui entre les grands groupes humains ne sont que les avatars récents d'un long processus de permutations et d'échanges géniques.

L'hypothèse du candelabre, à vrai dire peu différente de l'hypothèse linéaire dans ses grandes lignes, stipule que plusieurs branches sont nées soit d'*Homo erectus*, soit d'*Homo sapiens* archaïque, et sont restées indépendantes les unes des autres jusqu'à l'affirmation de la dominance singulière de la branche dérivée de *Sapiens sapiens* et l'élimination graduelle des autres branches du candélabre *Homo*.

Une question activement débattue concerne la lignée neandertalienne. Les Neandertaliens confrontés au problème de la survie sur des territoires bordant les glaciers qui couvraient, à l'époque, une grande partie de l'Europe et de l'Asie, se sont adaptés en réduisant leur taille tout en augmentant leur volume corporel de façon à mieux conserver la chaleur. Ils ont appris à se tailler des peaux et à s'arranger des fourrures d'animaux de façon à couvrir leur corps. Il est possible que Neandertal ne soit pas l'ancêtre direct de *Sapiens sapiens*. Krings & Pääbo (1997) ont analysé l'ADNmt (à partir d'un fragment d'humérus) du premier squelette fossile d'homme de Neandertal découvert en 1856 en Allemagne (dans la vallée du Neander, d'où le nom). Ayant pu reconstituer la séquence de 360 nucléotides d'un gène, Krings & Pääbo (1997) ont établi que les différences entre les séquences analysées et celles de l'homme moderne sont au moins trois fois plus nombreuses (27 paires de base) que les différences entre les hommes actuels entre eux (8 paires de base). Si on compare les séquences neandertaliennes aux séquences humaines actuelles d'Afrique, d'Amérique, d'Asie, d'Europe et d'Australie/Océanie, on constate que l'écart avec Neandertal est à peu près le même sur tous les continents (Afrique : 27,1 paires de base différentes, Amérique : 27,4 paires de base, Asie : 27,7, Europe : 28,2, et Australie/Océanie : 28,3). Cet écart n'est donc pas plus faible en Europe, ce qui va à l'encontre d'un continuité entre Neandertaliens et populations européennes actuelles. En outre, la divergence entre l'ADNmt de Neandertal et celui de l'homme actuel daterait d'au moins 400.000 ans, tandis que l'ancêtre mitochondrial de *Sapiens sapiens* remonterait à environ de 150.000 ans. Ces indications pourraient suggérer que Neandertal a été un « cul-de-sac » évolutif, et qu'il aurait été remplacé par *Sapiens sapiens* sans échanges reproductifs entre eux (ce qui est difficile à prouver).

L'application de la technique de thermoluminescence aux silex brûlés a permis de dater les vestiges de *Sapiens sapiens* et de Neandertal dans certaines grottes en Israël. Les datations indiquent la présence de Neandertal au Proche-Orient, il y a 60.000 ans, et celle de *Sapiens sapiens*, il y a 90.000 ans (Wintle, 1998). On ignore quand Neandertal est arrivé au Proche-Orient. Neandertal et *Sapiens sapiens* ont-ils vraiment coexisté dans cette région du monde? Rien pour l'instant n'indique qu'ils ont eu des échanges culturels, mais ce qui est sûr, c'est qu'ils étaient impliqués dans la même industrie du silex.

Le travail de Krings & Pääbo (1997) ne concerne qu'un seul homme de Neandertal et un seul gène mitochondrial. L'analyse d'autres séquences de paires de base chez d'autres Neandertaliens permettrait sans doute d'évaluer leur diversité génétique et de rechercher la trace d'éventuels échanges géniques avec *Sapiens sapiens*, notamment en étudiant les fossiles du Proche-Orient. Additionnellement, le fait que toutes les populations humaines actuelles sont à égale distance génétique de Neandertal suggère que ces populations ont une origine commune, datant vraisemblablement d'après la divergence d'avec les Neandertaliens. Cette observation contredit l'hypothèse d'une apparition simultanée de *Sapiens sapiens* sur plusieurs continents (Excoffier, 1997).

Si Neandertal et *Sapiens* n'ont pas eu d'échanges géniques, cela falsifie (au moins en partie) la théorie de la continuité régionale. Mais les partisans du multirégionalisme font valoir que l'interprétation de Krings & Pääbo n'est pas la seule possible. On a observé que les chimpanzés et les autres primates présentent bien davantage de variations intraspécielles quant à l'ADNmt. Dès lors, la diversité sur ce point entre *Sapiens sapiens* et Neandertal ne serait nullement exceptionnelle et autrement informative. D'autres arguments techniques sont avancés par les partisans de l'hypothèse multirégionale de façon à expliquer la perte de la diversité de l'ADNmt comme résultant plutôt de processus spécifiques à l'intérieur d'une espèce en expansion et à miner la plausibilité de l'hypothèse d'une spéciation récente de *Sapiens sapiens* (*cf.* la synthèse de Caspari, 1997). Wolpoff (1989), plus généralement, met en question l'importance accordée à Neandertal dans la reconstruction évolutive de *Sapiens sapiens*. Il remarque que, de façon à falsifier le modèle de la continuité régionale, on devrait prouver le remplacement complet des populations archaïques sur toute la planète par les populations modernes au moment de l'apparition et de la dissémination de celles-ci.

Tattersall (1997, 1998), par contre, est un partisan de l'hypothèse linéaire. Il écrit : « L'émergence des hommes modernes est un phénomène récent intervenu dans le contexte d'un long et complexe processus de diversification évolutive parmi les hominidés. Cependant, les évidences fossiles montrent que, depuis les temps les plus anciens, l'Afrique a été, de façon systématique, le centre à partir duquel de nouvelles lignées d'hommes ont émergé. De toute évidence, d'intéressants développements évolutifs sont intervenus en Europe et en Asie orientale ; ils ont impliqué des populations non seulement dérivées de celles émigrées d'Afrique mais finalement supplantées par elles. Notre lignée est née en Afrique. Depuis que les premiers hominidés sont sortis des confins forestiers, ce continent a produit des vagues successives d'émigrants qui en sont venus à occuper toutes les parties du monde» (1997, p. 53, ma traduction).

On doit ajouter que non seulement les évidences fossiles mais aussi les analyses génétiques comparatives pointent en direction de l'Afrique comme berceau de l'humanité. Cavalli-Sforza (1996) résume les travaux de Wilson, à l'Université Stanford (voir Cann, Stoneking & Wilson, 1987), établissant l'existence d'une diversité génétique mitochondriale plus grande entre personnes africaines et le reste des habitants du globe, ce qui implique que l'Eve mitochondriale était africaine. Les travaux de Wilson ont été confirmés par ceux plus extensifs de Horai, Hayasaka, Kondo, Tsugane & Takakata (1995). Ces chercheurs ont étudié la séquence mitochondriale complète de trois hommes (un africain, un européen et un japonais), puis ont comparé ces séquences avec celles de quatre primates non humains : un chimpanzé, un gorille, un orang-outang et un gibbon. La datation d'Eve ainsi obtenue est de l'ordre de 143.000 ans; celles de la séparation entre chimpanzé et gorille, et chimpanzé, gorille et orang-outang, sont, bien sûr, plus anciennes. Entre humains, la séparation la plus ancienne est entre africain et européen/japonais; celle entre européen et japonais étant la moins ancienne. Une autre technique, peut-être encore plus intéressante et fiable, est celle, plus récemment mise au point, qui porte sur les séquences de répétitions de nucléotides (par exemple, cytosine-adénine) naturellement et normalement présentes (jusqu'à un certain nombre de répétitions) au sein de l'ADN nucléaire. Les groupes de répétions en question, appelés «microsatellites», peuvent servir de marqueurs génétiques. Les recherches menées dans le cadre du projet mondial sur le décryptage du génome humain ont isolé environ 6.000 microsatellites, répartis en moyenne un tous les 50.000 nucléotides sur l'entièreté du génome. Cavalli-Sforza et collaborateurs (*cf.* Cavalli-Sforza, 1996) ont exploité les microsatellites à fin de datation génétique. Utilisant 30 microsatellites, ils ont trouvé une différence moyenne de fréquences de répétitions doubles (doublets) de 2,67 entre Africains et non-Africains. Connaissant la fréquence de mutation moyenne des microsatellites, on peut situer la date approximative de séparation entre Africains et non-Africains à - 156.000 ans (intervalle de confiance satistique : de 65.000 à 287.000 années).

Le scénario proposé par Tattersall, dans son ouvrage de 1998, est celui d'un remplacement graduel de Neandertal, dominant en Asie, en Europe, et peut-être dans d'autres régions du monde, pendant cent mille ans, par *Sapiens sapiens*. L'auteur américain précise que *Sapiens sapiens* n'est pas «simplement» une version améliorée de ses antécédents. C'est un «nouveau concept humain», qualitativement différent des précédents et qui «arrive complètement équipé avec les comportements modernes» (p. 5, ma traduction).

Tattersall en voit une preuve dans ce qu'il nomme «l'explosion créative» chez Cro-Magnon, bien exemplifiée dans le remarquable art rupestre de la culture Magdalénienne vers -18.000 ans, déjà annoncé dans les productions artistiques des Aurignaciens vers -37.000 ans. Les Magdaléniens ont mis en œuvre tout un arsenal de moyens techniques pour réaliser, dans les grottes de Lascaux, Altamira et Niaux, des représentations picturales multicolores d'animaux (cheval, bison, etc.), et peut-être de bêtes «mythologiques». Certaines de ces représentations étant disposées de façon à suggérer une perspective et rendre l'animal plus imposant encore. Pour Tattersall, ces humains modernes vivaient déjà dans un univers largement gouverné par leurs propres créations symboliques et technologiques. En attestent, les outils et les instruments domestiques et de chasse de *Sapiens sapiens* qui sont davantage sophistiqués et efficients que ceux de Neandertal. Ils se perfectionnent sur quelques dizaines de milliers d'années durant le paléolithique supérieur (entre -40.000 et -10.000 ans) alors que les instruments de chasse de Neandertal restent largement inchangés sur toute la durée du paléolithique moyen. Les sépultures de *Sapiens sapiens* reflètent clairement des préoccupations spirituelles (croyance en une vie post-mortem, des biens divers étaient ensevelis avec le défunt) tandis que les sépultures des Neandertaliens, lorsqu'elles existent occasionnellement, sont caractérisées par une absence de rituels et de symboles. Tattersall (1998, 2000) postule un lien causal entre l'existence du langage chez *Sapiens sapiens*, dès les débuts, et les capacités cognitives mentionnées. Il ne s'agit plus, selon lui, d'une communication rudimentaire de type Neandertal, mais bien d'un langage syntaxique proche de celui observé aujourd'hui.

Il est concevable que, dans son zèle linéariste, Tattersall (1998) minimise les réalisations et les capacités cognitives de Neandertal. D'autres rapports sont moins négatifs. Noble & Davidson (1996) n'excluent pas la possibilité de l'utilisation de symboles réalisés avec ou sur des matériaux durables chez les Neandertaliens et même chez leurs prédécesseurs *Sapiens* archaïques (jugés d'après leurs activités journalières en Afrique du Sud). Anati (1999) fournit de nombreuses indications qui suggèrent l'existence d'un culte des morts (également Jaubert, 1999) — lequel, selon Anati (1999, p. 147), serait une «invention» de Neandertal (attestant d'un sens, au moins primitif, de l'existence d'un au-delà, ainsi qu'en témoignent les dépôts ritualisés, dans les sépultures, d'ustensiles ménagers et de nourritures à l'intention du défunt — aussi Anonyme, 1999), d'une certaine religiosité, dès Neandertal, et de l'utilisation de symboles (par exemple, des coupelles creusées dans la pierre recouvrant une sépulture, des marques en croix et des séries de lignes parallèles ou en zigzag décorant des lieux de vie ou de sépulture), peut-être même antérieurement à Neandertal. Anati (1999) est partisan d'une continuité entre Neandertal et *Sapiens sapiens* quant aux formes primitives d'art visuel, de religion et de langage (au point de vue sémantique), dont il affirme qu'elles ont les mêmes origines et bases conceptuelles. A suivre les conclusions de certains travaux récents en paléoanthropologie (Patou-Mathis, 2000, pour une synthèse), Neandertal pourrait être également l'inventeur du cannibalisme rituel (à distinguer du cannibalisme alimentaire, beaucoup plus ancien; -800.000 ans pour les ossements humains les plus anciens connus en Europe, et sans doute bien davantage) dont les motivations profondément sociales correspondent à l'actualisation par le groupe de mythes et de croyances concernant la nature de la mort, les représentations du monde des ancêtres, et s'insèrent dans des schémas symboliques relatifs à la conception de la personne et sa régénérescence (Leroy-Gourhan, 1986).

Partisan d'une rupture entre *Sapiens sapiens* et Neandertal, Tattersall (1998) se fait le défenseur du modèle évolutif des équilibres ponctués. On remarquera, cependant, que les indications de Tattersall concernent presqu'uniquement ceux qu'on pourrait considérer comme des *Sapiens sapiens* relativement récents (paléolithique supérieur). Si, comme le pensent de nombreux paléanthropologues, la sous-espèce *Sapiens sapiens* remonte à 150.000 ans, il est possible, en principe, d'envisager, à la fois, une discontinuité avec les espèces antérieures d'*Homo*, ressortissant plus à une théorie de type équilibres-ponctués, et une évolution subséquente graduelle vers *Sapiens sapiens* moderne. Mais rien ne prouve qu'entre Neandertal et les premiers *Sapiens sapiens*, une rupture nette soit réellement intervenue. Une continuité avec évolution graduelle est aussi vraisemblable. En outre, il convient de rappeler que si on adopte le point de vue multirégional de Wolpoff (1989) et autres, la question d'une rupture entre Neandertal et *Sapiens* ne se pose pas puisque les deux sous-espèces fusionnent dans le temps pour donner l'homme moderne.

2. PALÉOLINGUISTIQUE

Entamée vers 60.000 ans avant notre ère (Cavalli-Sforza, 1996), la diaspora de *Sapiens sapiens* l'a amené aux environs de -15.000 ans à occuper virtuellement toute la planète. On estime qu'à l'époque, moins de cinq millions d'individus peuplaient le globe (Eldredge, 1998). Les premières fermes et l'agriculture « systématique » comme principal moyen de subsistance apparaissent vers -10.000 ans, avec la rétrocession des glaces jusqu'à peu près leurs positions actuelles et une stabilisation climatique suffisante pour permettre un rendement agricole minimum. A commencé alors un rapport « exploitatif » de l'homme avec la nature (très différents de ceux prévalant pour la cueillette et la chasse) — comparez l'attitude des Pygmées de la forêt Mbuti en République Démocratique du Congo, identifiant la forêt avec leur père et mère « à tous » (Tattersall, 1998), et celle des entreprises agricoles « avancées » — qui a mené aux conséquences écologiques que nous connaissons (déforestation, dégradation des sols et désertification).

La diaspora de *Sapiens sapiens*, espèce dotée d'un langage au sens moderne du terme, s'est accompagnée d'une diversification des codes linguistiques. Renfrew (1992) définit plusieurs processus rendant compte de la diaspora. Il s'agit des migrations initiales, des expansions démographiques liées à la réduction du nomadisme et au fermage, des incursions plus tardives dans les régions subarctiques et des conquêtes à grande échelle. Isaac (non daté, cité par Cavalli-Sforza, 1996, p. 106) fait l'hypothèse d'un parallélisme entre l'augmentation de variation locale, en Afrique initialement, des cultures paléolithiques, et une différenciation locale avec augmentation graduelle de la complexité des langues (arbitrarisation des moyens expressifs et complexification structurale), aboutissant vers -50.000 ans à une possibilité de communiquer de façon plus raffinée grâce à des codes linguistiques presque aussi perfectionnés que les langues contemporaines.

Les relations de filiations et/ou de proximité entre les langues n'ont cessé de faire problème jusqu'à aujourd'hui. Selon Raj (1997), c'est William Jones, un juge anglais à la Cour suprême du Bengale, qui, ayant relevé des similitudes entre les langues latine, grecque, gothique, persane et le sanscrit, suggéra le premier (en 1786) que ces langues provenaient d'une même source, baptisée l'Indo-Européen. Jones inaugura également une nouvelle manière d'analyser les idiomes. Au-delà des comparaisons étymologiques, il entreprit de mettre en rapport les grammaires jetant, cinquante ans avant Bopp (*cf.* Renfrew, 1990; Demoule, 1998) et plus d'un siècle avant Meillet (1937, 1964), les bases de la linguistique diachronique.

Le nombre de langues ayant existé sur la planète avant l'invention de l'écriture est impossible à évaluer puisque les mots parlés, réalisés sous forme d'onde sonores, sont évanescents. On estime actuellement à 5.000

le nombre de groupes ethniques dans le monde — pour environ 200 pays — (Doyle, 1998). Comme la base du groupement ethnique est la langue (la distinction populaire, et politico-administrative, entre langue et dialecte n'ayant aucun fondement linguistique théorique; selon l'aphorisme, une langue étant « un dialecte avec une armée »), on peut estimer le nombre de langues dans le monde actuel autour de 5.000 (Cavalli-Sforza & Cavalli-Sforza, 1994) ou 6.000 (Auroux, 1997), dont 1.000 environ relativement bien connues. Doyle (1998) évalue le nombre de langues pour la seule Afrique sub-Saharienne à 1.300 et pour l'Inde à 300. Contrairement à une idée reçue, il n'existe pas de langues « primitives » parmi les langues en usage aujourd'hui. Tous les hommes modernes utilisent des outils linguistiques sophistiqués (en témoigne la complexité des grammaires descriptives et théoriques), riches de dizaines de milliers de mots. Les cinq ou six mille langues parlées de nos jours sur la planète sont toutes d'égale puissance expressive et complexité globale (certaines structures et dispositifs particuliers pouvant être plus simples, plus faciles à mémoriser, etc., dans certaines langues par comparaison avec d'autres; mais, c'est alors invariablement le cas que d'autres structures et dispositifs sont plus complexes).

2.1. Diversification et apparentement des langues

Quant aux relations ancestrales entre langues, on trouve deux catégories de linguistes : les « rassembleurs » (lumpers) et les « séparateurs » (splitters). Les premiers insistent sur les homologies et les ressemblances structurales et morphologiques entre certaines langues. Ils cherchent à regrouper les langues présentant des affinités importantes en familles, et parfois se lancent dans des spéculations concernant les filiations qui auraient pu intervenir, en des temps très reculés, entre langues ancêtres et langues dérivées. Les seconds mettent en évidence les différences entre langues et tendent à subdiviser les classifications en unités de plus en plus petites, considérées comme largement indépendantes les unes des autres.

Quoi qu'il en soit de ce débat, quelques grandes familles de langues font l'objet d'un consensus au moins partiel; ce qui ne signifie pas que les descendances soient avérées, ni que les regroupements et leurs justifications ne puissent être contestés (*cf.* Demoule, 1998). Il s'agit des familles *indo-européenne* (regroupant les langues celtiques, italiques — c'est-à-dire latines et romanes —, germaniques, baltes, slaves, indo-iraniennes, grecques, albanaise et arménienne), *afro-asiatique* (reprenant les langues sémitiques et une bonne partie de celles de l'Afrique du

Nord), et *ouralique* (incluant le finnois et le hongrois). La légitimité d'autres familles (par exemple, amérindienne) est sujette à caution (Renfrew, 1994).

Selon les données archéologiques (et génétiques), *Sapiens sapiens* a émergé en Afrique il y a environ 150.000 ans. Il s'est ensuite dispersé sur la planète. Il y a 90.000 ans, *Sapiens sapiens* commence à coloniser le Levant, et, vers -40.000 ans, l'Asie, l'Europe, la Nouvelle Guinée et l'Australie. Voici peut-être 30.000 ans, *Sapiens sapiens* traverse le détroit de Bering venant d'Asie Orientale et envahit le continent américain du nord vers le sud. On doit admettre que ces peuples disposaient d'un langage sophistiqué même si les langues pratiquées sont inconnues.

Les mécanismes de la dispersion et du changement linguistique sont complexes et sans doute loin d'être aussi linéaires que la rapide esquisse ci-dessus le suggère. Renfrew (1992, 1994) avance quatre processus (non mutuellement exclusifs) par lequel une langue peut en venir à être parlée sur un territoire déterminé : (1) la colonisation initiale d'une région inoccupée, (2) une divergence à partir d'une langue initialement commune, (3) une convergence vers une langue commune à partir de deux langues initialement distinctes (en cas d'échanges linguistiques intenses avec occupation du même territoire ou de territoires proches), et (4) le remplacement d'une langue par une autre (dans le cas d'une longue et complète dominance d'un peuple sur un autre). A titre d'illustration, Renfrew (1994) cite la dispersion des langues bantoues en Afrique (à l'intérieur de la sous-famille Niger-Kordofan) selon un phénomène de diffusion par vagues successives, des familles d'agriculteurs et de fermiers se transplantant avec leur langage en de nouvelles niches écologiques, poussés par le succès reproductif de leurs groupes et la baisse de la mortalité infantile, conséquences d'un habitat sédentarisé, avec de bonnes récoltes et de bonnes conditions d'existence. Alternativement, on peut assister à des phénomènes d'acculturation, où la langue des agriculteurs se déplaçant est adoptée par des groupes économiquement moins développés sur les territoires desquels les premiers interviennent.

La génétique moléculaire apporte une corroboration corrélative aux scénarios de la dispersion linguistique sur la planète. On consultera les synthèses de Cavalli-Sforza (1991, 1994, 1996), reprenant ses propres travaux et ceux d'autres chercheurs dans le domaine. Les recherches ont procédé par analyse génétique de l'ADN nucléaire de milliers d'échantillons sanguins obtenus dans de nombreux groupes ethniques. Les résultats confirment l'origine africaine de *Sapiens sapiens*. La distance génétique entre les Africains et les non-Africains dépasse largement celles trouvées dans les comparaisons intercontinentales. L'hypothèse de l'origine africaine de *Sapiens sapiens* implique une séparation précoce entres les ethnies africaines ancestrales et les autres. Particulièrement intéressant, en ce qui nous concerne, est la distribution planétaire des gènes humains correspondant à celle des langues et groupes de langues. Si on met en relation la distance génétique relative et les diverses familles de langues, on obtient un arbre renversé dont les embranchements successifs attestent une séparation initiale entre les premiers groupes *Sapiens* et les Pygmées africains (se séparant ensuite en Pygmées du Centre Afrique et de l'actuel Congo); une séparation secondaire entre cet embranchement et celui menant aux langues européennes, chinoises et japonaises, lesquelles se différencient ensuite; et une diversification territoriale entre l'embranchement précédent et celui menant aux langues australiennes et de la Nouvelle Guinée, lesquelles se répartissent ensuite en deux groupes.

Une autre illustration est fournie par le groupe des langues bantoues (regroupant environ 400 langues). Les distances entre ces langues correspondent à la répartition géographique des différentes tribus bantoues et aux distances génétiques entre ces tribus. Ces données corroborent l'hypothèse selon laquelle les langues bantoues proviennent toutes d'une même source ou d'une poignée de langues initiales fortement apparentées, parlées par les premiers fermiers du Nigeria Oriental et du Cameroun. A mesure que ces fermiers se sont répandus en Afrique Centrale et du Sud, il y a au moins 3.000 ans, leurs langues ont commencé à se diversifier, mais pas au point d'obscurcir les similitudes dues à leur origine commune.

A la question de savoir pourquoi les marqueurs génétiques et linguistiques sont à ce point corrélés, Cavalli-Sforza répond que, de toute évidence, ce ne sont pas les gènes qui détermine la langue parlée par un groupe ou un sous-groupe ethnique, mais bien l'histoire. Les différences linguistiques peuvent favoriser les barrières entre individus, mais elles ne déterminent pas les corrélations gènes-langues. L'évolution humaine est caractérisée par des séparations entre populations préalablement apparentées. Chaque nouveau groupe évolue aussi bien génétiquement que linguistiquement. Au bout d'un long moment, les différences deviennent notables, mais sans obscurcir complètement les rapports initiaux. Il existe deux exceptions à la règle de l'appariement génético-linguistique : (1) le remplacement d'une langue par une autre, et (2) une modification du patrimoine génétique. Un important remplacement génique est improbable, mais des cas de remplacement géniques partiels sont illustrés dans les travaux de Cavalli-Sforza. Il s'agit, par exemple, des Lapons de la Scandinavie septentrionale. Leur langage appartient à la famille ouralique tandis que leur génome est le produit d'un mélange entre peuples mongols de Sibérie et ethnies scandinaves. De même, les Ethiopiens représentent un mélange génique entre Africains et Caucasoïdes d'Arabie, avec prédominance de cette dernière constitution.

Au-delà des assortiments mis en évidence par Cavalli-Sforza se repose, au moins dans l'optique des «lumpers», selon l'expression de Renfrew, la question de l'existence de familles plus larges de langues et de leurs ancêtres lointains. Divers auteurs (*cf.* Kaiser & Chevorochkine, 1988; Renfrew, 1994; et Ruhlen, 1997; pour des synthèses) ont proposé (dès le début du siècle) des regroupements généraux. Par exemple, une origine commune des langues indo-européennes, afro-asiatiques, dravidiennes (langues de la partie méridionale de l'Inde distinctes des autres langues indiennes), altaïques, ouraliques, sino-tibétaines, eskimo-aléoutes, tchouktchi-kamtchatiennes et amérindiennes, au sein d'une macrofamille (famille de familles), nommée nostratique, elle-même dérivée d'une langue protonostratique, supposément parlée il y a plus de 15.000 ans, ou encore une macrofamille eurosiatique regroupant les familles précédentes à l'exception des langues africaines, dravidiennes et amérindiennes.

Il est pratiquement impossible d'évaluer la validité empirique de telles hypothèses. Une des caractéristiques les plus claires des phénomènes de langue est leur modification graduelle avec le temps (selon l'usage), aboutissant à d'importantes transformations non seulement lexicales, mais également phonologiques et grammaticales (pensez à la transformation du latin en italien, espagnol, français, portugais, roumain, etc., sur un intervalle de 1.500 ans). Il n'est pas assuré qu'au-delà de quelques milliers d'années, on puisse encore justifier des parentés formelles entre langues potentiellement issues d'une même souche. Cavalli-Sforza & Cavalli-Sforza (1994) affirment qu'au bout de 6.000 ans, il n'y aurait plus que 10 % de mots communs entre langues de même origine. Langanez (1997) estime (conservativement, à mon avis) qu'environ 20 % du vocabulaire de base d'une langue est remplacé tous les 1.000 ans. Sur les quelques dizaines ou (parfois) centaines de termes lexicaux utilisés dans les recherches préhistoriques, la probabilité d'erreur peut être importante. Cela met la glottochronologie (nom parfois donné à ce type de recherche) en situation précaire au plan méthodologique.

Ruhlen (1997, 1998), nonobstant, est allé plus loin encore, argumentant en faveur de l'existence d'une langue unique ancestrale, à partir d'affinités sous-jacentes entre familles de langues. L'idée d'une origine unique des langues humaines est des plus anciennes. Hérodote (*cf. L'enquête II*, 1, in *Œuvres complètes*, 1964) rapporte l'expérience (peut-être apocryphe) du Pharaon Psammetichus, au VIIe siècle avant notre ère. Celui-ci, soucieux d'établir l'identité de la langue mère de l'humanité, s'était arrangé pour faire élever deux nouveau-nés pendant environ une année en la seule compagnie d'un berger muet, dans les étables de ce dernier. Le premier mot reconnaissable prononcé par les deux enfants fut *bekos*. Les scribes du Pharaon décrétèrent qu'il s'agissait du mot phrygien (un langage parlé à l'époque en Anatolie) pour «pain». Psammetichus, beau joueur, concéda le statut de langue originelle au Phrygien. Il ne lui vint pas à l'esprit, non plus que ses scribes, que la production initiale des enfants aurait pu être une imitation du bêlement de moutons vraisemblablement présents en l'étable ou à proximité. Dans son «De umbris idearum», daté de 1582, Giordano Bruno instituait un système mnémotechnique de représentation de la mémoire verbale utilisable pour l'hébreu, le grec et le latin, qu'il considérait comme les trois langues fondatrices (Levergeois, 1995). Au début du XVIIIe siècle, Leibniz conjecturait que les ressemblances entre l'allemand, le grec, le celte et le latin s'expliquaient par l'origine commune de ces peuples, qu'il faisait venir de la mer noire (Leibniz, 1990). Trombetti (1905, cité par Hagège, 1992) était de l'avis que toutes les langues existantes sont apparentées.

La thèse de Ruhlen (1997) est celle d'une monogenèse linguistique datant de l'époque de *Sapiens sapiens*. Il s'agit, selon les propres termes de l'auteur (1994, p. 13-14), d'un monogénisme (ou monogénétisme) restreint. L'expression signifie que les langues existantes dérivent toutes d'une source commune. Mais il peut avoir existé jadis des langues ayant eu d'autres origines et ayant évolué indépendamment avant de disparaître. Un point de vue monogénétique plus radical, selon lequel le langage humain ne serait apparu qu'une seule fois chez *Sapiens sapiens* (ou antérieurement), et que toutes les langues en existence aujourd'hui et toutes celles ayant disparu seraient ou auraient été des formes altérées de cette langue originelle est également possible. Mais ce n'est pas celui de Ruhlen.

Les principales taxinomies linguistiques proposées spécifient une demi-douzaine de macrofamilles de langues reprenant la plupart des langues en existence aujourd'hui ou ayant disparu mais dont on a des traces (écrites). Selon Ruhlen, on trouve des éléments communs entre les langues des principales macrofamilles, permettant de corroborer une hypothèse monogénétique restreinte. Je ne peux entrer dans le détail des analyses lexicales comparatives de Ruhlen. Le lecteur intéressé verra la source originale. Quelques exemples suffiront pour comprendre la procédure. Deux des racines lexicales (encore appelées «*cognats*» du latin «*cognatus*», nés ensemble, apparentés) les plus répandues dans les grandes familles de langues correspondent dans leur forme phonétique générale, à /t i k/, signifiant «doigt» et/ou «un» (ordinal et/ou cardinal), d'une part, et /p a l/, signifiant «deux» (ordinal et/ou cardinal), d'autre part. Ruhlen identifie la racine /t i k/ dans 13 familles de langues (y compris l'indo-européen; *digitus*, en latin, par exemple) et la racine /p a l/ dans 12 familles (dont 8 figurant dans la liste concernant /t i k/; y compris l'indo-européen).

D'autres racines répandues sont : /a j a/ pour «mère, parent féminin plus âgé», /b u r/ «cendres, poussières», /k a n o/ «bras», /k a t i/ «os», /k u a n/ «chien», /k u n a/ «femme», /m a k o/ «enfant», /m a n o/ «homme», /m e n a/ «penser», /ku(n)/ «qui?», /p u t i/ «vulve», /t e k u/ «jambe, pied», /a k w a/ «eau», et quelques autres (Ruhlen, 1997). Au total, 27 racines lexicales représentées chacune dans au moins 6 familles de langues, sur 32 analysées, une racine étant représentée en moyenne dans 12 familles, la racine la plus répandue concernant 24 familles.

Le travail de Ruhlen prête le flanc à la critique. Que représentent, en effet, une trentaine de racines lexicales plus ou moins communes parmi une trentaine de familles de langues, par rapport à l'énorme capital lexical des 5.000 ou 6.000 langues en existence (sans compter les nombreuses langues disparues)? Les «preuves» avancées par Ruhlen sont ténues. Rien n'exclut, certes, qu'on puisse consolider le dossier monogénétique dans le futur en prolongeant les recherches entamées. Il est vrai que l'isolement supposé de l'Indo-européen, un des dogmes de la linguistique historique du XXe siècle, a largement contribué à bloquer les recherches comparatives visant à dépasser ce niveau taxinomique vers une éventuelle mise sur pied d'égalité de l'Indo-européen avec d'autres familles de langues.

Par ailleurs, si on refuse les propositions de Ruhlen, comment expliquer qu'une douzaine de familles de langues aient choisi indépendamment les mêmes configurations phonétiques pour coder des significations identiques ou proches? La probabilité que les faits en question soient intervenus par chance seulement est astronomiquement faible, et, de toute manière, largement moins plausible qu'une hypothèse d'origine commune ou/au moins de considérable apparentement initial. Soit dit en passant, les données de Cavalli-Sforza concernant le rapport étroit entre la diaspora de *Sapiens sapiens* et la diversification des langues humaines n'est nullement explicable en termes d'apparentement aréal, comme le soutient Szulmajster-Celniker (1998), affirmant s'inspirer de Hagège (1985, 1992). Il est improbable qu'un apparentement aréal, même ancien, puisse expliquer de façon satisfaisante des parentés linguistiques entre langues géographiquement éloignées depuis des milliers d'années. La possibilité de convergences entre langues ne peut suffire non plus à expliquer les similitudes observées puisque, de toute évidence, de telles convergences ne sont soutenables qu'entre langues géographiquement proches et/ou politiquement associées.

Que les arguments empiriques de Ruhlen et d'autres soient suffisants ou non, l'hypothèse monogénétique est séduisante pour nombre de linguistes (Malherbe, 1995). Cette hypothèse peut même sembler logiquement nécessaire à partir de celle d'une origine unique de *Sapiens sapiens*. Dans la même veine, Anati (1999) propose que les racines communes aux systèmes de croyance religieuse existant sur la planète (les archétypes religieux) se trouvent dans des manifestations datables de -40.000 à -10.000 années, période où *Sapiens sapiens* s'est répandu à travers les continents. Cette hypothèse ne fait pas non plus l'unanimité parmi les paléontologues. Lorblanchet (1999), par exemple, rejette l'idée d'une religion ancestrale au nom de la diversité des croyances dont témoignerait l'art paléotithique.

Revenant au langage, on peut se demander si un modèle «oligogénétique» (apparition du langage moderne en plusieurs endroits à peu près simultanément à l'époque des premiers représentants de *Sapiens sapiens*), ne serait pas en mesure de répondre aux critiques adressées au monogénisme tout en préservant l'essentiel de ses arguments logiques et empiriques. Une telle hypothèse, conjuguée au multirégionalisme de Wolpoff et autres, est peut être de nature à accommoder correctement les données disponibles, aussi bien linguistiques que génétiques et anthropologiques.

2.2. Antécédents du langage moderne?

Comme le formulent Cavalli-Sforza & Cavalli-Sforza (1994), et je souscris à leur opinion, «Il est difficile de croire que le langage humain ait pu apparaître d'un seul coup chez *Sapiens sapiens* et atteindre immédiatement le niveau de sophistication qui est le sien aujourd'hui» (p. 256). Il a dû y avoir des précurseurs.

Quels étaient-ils?

Nous savons à présent que les primates non humains et les mammifères marins supérieurs disposent de capacités langagières virtuelles. Compte tenu de la proximité biologique entre singes anthropoïdes et préhominidés, il est concevable que les seconds aient été équipés des mêmes capacités langagières que les premiers, peut-être sensiblement plus diversifiées. Dans un ouvrage de fiction, intitulé «Le rêve de Lucy», mais qui peut passer pour une reconstruction de la vie courante chez les *Australopithèques afarensis*, Pelot, Liberatore & Coppens (1990) définissent l'expression communicative de Lucy et de ses congénères comme constituée d'un mélange de gestes déictiques, invites et rejets, mimiques faciales, cris (plus ou moins clairs ou rauques), grondements, hurlements, glapissements et sifflements entre les dents.

Ruhlen (1997) envisage également le langage humain comme «l'aboutissement d'une très longue période de développement évolutif, remontant probablement à nos ancêtres hominidés, il y a des centaines de milliers, voire des millions d'années» (p. 13). Il oppose ce scénario biologique à un scénario culturel, considérant le langage humain comme un simple artefact culturel, au même titre que les outils et les vêtements, et qui pourrait s'être développé relativement récemment, «... disons au cours des cent mille dernières années» (p. 12). Pour Ruhlen toujours, «Le langage humain est un phénomène vraiment trop complexe — et trop intimement enchevêtré avec les autres facultés cognitives humaines — pour s'être développé aussi vite et aussi tard dans l'évolution de l'homme que ne le voudrait le scénario culturel» (1997, p. 13).

On sait que deux des zones les plus importantes pour le contrôle du langage sont situées dans le bas de la région frontale (aire de Broca) et dans la région pariéto-temporale (aire de Wernicke) de l'hémisphère cérébral gauche. L'aire de Broca contient un dispositif procédural dont le rôle est de structurer hiérarchiquement l'information selon un format pertinent pour l'organisation séquentielle des énoncés. Celle de Wernicke, et plus généralement le carrefour pariéto-temporo-occipital, un secteur hautement associatif, sont profondément impliqués dans le traitement conceptuel et sémantique du langage. L'existence de ces zones provoque une légère asymétrie du cerveau humain, plus bombé à gauche. Selon Cavalli-Sforza & Cavalli-Sforza (1997; déjà Tobias, 1981), on constate une asymétrie endocrânienne correspondante dans les exemplaires les mieux conservés d'*Homo abilis*. Une telle asymétrie est absente chez les singes anthropoïdes. Par contre, le planum temporale (une région temporale supérieure contenant plusieurs zones d'associations auditives et, dans l'hémisphère gauche humain, une partie de la zone de Wernicke), davantage développé chez les humains au niveau du cerveau gauche que du droit (Geschwind & Levitsky, 1968), l'est également chez les chimpanzés (recherches neuroanatomiques rapportées anonymement dans *Scientific American* (mars 1998, p. 13). L'interprétation des ossements fossiles en général (Lieberman, 1997), et de la configuration des endocastes crâniens en particulier, est un exercice délicat, notamment en ce qui concerne l'aire de Wernicke. En outre, la morphologie cérébrale n'est pas nécessairement étroitement corrélée avec l'organisation fonctionnelle. Les asymétries relevées, qu'il s'agisse des chimpanzés ou d'*Abilis*, pourraient indiquer que les individus en question utilisaient intensément (et utilisent encore, pour les chimpanzés) le planum temporale pour d'autres raisons que langagières.

Il est permis de penser, cependant, qu'une forme rudimentaire de langage existait chez *Abilis*, de même que chez *Rudolfensis* et chez *Erectus*. Lynch (1996) ajoute qu'*Abilis* et ses successeurs ont pu utiliser une forme primitive de chant, laquelle, par ses propriétés rythmiques, aurait favorisé l'établissement du caractère discret du signe linguistique. Wilkins & Wakefield (1995) interprètent les indications anatomiques disponibles comme démontrant qu'*Abilis* disposait effectivement des structures cérébrales nécessaires pour le langage. Bickerton (1990) avance que le protolangage d'*Erectus* était composé d'un vocabulaire comportant un petit nombre de termes à référence concrète permettant d'assurer des fonctions communicatives de base (question, adresse, marquage du temps et de l'espace, qualification et quantification). Aucune morphologie inflexionnelle n'était impliquée et l'organisation syntaxique ne dépassait pas une combinatoire portant sur quelques termes. Bickerton (1990) est de l'avis que ce langage empruntait le canal vocal [de même Tobias (1980, 1981, 1996, 2000), pour *Abilis*], mais consistait surtout en ensembles non analysés de sons plus proches des grognements que de la parole actuelle (Tobias, par contre, maintient qu'Abilis disposait déjà d'une parole articulée, ce qui est improbable). Il est possible également qu'*Erectus* faisait usage de mimiques faciales et de gestes de façon à signifier (Fouts, 1973).

L'observation d'une augmentation de la flexion de la base du crâne chez *Erectus* par comparaison avec *Abilis* et les Australopithèques (Tattersall, 1998) rend plausible l'usage de la parole. L'augmentation angulaire favorise une meilleure fonction vocale par abaissement de la position du larynx et amplification de l'espace pharyngal.

Hewes (1973) pense que les premiers langages étaient gestuels et que la transition vers des langages vocaux est intervenue plus tard au cours du paléolithique moyen, il y a une bonne centaine de milliers d'années (ce qui impliquerait que Neandertal et *Sapiens sapiens incipiens* aient utilisé essentiellement des systèmes langagiers gestuels). Hewes (1973) donne comme explication du passage de la modalité gestuelle à celle vocale, le rythme accéléré de croissance culturelle à ces moments. On peut être plus précis. Le passage de gestuel au vocal, s'il a eu lieu, répond sans doute, en premier lieu, à un facteur «économique». L'expression gestuelle mettant en jeu des masses corporelles plus importantes que l'articulation des sons est métaboliquement plus coûteuse. Par ailleurs, les gestes mobilisent les mains et les avant-bras, ce qui les rend moins disponibles pour des activités simultanées. Enfin, la vitesse de production des mots est double de celle de gestes (Lane, 1979), même si, au niveau propositionnel, les langages gestuels, exploitant au mieux les ressources d'une expression tridimensionnelle et plus synthétique, ne prennent pas davantage de temps que les langages parlés pour réaliser des énoncés sémantiquement équivalents.

Quant à Neandertal éteint depuis 30.000 ans, on est toujours dans l'incertitude concernant sa capacité langagière. Il est possible (mais loin d'être établi) qu'il n'était pas doté de parole au sens moderne du terme parce que son pharynx et son larynx n'étaient pas conformés comme les nôtres. Le larynx et le pharynx, étant des parties molles, ne se conservent pas à l'état de fossile. Les hypothèses anatomiques et physiologiques les concernant sont établies à partir des parties dures adjacentes, qui elles peuvent se conserver.

Lieberman (1968, 1975) a été le principal avocat de cette position théorique. L'essentiel de son argumentation porte sur la production des voyelles et donc, anatomo-physiologiquement, sur le tractus laryngo-pharyngo-buccal (mobilité linguale particulièrement). Lieberman soutient que le tractus de Neandertal (de même que celui d'*Erectus*, d'*Abilis* et des singes) ne pouvait convenir pour la production des voyelles (phonation larynguale et articulation supralaryngée). L'interprétation des données anatomiques a fait l'objet de nombreuses controverses. Le lecteur intéressé verra Duchin (1990), Houghton (1993) et Lieberman, Laitman, Reindenberg & Gannon (1992). Il convient d'ajouter que la parole de l'homme moderne n'est pas seulement basée sur la production d'une série variable de voyelles (16 en Français, mais 5 seulement en Castillan) mais également d'une série variable de consonnes (17 en Français), dont on ne sait rien quant à la production antérieurement à *Sapiens sapiens*. De même, on ne sait rien de certain sur le degré de contrôle cérébral des vocalisations chez les premiers hominidés.

Revenant à la parole des prédécesseurs de *Sapiens sapiens*, de nouvelles découvertes sont venues jeter le doute sur la conclusion de Lieberman, au moins en ce qui concerne Neandertal. A Kebara (Israël), on a pu étudier un os hyoïde et une mâchoire de Neandertal remontant au paléolithique moyen (Arensburg, Shepartz, Tillier, Vandermeersch & Rak, 1990). Cet os hyoïde, tout en étant nettement plus grand que celui des humains modernes, est suffisamment semblable morphologiquement pour pouvoir supposer qu'il ne constituait pas un obstacle à la parole. A partir de là, il est raisonnable de penser que le tractus vocal de Neandertal autorisait (au moins) une partie de l'éventail des sons des langues modernes (Arensburg, Tillier, Vandermeersch, Duday, Shepartz & Rak, 1989 ; Johnson & Edgar, 1986). Certains sont moins convaincus cependant. Par exemple, Tattersall (1998) insiste sur l'incomplétude de l'os hyoïde retrouvé à Kebara et affirme que la capacité de parole chez Neandertal reste indéterminée. Crelin (1987), dont j'ai mentionné l'approche de phonétique physiologique expérimentale et comparée plus avant dans l'ouvrage, a construit un modèle mécanique des tractus vocaux d'*Australopithecus afarensis*, *Homo erectus*, *Homo sapiens* archaïque et *Homo neandertalensis*, selon les indications anatomiques disponibles en paléoanthropologie physique. De son examen, il a conclu que la capacité de produire les voyelles typiques des langues modernes est apparue avec *Sapiens* archaïque, et donc que Neandertal en était doté. On reste toutefois dans le mystère concernant la production des consonnes, le contrôle expiratoire et le réglage des dizaines de fins mouvements impliqués dans la co-articulation des voyelles et des consonnes de la parole comme nous la connaissons (puisque, communicativement au moins, nous produisons rarement des sons isolés, mais bien des séquences organisées de phonèmes). Les consonnes, surtout les occlusives, sont d'une importance particulière dans la parole (même si elles ne peuvent être correctement perçues en dehors d'un contexte vocalique), car ce sont elles qui déterminent le caractère discret de nos productions vocales (les voyelles étant continues par définition physiologique et devant être «mises en paquets acoustiques» au moyen des consonnes) et permettent les réalisations morpho-lexicales. Un vocabulaire étendu, composé d'entités clairement discrètes, n'a peut-être pas pu émerger avant *Sapiens sapiens*, les espèces antérieures ne pouvant dépasser un stade préphonologique (Bickerton, 1990), comparable aux productions du babillage de l'enfant humain vers la fin de la première année de vie.

Il est possible que Neandertal se soit exprimé par la parole, même s'il s'agissait d'une parole rudimentaire. A côté d'un lexique vocal sans doute peu développé, les Neandertaliens faisaient peut-être également usage de signes gestuels, dont il est impossible d'évaluer l'importance quantitative et le degré de différenciation sémantique. Parole et gestes y faisaient peut-être bon ménage, compensant dans l'efficacité communicative les limitations intrinsèques de chaque système modalitaire.

Comme le suggère Cyrulnik (1999) de façon imagée, «L'image et la parole étaient amies à l'origine du langage, quand les gestes, les pantomimes et les mimiques suffisaient à partager nos mondes subjectifs»[4] (p. 107).

On ajoutera quelques mots sur la perception catégorielle des stimuli acoustiques intervenant dans la parole, un type de perception particulier dans lequel on a cru voir, il y a quelques dizaines d'années, une spécificité humaine. Une perception catégorielle existe lorsqu'un continuum peut être subdivisé en deux ou plusieurs catégories fonctionnelles et que les stimuli «tombant» à l'intérieur d'une catégorie sont peu ou pas discriminés tandis que ceux tombant dans des catégories différentes sont facilement différenciés. En français comme en anglais, par exemple, les phonèmes /b/ et /p/ diffèrent uniquement par le trait «voisé». La production du /b/ s'accompagne d'une vibration des cordes vocales. En syllabes C-V (consonne-voyelle; par exemple *ba* et *pa*), le début de cette vibration ne peut suivre l'articulation du *b* de plus d'une vingtaine de millisecondes, faute de quoi les récepteurs identifient la syllabe comme étant *pa*.

Les premières expériences menées par Lieberman et ses collègues aux Haskins Laboratories suggéraient que les récepteurs humains traitaient les phonèmes différemment des autres stimuli acoustiques (Lieberman, Harris, Hoffman & Griffith, 1957). De là, l'hypothèse selon laquelle les humains (modernes) seraient équipés d'un dispositif particulier servant au décodage de la parole — des consonnes, en fait (Studdert-Kennedy & Shankweiler, 1970; Lieberman, 1970). Cette hypothèse a été largement critiquée et est pratiquement abandonnée (Pisoni, 1978). Il est admis, désormais, que la perception catégorielle est une caractéristique fonctionnelle du système auditif d'une série d'espèces de mammifères (chinchillas, singes marmousets, macaques rhésus et autres macaques, singes de Goeldi, souris, etc.; *cf.* Snowdon, 1987, pour une revue de cette littérature) et qu'elle n'est pas pertinente pour l'organisation linguistique elle-même (*cf.* Ehret, 1987, pour une présentation des mécanismes psychophysiologiques intervenant dans la perception catégorielle). Studdert-Kennedy, largement impliqué dans les travaux des décennies précédentes sur le sujet, considère à présent que la perception catégorielle n'est «... ni particulière ni nécessaire pour la parole» (1980, p. 51, ma traduction).

Il peut être intéressant de mentionner dans ce contexte la suggestion de MacNeilage (1998) selon laquelle la syllabe consonne-voyelle, forme centrale de la parole de l'homme moderne, trouverait sa préfiguration évolutive dans les cycles de fermeture (consonnes occlusives, particulièrement) et d'ouverture (voyelles) alternées de la bouche, liés aux oscillations mandibulaires relatives à l'ingestion et à la mastication des aliments. Ces oscillations auraient pris valeur communicative sous forme de claquements de langue, de lèvres et autres bruits obtenus par le jeu des structures buccales antérieures (dents notamment).

Mais la question demeure de savoir si Neandertal disposait d'un langage grammatical au sens où régi par des dispositifs morpho-syntaxiques évolués ? Aucune réponse certaine ne peut être donnée à cette question dans l'état actuel des connaissances en paléolinguistique. Cela n'empêche pas certains auteurs de prendre position. Tattersall (1998), encore, affirme que Neandertal était dénué de langage, au moins, ajoute-t-il «... dans la forme avec laquelle nous sommes familiers» (p. 172, ma traduction), ce qui rend sa pétition de principe ambiguë. En réalité, il n'y a pas de bonne raison de refuser à Neandertal ce qu'il semble permis d'accorder à *Erectus* et peut être à *Abilis* quant à une capacité de joindre plusieurs termes dans un même énoncé avec un début d'organisation combinatoire.

Y avait-il davantage chez Neandertal du point de vue syntaxique ? On rappellera que les Neandertaliens avaient un volume cérébral de l'ordre de 1.500 à 1.700 cm^3, soit davantage qu'*Erectus* (900-1.300 cm^3), et même que *Sapiens sapiens* (1.350-1.400). La différence de volume cérébral entre Neandertal et *Sapiens sapiens* est parfois expliquée par une adaptation à des facteurs climatiques, particulièrement les températures froides des régions où vivaient les Neandertaliens européens. Toutes choses étant égales par ailleurs, le volume corporel, y compris crânien, tend à augmenter dans les climats plus froids, et inversement en conditions climatiques plus chaudes (Beals, Smith & Dodd, 1984). Les implications relatives aux différences de volume cérébral entre espèces ou sous-espèces doivent être faites avec prudence, car ce qui compte n'est pas tant la masse cérébrale que son organisation. Cependant, il est vraisemblable que les capacités cognitives de Neandertal aient été plus importantes que celles de ses prédécesseurs hominidés. De là, l'idée que son langage a pu être plus avancé également, particulièrement au point de vue sémantique et peut-être combinatoire, sans probablement rejoindre ou même s'approcher de l'organisation grammaticale qui caractérise les langues modernes. On notera que le fait de prêter hypothétiquement une certaine capacité langagière à Neandertal n'infirme nullement une hypothèse mono- ou oligogénétique des langues chez *Sapiens sapiens*, puisque, dans ce dernier cas, on est au niveau des systèmes linguistiques.

Sans qu'on sache exactement comment, dans quelles conditions et pourquoi, on est passé ensuite au langage de l'homme moderne en modalité principale de parole. L'homme (moderne) est le seul vertébré à posséder un larynx en position basse (Reeves, de Rosnay, Coppens & Simonnet, 1996). Cela a permis l'installation des cordes vocales et l'établissement d'un espace supralaryngé composé du pharynx et de la bouche (prolongeable par protrusion des lèvres), combiné avec un approfondissement et une réduction de l'os mandibulaire derrière les incisives assurant une plus grande mobilité de la langue. Les cordes vocales mises en vibration par l'air pulmonaire fournissent ce qu'on appelle le fondamental pharyngé (d'une fréquence située entre 200 et 400 cycles par secondes selon le sexe de la personne), lequel «retravaillé» par résonance donne l'éventail des voyelles. A l'arsenal vocalique s'ajoute celui consonantique. Les consonnes ne sont pas des sons périodiques mais des bruits produits par blocage ou friction de l'air expiratoire en différents endroits du tractus. Reeves *et al.* (1996) affirment que la descente du larynx chez *Sapiens sapiens* représente une adaptation à la sécheresse de l'environnement africain de départ (p. 139). Manifestement, ce facteur ne peut être le seul à avoir joué, sans quoi le positionnement bas du larynx et les modifications anatomiques associées seraient intervenus plus tôt dans l'évolution des hominidés.

Quoi qu'il en soit, Lieberman (1991) indique que la réorganisation anatomo-physiologique qui a rendu possible le contrôle volontaire de la parole doit être intervenue il y a 100.000 ou 125.000 ans à en juger par divers fossiles d'hominidés datés de ces époques et trouvés en Israël (Jebel Qafzeh IV et Skhul V) et en Afrique (Brokenhill fossil). Lieberman (1991) ne semble plus exclure la possibilité que des hominidés antérieurs à *Sapiens sapiens* aient pu disposer d'un tractus vocal «... that was almost completely modern» (p. 109). Et de citer, à cet effet, les travaux de Stringer & Andrews (1988), tout en maintenant (p. 110) que Neandertal était démuni du tractus moderne (bien que pouvant posséder les mécanismes cérébraux nécessaires à l'utilisation d'un système vocal de type moderne), ce qui a pu conduire à son extinction (p. 76), selon l'indication Darwinienne du «struggle for life» (bataille pour l'existence) où n'importe quelle variation même peu importante et quelle qu'en soit la cause, peut aboutir à donner un avantage sélectif décisif à une lignée d'individu de n'importe quelle espèce ou sous-espèce.

Concernant la syntaxe et la grammaire, on ne dispose pas d'évidence excluant la possibilité d'un progrès depuis les origines de *Sapiens sapiens*, au paléolithique supérieur, il y a environ 150.000 ans. Un perfectionnement graduel sur cette longue période de temps est imaginable, aboutissant aux capacités modernes, par une sorte de raffinement de la fonction à l'usage, déterminant un affinement des substrats organiques, celui-ci permettant de nouveaux progrès fonctionnels, et ainsi de suite. Rien ne prouve que le mouvement de perfectionnement soit terminé de nos jours.

Arrivé à ce stade de l'analyse, on ne peut manquer de réaliser deux choses importantes. L'une relative à ce qui paraît bien être une *continuité dans l'évolution des capacités langagières* de l'animal aux préhominidés, aux hominidés et à *Sapiens sapiens*. L'autre, complémentaire de la première, est *l'opportunisme évolutif de la fonction langagière*, qui, sur un intervalle de plusieurs millions d'années, a intégré diverses sousfonctions jusqu'à l'annexion du dispositif expiratoire de façon à asseoir la modalité de parole, la spécialisation du cerveau auditif dans le traitement d'une bande particulière de fréquences comprise grosso modo entre 1.000 et 4.000 cycles par seconde pour la réception du langage parlé, ainsi que l'emprunt d'autres dispositifs sensoriels et moteurs pour les modalités gestuelle et écrite.

Certains auteurs parlent «d'exaptations» (Gould & Vrba, 1982; Tattersall, 1998) pour désigner le phénomène évolutif où un trait ou une structure apparus dans un contexte donné sont «récupérés» plus tard à des fins autres que celles prévues initialement, donc sans avoir été sélectionnés naturellement. Le rôle des plumes chez les oiseaux est un bon exemple. Elles ont émergé comme couverture du corps pour conserver la chaleur chez des animaux à sang chaud, avant d'être «exaptées» à la mécanique du vol. Le bipédisme appartient déjà au répertoire locomoteur des grands singes. Habitués à la verticalité, ils n'éprouvent pas de difficulté à se déplacer occasionnellement sur leurs membres postérieurs, devenant dès lors inférieurs. C'est une exaptation. Lorsqu'à la fin de l'ère tertiaire, les paysages s'ouvrent, le bipédisme occasionnel de certaines lignées se révèle avantageux pour les déplacements au niveau du sol et fournit un élément important pour la survie spécifique. L'exaptation devient adaptation. On peut parler d'exaptation pour de nombreuses acquisitions évolutives humaines (y compris la conscience pour Tattersall, 1998), en particulier pour les modalités langagières, et sans doute pour certains aspects de l'organisation interne du langage, comme la mobilisation de la capacité cognitive associative de façon à construire les réseaux sémantiques qui fondent les significations (Danchin, 1999).

Plutôt qu'exaptation, Wilkins & Wakefield (1995) préfèrent utiliser le terme «réappropriation évolutive» pour désigner le même phénomène [Darwin (1871) parlait de «préadaptation»], estimant, d'une part, que le label Darwinien en est venu avec le temps à connoter la préméditation, et, d'autre part, que le terme exaptation est trop souvent employé en apposition au processus «naturel» de l'adaptation, alors qu'il s'agit d'un mécanisme évolutif parmi d'autres.

Monod (1970) notait (non sans ambiguïté) : «... les linguistes modernes ont insisté sur le fait que le langage symbolique de l'homme est absolument irréductible aux moyens de communication très divers (auditifs, tactiles, visuels ou autres) employés par les animaux. Attitude justifiée sans aucun doute. Mais de là à affirmer que la discontinuité dans l'évolution a été absolue, que le langage humain *dès l'origine* ne devait strictement rien, par exemple, à un système d'appels et d'avertissements variés tels qu'en échangent les grands singes, cela me paraît un pas difficile à franchir, en tout cas une hypothèse inutile» (p. 144, le soulignement est de Monod).

On peut aller plus loin. Il est exact que la linguistique a souvent cherché à maximiser la distance entre langage humain (moderne) et communication animale, se rangeant volontiers du côté de la conception populaire (théologique, culturelle, etc.) d'une séparation qualitative entre l'homme et la bête. Contrairement à ce que concède Monod (1970), le langage de l'homme moderne n'est nullement irréductible aux moyens de communication employés par les animaux. On a vu que les mêmes principes de communication se retrouvent au long de l'échelle phylogénétique et qu'il existe chez les singes anthropoïdes et les mammifères marins et amphibiens une réserve évolutive de capacité langagière.

Examinant ce que paraissent avoir été les capacités communicatives et langagières des préhominidés et des hominidés jusqu'à Neandertal et *Sapiens sapiens*, malgré les incertitudes subsistant, on ne peut manquer de relever une continuité entre les paliers successifs de l'évolution. Certes, le langage de *Sapiens sapiens* est d'un haut niveau de composition sémantique et de complexité formelle. Je ne cherche nullement à minimiser les aboutissements dont nous jouissons. Mais il est tout aussi évident que cette belle réalisation a été préparée de très longue date.

Lieberman (1991), pourtant pas le prototype du théoricien «continuiste», souligne que le langage moderne a ajouté la parole et la syntaxe à des systèmes de communication phylogénétiquement anciens. Ces deux ajouts ont très considérablement potentialisé les dispositifs précédents puisque la parole est extrêmement rapide et la syntaxe de nature à accroître considérablement le pouvoir expressif de la communication. J'ai essayé de montrer que si une syntaxe sophistiquée est caractéristique des langages modernes, elle est préfigurée dans les dispositifs positionnels et séquentiels existant virtuellement chez les singes anthropoïdes et les mammifères marins et amphibiens. Quant à la parole, il est très possible, comme on l'a vu, qu'elle remonte plus loin que *Sapiens sapiens*, même s'il fait peu de doute qu'elle a subi, en cours de route, d'importantes améliorations organiques et fonctionnelles.

La réalisation de la nature componentielle du langage rend plus aisée la saisie de la continuité invoquée, à l'opposé de l'insistance historique sur l'unicité et la singularité du langage de l'homme moderne et son apparition, tout prêt, il y a quelques dizaines de milliers d'années, par une sorte de miracle naturel.

L'évolution des capacités langagières des organismes vers le niveau *Sapiens sapiens* témoigne d'un remarquable opportunisme biopsychologique. Là aussi, le point de vue componentiel permet de bien saisir cette caractéristique, commensurable avec l'opportunisme de l'évolution en général (Dawkins, 1986). Le signe émerge du signal. Une capacité lexicale existe chez les animaux supérieurs. Avec l'augmentation des capacités cognitives, les lexiques se développent chez les hominidés. Nous saisissons un modèle efficient d'organisation lexicale chez *Sapiens sapiens* permettant de stocker en mémoire des dizaines de milliers d'items pour des temps très longs et de les retrouver en une fraction de seconde. Le sens émerge de l'association de certains signifiés avec certains signifiants et de certaines séquences et structures formelles avec certaines relations thématiques. Examinant les combinaisons de signes produites et/ou comprises par les espèces animales supérieures, on voit poindre l'organisation syntaxique et grammaticale qui recevra un développement tellement impressionnant dans nos langues.

2.3. Evolution du cerveau langagier

On peut rejeter d'entrée de jeu le point de vue simpliste de la mutation unique qui intervenant chez *Sapiens sapiens* serait responsable du langage sophistiqué de l'homme moderne (tel que proposé par Bickerton, 1990, notamment)[5]. Bickerton est mal à l'aise lorsqu'il s'agit de répondre à la question de savoir si « la même mutation a pu introduire simultanément la syntaxe, un tractus vocal amélioré, et un crâne modifié » (p. 196, ma traduction). On ne voit pas pourquoi l'évolution des structures organiques responsables de la phonation et de l'articulation aurait dû être contemporaine de celle favorisant le développement de la grammaire. D'autres auteurs (Tomblin, 1989 ; Gopnik, 1990a, 1990b ; Gopnik & Crago, 1991 ; Pinker, 1991, 1994) ont cru avoir identifié l'existence d'un gène altéré dans des lignées familiales présentant un trouble du langage de type dysphasique (portant sur les aspects morphologiques inflexionnels de la langue anglaise). Bien qu'ils se défendent de considérer le gène en question comme responsable (à l'état non altéré) de la machinerie grammaticale, les auteurs mentionnés envisagent néanmoins un déterminisme partiel de ce genre.

Il est hautement improbable qu'une théorie unigénique de l'évolution grammaticale, ou pour ce faire, de la dysphasie développementale, ait la moindre chance de succès. Comme l'indique Studdert-Kennedy (1992) «... beaucoup d'autres gènes, selon toute probabilité, ne sont pas moins déterminants pour le développement de la sensibilité aux aspects grammaticaux en question... que celui identifié» (p. 524, ma traduction). Plomin & Thompson (1993) prophétisent que des gènes «majeurs (uniques) ne seront jamais trouvés dans la gestion des dispositifs comportementaux, que ce soit à l'échelle de la population ou de familles isolées. Plutôt, pour chaque individu, de nombreux gènes contribuent, faiblement pour chacun d'eux, à la variabilité et à la vulnérabilité» (p. 75, ma traduction).

J'ai utilisé, antérieurement dans l'ouvrage, les expressions «évolution du langage, de la capacité grammaticale, etc.», de façon à signifier un changement, des modifications, dans les capacités en question d'un niveau phylogénétique à un autre. Jusque-là, guère de problème, il s'agit d'un usage descriptif. Au niveau explicatif, les choses ne sont pas aussi simples. Que peut signifier une formule comme «l'évolution du langage» prise au strict sens biologique? Et si on fait appel à une ou à une série de mutations, sur quel substrat portent la ou les mutations en question? Comme le rappel Simmel (1983), après Mayr (1970), la sélection naturelle opère sur les *phénotypes*. Un phénotype est «... l'expression à l'extérieur ou à l'intérieur d'un organisme d'une caractéristique comportementale, morphologique, physiologique» (Simmel, 1983, p. 79, ma traduction). Sur quel phénotype langagier a pu porter l'évolution?

Pinker & Bloom (1990) fournissent des arguments visant à soutenir l'hypothèse selon laquelle l'évolution de ce qu'ils nomment la faculté humaine de langage serait explicable pour un processus néodarwinien. Par faculté de langage, il faut entendre la structure mentale dépositaire de la grammaire dite universelle, une idéalisation des grammaires individuelles supposée exister dans le cerveau des locuteurs-récepteurs (Chomsky, 1965, 1986). La grammaire universelle, invoquée par Pinker & Bloom (1990), est définie comme génétiquement transmise chez les humains modernes. Elle doit par nécessité théorique être identique chez tous. Cette particularité peut sembler antithétique avec l'exigence, en théorie évolutive, de l'existence d'une variabilité génétique concernant un trait donné de façon à fournir le matériau pour la sélection naturelle. Lieberman (1989) remarque «... une grammaire universelle détaillée transmise génétiquement et qui serait identique chez chaque être humain sur la planète est exclue de l'éventail des réalités biologiques plausibles» (p. 223, ma traduction). Lieberman (1991) ajoute : «Une grammaire biologiquement plausible ne peut avoir des règles et des paramètres qui soient tellement étroitement imbriqués que l'absence de n'importe quel petit segment de la connaissance innée putative rende impossible pour un enfant l'acquisition d'une langue particulière» (p. 132, ma traduction). Pinker & Bloom (1990) répliquent, comme je l'ai relevé, que la grammaire universelle de la linguistique Chomskyenne est une idéalisation, stratégie commune en science. Dans la réalité psychobiologique, on peut observer des différences notables dans la capacité grammaticale des individus. Certains utilisent une syntaxe raffinée tandis que d'autres abusent des clichés et des expressions toutes faites. Toute la question est évidemment de savoir si la variation en question est plus d'origine génétique qu'épigénétique.

Les arguments de Pinker & Bloom (1990) tiennent davantage de postulats que d'indications factuelles. Le schéma évolutif qu'ils proposent est largement implausible pour une raison majeure, au moins (*cf.* Gould, 1979; Gould & Lewontin, 1979; Piattelli-Palmarini, 1989; pour d'autres critiques et une série de discussions sur les mécanismes évolutifs, dans lesquelles il n'est pas nécessaire d'entrer ici). Il s'agit du fait que ce sont les substrats organiques qui évoluent par l'effet de mutations géniques, et non (directement) les fonctions psychobiologiques. A moins de supposer qu'il existe dans le cerveau un organe «langage» (ou, au moins, «grammaire»), entièrement et exclusivement dévolu à la fonction en question, totalement auto-contenu, et directement sous la dépendance d'une expression génique complètement pénétrante, la notion d'évolution du langage (au sens propre) ne peut avoir aucun fondement [comme l'indique Chomsky lui-même — pourtant un des recréateurs modernes de l'expression et de la notion (ambiguë) de «faculté de langage», mais qui s'est toujours refusé à lui donner une définition anatomique — répondant à la question d'un journaliste sur le point de savoir si le langage humain est le produit d'une adaptation évolutive : «I don't even understand what that means» (Hayashi, 1999)].

Pinker (1994) identifie plusieurs structures, présentes dans toutes les langues, affirme-t-il, et constitutives d'un module grammatical inné. Il s'agit des règles de structure syntagmatique, des dispositifs régissant les mouvements de constituants (par exemple, de façon à produire certaines questions), et des notions formelles sous-tendant les classes grammaticales fermées (morphèmes inflexionnels réalisant des notions comme les rapports de temps, aspect, cas, mode et négation), les catégories lexicogrammaticales (noms, pronoms, verbes, prépositions, adverbes, conjonction) et les fonctions grammaticales (sujet, objet, épithète, attribut).

On trouve, chez Bickerton (1984), le même genre d'hypothèse, sous l'appellation «bioprogramme langagier» et la même justification selon laquelle l'ontogenèse langagière serait impossible sans l'intervention d'un puissant dispositif inné. Un argument souvent invoqué est celui de la «pauvreté du stimulus». Il s'agit d'une croyance selon laquelle le langage entendu par l'enfant pendant l'ontogenèse ne suffirait pas à exemplifier toutes les structures de la langue maternelle. L'argument est *ad hoc* et empiriquement douteux. De nombreuses observations ont été faites (*cf.* Moerk, 1983, 1992; et Rondal, 1985; pour des synthèses empiriques et des mises en perspective théorique) démontrant le caractère organisé, représentatif, linguistiquement pertinent et adapté du langage adressé par les parents et les adultes aux enfants en voie d'acquisition du langage, et ce de façon différenciée aux différents moments du parcours développemental.

Les positions théoriques de Chomsky, Pinker & Bickerton sont de l'ordre d'un «innéisme représentationnel». On pose que des représentations linguistiques sont codées au niveau des gènes. Ce postulat n'a pas reçu le moindre début de support empirique. Et il est peu probale qu'il en reçoive jamais. Il est malaisé d'imaginer comment les 10^{14} synapses du cerveau humain — puisque c'est à ce niveau que Pinker (1994) localise les représentations linguistiques innées — pourraient être contrôlées par un génome comportant 10^6 gènes, sachant, en outre, que seulement 1.500 gènes environ distinguent notre espèce des chimpanzés et des bonobos (King & Wilson, 1975), lesquels ne sont pas naturellement dotés de représentations grammaticales, et que 20 à 30 % des gènes humains, au maximum, interviennent dans la construction du système nerveux (Willis, 1991). Qui plus est, chaque connexion synaptique peut prendre un certain nombre de valeurs. Churchland (1995) suggère (de façon conservative) une dizaine de valeurs par synapse, ce qui détermine un nombre total de possibilités de l'ordre (minimum) de 10^{15}. Il est clair que le niveau génique ne dispose pas du potentiel de codage nécessaire pour organiser un système de cette taille préalablement à toute expérience (Bates, Elman, Johnson, Karmiloff-Smith, Parisi & Plunkett, 1996). Additionnellement, les recherches des dernières décennies sur le développement cérébral des vertébrés confirment que l'organisation fine des réseaux synaptiques est largement déterminée par l'input lié aux faits d'expérience (Elman, Bates, Johnson, Karmiloff-Smith, Parisi & Plunkett, 1997). Le codage linguistique formel, aussi abstrait soit-il, postulé par des auteurs comme Chomsky et Pinker, au niveau génique, est très implausible.

Il est plus pertinent de considérer que c'est le cerveau qui crée le langage et qui acquiert la langue. Certaines zones cérébrales sont dévolues au traitement ainsi qu'à l'organisation productive du langage chez l'homme moderne. Il s'agit de territoires situés principalement dans les lobes frontal, temporal et parietal, de l'hémisphère gauche (chez la plupart des gens), en fait, une bonne partie des aires périsylviennes (Damasio & Damasio, 1989, 1992, 1997; Hustler & Gazzaniga, 1997; Poeck, 1997; Habib, Giraud, Rey & Robichon, 2000), y compris le carrefour pariéto-temporo-occipital, où Geschwind (1965) situait la base neurologique principale du langage (pour les aspects sémantiques, dirait-on aujourd'hui), en rapport avec l'étage sous-cortical, y compris les ganglions de la base du cerveau (Fabbro, 1999) et, très probablement, certains territoires néocérébelleux (Leiner, Leiner & Dow, 1986; Fabbro, 1999). L'hémisphère droit, par contre, est un analyseur spatial (multidimensionnel en opposition à la sensibilité linéaire de l'hémisphère gauche; Gazzaniga, 1998).

La spécialisation de l'hémisphère gauche concerne bien le langage en temps que système formel et pas uniquement la modalité de parole. Poizner, Klima & Bellugi (1987) ont montré que la dominance du cerveau gauche était également de règle pour les aspects morpho-syntaxiques de l'ASL, dans le cas des personnes sourdes pratiquant cette langue. Mais c'est l'hémisphère droit qui domine lorsqu'il s'agit de reconnaître des gestes isolés, ce qui se conçoit compte tenu de leur nature spatiale. Incidemment, Herman et collaborateurs (*cf.* plusieurs expériences mentionnées in Morrel-Samuels & Herman, 1993) ont rapporté une dominance hémisphérique cérébrale droite dans l'interprétation d'énoncés à un signe gestuel ou d'énoncés à deux ou trois termes mais sémantiquement simples et probablement interprétables sur base purement lexicale, chez Akeakamai, le dauphin Tursiops truncatus dont il a été question au chapitre précédent. Par contre, Akeakamai présentait une dominance hémisphérique gauche dans l'interprétation des énoncés gestuels grammaticalement plus complexes.

On dispose d'évidences concernant la précocité de la dominance hémisphérique cérébrale gauche chez les humains (dès la naissance, Witelson, 1977; Woods, 1983). A cette spécialisation cérébrale correspondent certaines asymétries anatomiques entre les deux hémisphères[6].

Comme on l'a indiqué précédemment, le planum temporale tend à être plus volumineux dans l'hémisphère gauche, et c'est déjà le cas dans le cerveau foetal (Wada, 1977 ; Wada, Clarke & Hamm, 1975 ; Galaburda, 1995).

Les asymétries cérébrales sont peu communes dans la phylogenèse (Hamilton, 1977 ; Wallman, 1992). Les grands singes ne présentent guère d'asymétrie anatomique entre leurs hémisphères cérébraux, sauf peut-être en ce qui concerne le planum temporale. Il semble qu'il ait fallu attendre plusieurs millions d'années à partir de la séparation chimpanzés-préhominidés pour observer (chez *Homo abilis*) une asymétrie anatomique cérébrale notable (avec divers territoires corticaux de l'hémisphère gauche davantage développés, ce qui suggère la dextérité manuelle, puisque chez les mammifères et chez bon nombre de vertébrés supérieurs, les voies nerveuses afférentes sont croisées, et parfois à la fois ipsi- et controlatérales avec prédominance des trajets controlatéraux dans ce dernier cas). Fonctionnellement, cependant, des préférences manuelles existent chez nombre d'espèces de primates non humains. Plusieurs espèces tendent à manipuler les objets de la main droite en les maintenant de la main gauche (MacNeilage, Studdert-Kennedy & Lindblom, 1993). On a montré également que le contrôle des vocalisations communicatives est localisé dans l'hémisphère gauche chez plusieurs espèces de primates non humains (Owren, 1990). Il en va de même pour la discrimination des vocalisations chez les macaques (Petersen, Beecher, Zoloth, Moody & Stebbins, 1978 ; Heffner & Heffner, 1984). Cette dernière indication est à mettre en rapport avec la dominance hémisphérique gauche pour la discrimination perceptive des consonnes chez les humains modernes (particulièrement les consonnes occlusives), ceci séparément, et en superposition, pour ainsi dire, à la dominance cérébrale gauche pour les aspects grammaticaux du langage, avec la supériorité démontrée par les rats albinos (*Rattus norvegicus*) dans la discrimination de séquences de séries de sons purs (autour de 1.000 et 2.000 hertz de fréquence) au niveau de l'oreille droite (et donc de l'hémisphère cérébrale gauche ; O'Connor, Roitblat & Bever, 1993), et avec la latéralisation gauche du contrôle neurologique (au niveau du noyau hypoglossique) de la syrinx, l'organe du chant, chez diverses espèces d'oiseaux, comme les serins (canaris, notamment) et les passériformes (par exemple, les pinsons) (Nottebohm & Nottebohm, 1976 ; Kreutzer, 1983 ; Konishi, 1985).

Il est vraisemblable que l'hémisphère gauche se soit spécialisé de longue date dans la coordination séquentielle des événements moteurs (Kimura & Watson, 1989). La dominance hémisphérique gauche pour la production de la parole serait un aspect d'une spécialisation plus générale. Mais, comme on l'a vu, la discrimination perceptive de la parole est également sous le contrôle dominant de l'hémisphère gauche, de même que le traitement des aspects grammaticaux du langage. Il est possible que le monitoring de ces fonctions ait été «attiré» secondairement dans l'hémisphère gauche à partir de la prédominance de cet hémisphère pour le contrôle des séquences de mouvements, évolutivement plus ancien. Wilkins & Wakefield (1995) suggèrent même que les adaptations cérébrales qui allaient aboutir à l'existence, chez les primates, de l'aire de Broca et du carrefour parieto-temporo-occipital, se sont faites par appropriation de structures initialement dévouées à des activités motrices (au premier rang desquelles les manipulations) et à leurs feedbacks somatosensoriels.

Le langage est la fonction humaine la plus latéralisée cérébralement (Pinel, 1997). Il est avantageux pour une fonction complexe de regrouper ses centres au sein du même hémisphère. Ainsi, l'évolution organique s'est faite dans cette direction. Gazzaniga (1998) remarque que la spécialisation hémisphérique existant dans le cerveau humain a pu s'établir de façon additive ou soustractive, de nouvelles fonctions ayant été ajoutées à un hémisphère, ou retirées à l'un et confiées à l'autre dans ce qui a dû être, au niveau de l'évolution, une compétition sévère entre instances anatomiques pour l'occupation de l'espace cortical. Dans cette perspective, la spécialisation hémisphérique a pu constituer un compromis permettant de contrôler corticalement de nouvelles et importantes fonctions sans perdre le bénéfice de la représentation corticale de fonctions phylogénétiquement plus anciennes.

Revenant à l'argument central, le cerveau est constitué sur base génético-épigénétique. Mais c'est la structure organique et non sa base génétique qui rend possible le fonctionnement langagier et qui gère l'ontogenèse langagière en traitant les informations et les modèles linguistiques à disposition. La sensibilité du cerveau humain pour la détection des régularités séquentielles dans l'input lagagier est déjà évidente chez le bébé de quelques jours à quelques semaines. En attestent une série de recherches résumées dans un ouvrage édité par Morgan & Demuth (1996) ainsi qu'un travail expérimental produit par Marcus, Vijayan, Bandi Rao & Vishton (1999). Les bébés non seulement sont sensibles aux régularités séquentielles et aux probabilités transitionnelles des énoncés mais ils sont également capables d'en extraire des règles de type algébrique stipulant des relations entre variables positionnelles (par exemple, un premier item X dans la série est ou non le même que le troisième Z).

Il semble que dans des circonstances exceptionnelles où l'input langagier est très restreint, la capacité cérébrale étant ce qu'elle est, on puisse aboutir à une véritable création grammaticale. Cela s'est peut-être passé de la sorte lors de l'émergence des langues créoles (ou d'une partie d'entre elles). Bickerton (1981) a effectué d'intéressantes observations suggérant une véritable invention grammaticale de la part des ressortissants de première et de seconde génération à partir d'une base de type Pidgin (composé lexical et idiomatique de deux langues en contact fonctionnel mais manquant de nombreux traits syntaxiques présents dans les langues correspondantes; par exemples, le fond africain et le français dans les Antilles françaises, pendant les siècles de colonisation et d'esclavage, les langues polynésiennes et l'anglais, à Hawaii, il y a une bonne centaine d'années). La thèse reconstructive de Bickerton a été critiquée par plusieurs créolistes (Muysken, 1988; Youssef, 1988). Mais les critiques portaient surtout sur la croyance de Bickerton en l'existence de représentations linguistiques innées et sa conséquente minimisation du rôle des substrats (africain et français, d'une part polynésien et anglais, d'autre part, dans les exemples ci-dessus) dans le développement des grammaires créoles (également Maratsos, 1984).

Une autre indication, exemplative de la puissance du cerveau humain dans l'exercice de création grammaticale concerne le développement des langues de signes gestuels aux cours des siècles précédents (particulièrement les deux derniers siècles — *cf.* Rondal *et al.*, 1986) dans les communautés de sourds en dépit de l'opposition et des nombreuses tentatives, de la part des entendants et des pouvoirs publics, d'empêcher ces pratiques jugées contraires à l'intérêt national, à la conformité morale ou même religieuse (*cf.* Moores, 1975, pour un aperçu historique). Plus près de nous, Goldin-Meadow (1984) a observé comment des enfants sourds nés de parents entendants, lesquels se refusaient à enseigner à leurs enfants une langue signée conventionnelle comme l'ASL, en sont venus d'eux-mêmes à construire une syntaxe primitive à partir des signes gestuels idiosyncratiques et isolés utilisés par leurs mères pour communiquer avec eux.

Le substrat de l'évolution langagière est bien le cerveau (phénotype anatomo-physiologique). C'est lui qui a évolué chez les primates. Le langage a été rendu possible organiquement au moment où le cerveau a adopté une configuration adéquate à cet effet. Le cerveau humain est extrêmement volumineux à la fois en valeur absolue et relative (par rapport au volume corporel). Il est à peu près trois fois aussi grand que ce qu'on prédirait à partir d'une équation de régression portant sur le rapport des poids corporel et cérébral chez les primates (Passingham,

1979). Ceci malgré le fait, potent, que le cerveau est un organe qui mobilise une partie importante des ressources énergétiques de l'organisme. Il ne peut être justifié évolutivement que par l'apport d'un «plus» fonctionnel excédant le coût métabolique.

Certes, le volume cérébral n'est pas tout. Essentielle est l'organisation cérébrale elle-même, corticale et sous-corticale. Il paraît établi que, comme l'ordre de la neurogenèse est conservé à travers la plus grande partie des espèces de mammifères et que l'augmentation de volume des structures cérébrales est bien corrélée avec cet ordre, à l'exception des structures phylogénétiquement les plus tardives qui se sont développées de façon relativement disproportionnées, les altérations cérébrales résultant de la sélection évolutive pour n'importe quelle capacité comportementale concernent tout le cerveau non olfactif (ce dernier, prédominant chez les espèces inférieures de mammifères, est connu sous le nom de rhinencéphale; Finlay & Darlington, 1995). Phylogénétiquement, les néocortex les plus importants par rapport à la masse cérébrale se trouvent chez les mammifères. Parmi les mammifères, c'est chez les primates, et particulièrement chez les primates supérieurs, qu'on observe les augmentations les plus marquées des zones associatives du néocortex. Le cerveau de *Sapiens sapiens* représente le point culminant de la tendance évolutive favorisant une augmentation quantitative des aires associatives néocorticales (Gibson, 1990).

A l'intérieur du genre *Homo*, Bickerton (1990) fait état d'une augmentation du coefficient d'encéphalisation de l'ordre de 90 % entre *Erectus* et *Sapiens sapiens* (contre 25 % entre *Australopithecus afarensis* et *Homo abilis*). S'il existe un rapport étroit entre le volume cérébral (relatif) et la fonction langagière, il est cohérent d'imaginer que des progrès langagiers se soient davantage manifestés dans l'intervalle évolutif entre *Erectus* et *Sapiens sapiens* (peut-être en raison d'un effet de masse critique nécessaire pour servir de substrat au fonctionnement langagier avancé — Hutsler & Gazzaniga, 1997) que précédemment dans l'intervalle entre *Afarensis* et *Abilis*, ce qui correspond aux indications analysées précédemment.

Il serait du plus haut intérêt, connaissant mieux l'organisation langagière du cerveau langagier humain (encore insuffisamment précise aujourd'hui; Galaburda, 1995), de pouvoir établir quelle a pu l'être l'évolution des structures et sous-fonctions intervenant dans cette organisation chez les préhominidés, et les hominidés, et comment se présentent les cerveaux des singes anthropoïdes et des mammifères marins à ces points de vue. Ce genre de connaissance n'est pas encore disponible malgré des progrès continus en matière d'histologie et de micro-anatomie corticale (Hutsler & Gazzaniga, 1997).

A la question de savoir à quelle(s) cause(s) attribuer l'évolution cérébrale elle-même chez les hominidés, il n'y a pas de réponse claire. Les auteurs invoquent, tantôt isolément ou conjointement, les exigences accrues de la vie sociale, de la communication et du langage, la fabrication d'outils et d'artefacts et la diète, outre le bipédisme, comme conditions nécessaires (Noble & Davidson, 1996, pour une synthèse). Une reprise récente de l'argument diététique est celle de Stanford (1999). Selon cet auteur, c'est la chasse et les activités en rapport avec l'obtention, le partage, la conservation et la préparation de la viande qui ont motivé l'évolution du cerveau humain en raison des nécessités stratégiques et représentationnelles impliquées. Ces suggestions sont en partie tautologiques. Le langage, par exemple, ne peut être en même temps la (une) cause première et la (une) conséquence de l'augmentation du volume cérébral relatif chez les hominidés, même si on peut spéculer avec Monod (1970) qu'une fois apparue «... très tôt dans notre lignée, la communication symbolique la plus rudimentaire, par les possibilités radicalement neuves qu'elle offrait, à constitué l'un de ces 'choix' initiaux qui engage l'avenir de l'espèce en créant une pression de sélection nouvelle; cette sélection devait favoriser le développement de la performance linguistique elle-même et par conséquent celle de l'organe qui la sert, le cerveau» (p. 145-146). Fort bien, mais le problème du *primum movens* reste entier. On ignore toujours d'où et pourquoi est partie la tendance biologique à l'augmentation de volume et la complexification concomitante du cerveau chez *Homo*.

Mon insistance sur le rôle du substrat cérébral dans l'émergence du langage moderne ne signifie nullement que je lie causalement cette émergence à la fonction intellectuelle et à l'amélioration de cette fonction des singes anthropoïdes à *Sapiens sapiens*. Taylor Parker & Gibson (1979) proposent, au contraire, une sorte de parallélisme à vocation explicative entre «l'évolution» de ce qu'elles appellent l'intelligence (un concept peu clair et polysémique, pour dire le moins, dans l'histoire de la pensée et de la psychologie jusqu'à aujourd'hui — *cf.* Rondal, Thibaut & Brédart, 1999), envisagée selon la théorie Piagetienne (Piaget, 1967) et «l'évolution» du langage chez les hominidés. Taylor Parker & Gibson (1979) suggèrent que les ancêtres communs aux singes anthropoïdes et aux préhominidés étaient dotés d'une intelligence sensorimotrice. A partir de là, ils auraient pu accéder au protolangage dont il a été question plus avant dans le chapitre. Les descendants des premiers hominidés disposaient d'une intelligence intuitive (quatre à sept ans d'âge, selon les indications de Piaget), ce qui leur auraient permis de développer un langage plus élaboré, proche de celui des humains modernes. Ainsi, selon ces auteurs, les stades de développement de l'intelligence et leurs substrats neurologiques chez *Sapiens sapiens* récapituleraient les étapes de leur évolution.

Cette proposition ne résout aucun problème. La perspective Piagetienne est loin d'être acceptée unanimement. Elle ne se rapporte qu'à un aspect du développement intellectuel, le point de vue dit opératoire qu'on peut considérer comme une lointaine préfiguration de la pensée logique. Les stades identifiés par Piaget, auxquels font référence Taylor Parker & Gibson (1979), n'ont cessé de faire difficulté en raison de leur discontinuité définitionnelle face à d'autres propositions sur le développement intellectuel insistant sur le caractère continu de l'ontogenèse mentale (Flavell, 1968; Furth, 1972). Enfin, on a montré que le développement des aspects formels du langage (phonèmes et structures grammaticales, particulièrement) n'entretient guère de rapport nécessaire avec le développement intellectuel. Par exemple, des sujets retardés mentaux modérés ou sévères peuvent se trouver qui ont maîtrisé ou non les aspects formels de leur langue maternelle; ceci démontrant que le niveau intellectuel ne peut être en soi une condition nécessaire du développement phonologique ou grammatical (*cf.* Rondal, 1995, pour une discussion). On ne voit pas pourquoi une non-relation ontogénétique devrait avoir valeur explicative au plan évolutif (sans impliquer, en ce qui me concerne, que les deux séries de mécanismes, ontogénétique et phylogénétique, devraient correspondre)[7].

3. MYTHE DE LA LANGUE PARFAITE

Babylone (ce qu'il en reste; en Akkadien « porte de dieu ») se trouve à environ deux cents kilomètres au sud de Bagdad. Dans l'enceinte du temple consacré au dieu Mardouk, se dressait « Etemenankiv » (la maison du fondement du ciel et de la terre), rebaptisée « tour de Babel » par la tradition. C'était un ziggourat de sept étages, haut d'environ quatre-vingt dix mètres.

La Bible rapporte que les Babyloniens avaient eu l'intention de construire une tour dont le sommet arriverait jusqu'au ciel, mais que ce projet démesuré et provocateur avait déplu à Dieu qui empêcha sa réalisation en rendant subitement distinctes et mutuellement incompréhensibles (la langue) les langues des ouvriers travaillant à la construction. La confusion qui s'ensuivit empêcha la poursuite des travaux. La Genèse (11, 9) précise : « Aussi la nomma-t-on Babel, car c'est là que Yahvé confondit le langage de tous les habitants de la terre et c'est de là qu'il les dispersa sur toute la face de la terre » (faisant état d'un jeu de mot entre Babel et *babal* qui signifie *confondre* en Hébreu).

Le passage de la Genèse fait référence à l'origine des différences entre les langues modernes. Il est invraisemblable que la différenciation soit intervenue instantanément, comme l'affirme le texte biblique. L'épisode fait sans doute allusion aux problèmes communicatifs issus de la présence et du travail en commun à Babylone de travailleurs et/ou d'esclaves étrangers ne se comprenant pas et en arrivant peut-être à se quereller. Nous savons que l'origine des différences linguistiques est largement antérieure à l'époque Babylonienne.

Nonobstant, la littérature en question est révélatrice du sentiment négatif qui semble avoir existé de longue date (et qui existe encore de nos jours, mais peut-être avec moins d'acuité) quant à l'existence d'un grand nombre de langues, obstacle évident à une communication universelle aisée[8]. D'où, historiquement, le grand nombre de tentatives de créer artificiellement une langue de communication internationale. Les philosophes Descartes et Leibniz, de même que plusieurs Encyclopédistes, se sont attelés à la tâche de construction d'une langue universelle calquée sur la formulation mathématique [la *caracteristica universalis de Leibniz* (Rasmussen, 1997)]. A la fin du XIXe siècle, l'idée n'est plus, comme à l'époque de Leibniz, de créer une langue philosophique universelle, mais de proposer une langue internationale auxiliaire ou seconde, que chacun pourrait acquérir en plus de sa langue maternelle. Une tentative en ce sens, peut-être la plus systématique (parmi au moins 180 projets de langue artificielle, à cette époque ; Rasmussen, 1997), est celle de l'Esperanto (« espoir en devenir »), avancé, en 1887, par Zamenkof dans un livre publié en russe sous le titre « Langue internationale », précédée par le *Volapük*, inventé par Schleyer, en 1879, et suivie par l'*Antivolapük*, en 1893, le Teutonish, en 1902, et le *Latino sine flessione*, du mathématicien et logicien italien Peano, en 1903 (pour de nombreux détails linguistiques et historiques, on pourra consulter Eco, 1994).

Ces tentatives, toutes intéressantes, ont échoué pour une raison simple. Il ne peut durablement exister de langue sans soubassement culturel. Une langue est toujours l'expression d'une réalité culturelle. Elle y trouve son terreau et sa raison d'être sémantico-pragmatiquement. Dès lors, un idiome artificiel ne peut réussir à s'imposer, presque par définition, quand bien même la motivation de départ est importante et le projet pertinent.

Les tentatives mentionnées ne sont pas réductibles aux recherches et aux activités historiques relatives à la « redécouverte » d'une langue « parfaite », « d'avant Babel », qu'on nomme parfois Adamique, et qui ont motivé de nombreux travaux au cours des siècles et des décennies précédentes (*cf.* Eco, 1994, pour un compte rendu). Elles n'ont rien à voir non plus avec la dominance de telle ou telle langue de culture dans tout ou partie du monde, comme le latin classique et médiéval, le français au XVIIIe et XIXe siècle, et l'anglais-américain au XXe siècle, pour des raisons politico-économiques ou économico-politiques, essentiellement ; non plus qu'avec les effets de « pidginisation » observables ça et là lorsque diverses langues sont en contact pour des raisons fonctionnelles. Par exemple, il existe depuis quelques années un « Europanto » ou Pidgin européen dans les communications orales « au jour le jour » entre fonctionnaires et/ou députés européens, à Bruxelles ou à Strasbourg, qui mélange le français, l'allemand, l'anglais, l'italien et l'espagnol, principalement. On y obtient ainsi des expressions aussi discutables que « Europanto essere very facile und mucho fun » (Anonyme, 1997).

Implicite (au moins), également, dans l'épisode de la tour de Babel est l'idée que la multiplicité des langues (indépendamment des problèmes de communication ainsi créés entre gens d'horizons différents) est une mauvaise chose *en soi*, puisque le mythe en fait une punition divine sans doute motivée par l'inconduite chronique des humains (les choses ne paraissent pas avoir changé beaucoup ces derniers millénaires). Si, comme le prétend Axel Munthe dans son roman « Le livre de San Michele » (1934), l'Etre suprême, en détruisant la tour de Babel, s'en prenait non tant au projet de la tour elle-même qu'à la grande ville qu'était Babylone à l'époque (entre 2.325 et 323 ans avant Jésus Christ), et au concept d'agglomérat urbain, on peut parler d'échec au vu de la prolifération démentielle des grandes villes. Tokyo, Mexico et Sao Paulo, les plus grandes megapoles actuelles, comptent respectivement, 27.700.000, 17.600.000 et 17.300.000 habitants (les prévisions à 25 ans d'intervalle sont, respectivement, de 28.700.000, 19.000.000 et 20.800.000 habitants (National Geographic, June 1999).

Pourquoi la multiplicité des langues serait-elle, en elle-même, une chose funeste ? Peut-être parce que l'existence de formes linguistiques différentes pour signifier des entités et des relations identiques (ou proches) est en contradiction avec l'idée, chérie de longue date, à savoir qu'il existe, a existé ou peut exister une langue « naturelle » ou « parfaite », au sens où les signes qui la composent, la composaient ou la composeraient seraient « naturels ». Par signes naturels, il semble qu'il faille entendre ceux dont le rapport à la chose signifiée « ne résulte que des lois de la nature», par exemple, la fumée comme «signe» du feu (*Vocabulaire technique et critique de la philosophie*, Lalande, 1968, p. 991). Selon la même source, un signe «artificiel» est celui dont le rapport à la chose signifiée repose sur une décision volontaire, le plus souvent collective. Il s'agit alors, par exemple, des signes algébriques, musicaux ou des signes linguistiques arbitraires. De même, on peut se poser la question de savoir s'il existe ou s'il peut exister un ordre séquentiel des signes se conformant à une sorte d'ordre naturel des événements signifiés. Ces questions ont agité les philosophes et les gens de lettres depuis longtemps.

La réponse est négative dans les deux cas et il ne peut en être autrement. Comme je l'ai indiqué, l'artificialité (techniquement l'arbitraire) du signe linguistique et des séquences de signes est une condition impérative de la capacité expressive d'une langue. Que serait, du point de vue référentiel, un code linguistique limité à des signes dits naturels (des onomatopées, en modalité orale)? Peu de choses, à coup sûr. En matière de syntaxe, comme l'a bien montré Hagège (1985), il n'existe pas, et ne peut exister, d'ordres séquentiels des mots dans les énoncés qui seraient plus naturels que d'autres, au sens où ils correspondraient plus fidèlement à ce qu'on pourrait penser être l'ordre des choses et des événements dans l'univers physique et/ou mental. Hagège a une formulation élégante reflétant bien la position moderne sur cette question qui a motivé de passionnés débats depuis au moins Denys d'Halicarnasse (Ier siècle avant J.C.) en passant par Rivarol et Diderot. «Le langage ne sait qu'articuler le monde et la pensée. Il produit son propre temps d'analyse, et dans ce temps de déroulement des signes, le temps du monde est dissous. L'ordre des mots variable selon les langues, lié aux contraintes linéaires, est un ordre spécifique. Ce ne peut être l'ordre du monde. Dans le monde, les phénomènes sont perçus selon un agencement uniforme : les causes précèdent les effets, même si elles ne sont connues qu'après eux, et les mouvements tendent vers des buts. L'ordre des mots n'a presque, rien à voir avec ces situations. Mais il n'est pas davantage l'ordre du pensable, lui-même divers selon les cultures. Ni reflet de l'univers, ni miroir de l'idée, l'ordre des mots n'a d'orient qu'en lui-même. En quoi il représente l'ordre du langage» (1985, p. 248).

Qu'il n'existe pas d'ordre énonciatif naturel, voilà qui peut ne pas apparaître immédiatement au profane. Mais qu'on ne puisse aller très loin dans l'expression orale avec des signes motivés n'a pas dû échapper aux utilisateurs des langues anciennes. Il me semble probable que le sentiment de négativité relatif à l'existence de codes linguistiques différents provient d'une sorte d'évaluation (implicite) privilégiée des personnes concernant leur langue maternelle et tendant à voir en cette dernière un code mieux en rapport avec la nature des choses que le code du voisin et, *a fortiori*, celui d'autres personnes plus éloignées géographiquement et pratiquant des idiomes considérés comme exotiques. On peut encore trouver de nos jours ce genre d'idée chez des personnes monolingues et linguistiquement naïves.

En regard de conceptions de ce type, il est tentant d'imaginer qu'il se trouvait dans un passé (lointain) et/ou qu'on peut légitimement chercher à créer ou à recréer une langue parfaitement naturelle, ou «langue parfaite», au sens ou lexicalement (et peut-être syntaxiquement) les formes entretenaient un rapport direct avec les choses et les événements, avec «l'essence» des objets et des réalités physiques. On peut rappeler, à ce propos, que la dénomination *Sanscrit*, langue indienne ancestrale parlée essentiellement par les Brahmanes (membres de la caste sacerdotale dans l'Inde traditionnelle) et également utilisée pour transcrire les textes sacrés, voulait dire «langue parfaite» ou encore «langue des dieux» (Raj, 1997).

Un refus plus ou moins explicite de l'arbitraire du signe et du donné linguistique en général se retrouve au long de l'histoire des civilisations. Platon, dans le *Cratyle*, discute le dilemme concernant l'orgne des mots, qui se rapporteraient aux choses suivant leur nature ou bien ne constitueraient qu'une convention humaine. Dans un traité influent à l'époque (*Quod nihil scitur*, Lyon : Gryphe, 1581 ; cité par Levergeois, 1995), le philosophe portugais Sanchez affirme que l'arbitraire linguistique dans les langues vernaculaires établit une rupture entre la nature et le genre humain (ce qui n'était pas le cas, selon lui, pour les langues ancestrales jusqu'au grec et au latin). Sanchez écrit : «Je pense qu'il ne nous reste plus aucune langue légitimée par sa nature et pure. Les mots n'ont donc aucun pouvoir d'exprimer la nature des choses ; le seul qui leur reste, c'est celui que leur donne la libre volonté de qui les impose. Si cela lui plaît, le mot 'chien' a pouvoir de désigner aussi bien le pain que le chien» (traduit par Levergeois, 1995, p. 136). Dans une ligne proche, Giordano Bruno (*De magia*, opus écrit vers 1590) critique le langage verbal au nom des caractères hiéroglyphiques, ces derniers ayant selon lui l'avantage d'imiter les choses elle-mêmes et ainsi de mettre l'homme en rapport dialogique avec Dieu. Incidemment, Bruno se trompe. Champollion établira que les hiéroglyphes sont en bonne partie logographiques (et même, minoritairement, phonographiques).

Illustratif également est, au XVIIIe siècle, le débat sur la façon de nommer les substances chimiques (Riskin, 1999). Il oppose les classiques emmenés par Venel, l'auteur principal de l'article «Chymie» (*sic*) dans l'*Encyclopédie*, et Lavoisier (auteur, avec une série de collaborateurs, d'un important *Traité élémentaire de chimie*, paru en 1789). Venel et ses partisans défendent l'idée selon laquelle les chimistes doivent disposer d'un «idiome chimique» découlant de «l'exercice immédiat des sens» et servant de lien entre leur science et leurs sensations (idiome saturé en noms aux consonances mythiques, volontiers représentés au moyen de symboles astrologiques hérités de l'alchimie; *cf.* les illustrations de l'article mentionné de l'*Encyclopédie*). Lavoisier et les modernes réussissent à imposer une nomenclature systématique fondée non pas sur «les sens» mais sur le «rapport des idées avec les mots» (Morveau, Lavoisier, Berthollet & Fourcroy, 1787, cité par Riskin, 1999, p. 6) et sur un vocabulaire de convention. Ce faisant, Lavoisier s'inspirait des propositions de Condillac (1746). Celui-ci, un des premiers, avait fait valoir la conception selon laquelle les signes linguistiques n'ont qu'un rapport arbitraire avec les idées et, en conséquence, qu'ils exigent une convention, ce qui fait du langage une entreprise éminemment sociale. On peut, au XXe siècle, et même contemporainement, trouver trace d'un refus latent de l'arbitraire du signe linguistique dans l'étonnante résistance manifestée répétitivement chez les utilisateurs (gardiens?) de nos langues écrites lorsqu'il s'agit de moderniser l'orthographe, c'est-à-dire de réduire l'écart qui se creuse inéluctablement avec le temps entre la prononciation des mots et leur graphie (plus stable).

Les multiples tentatives de «recréer» une langue «parfaitement naturelle» ont été aussi infructueuses les unes que les autres. Rien de surprenant puisque les notions mêmes de langue et de signe naturel sont antithétiques. Mais il en reste peut-être qui n'ont pas perdu tout espoir et le mythe peut continuer. Rimbaud (1871) n'écrivait-il pas: «Du reste, toute parole étant idée, le temps d'un langage universel viendra! [...]. Cette langue sera de l'âme pour l'âme, résumant tout, parfums, sons, couleurs [...]» (cité par Eco, 1994, p. 12).

NOTES

[1] Il s'agit des ancêtres des oiseaux (Ackerman, 1998). Un des chainons intermédiaires vient d'être découvert dans la province de Liaoming, en Chine. Il s'agit d'un fossile d'Archeoraptor, une créature terrestre disposant d'une queue de dinosaure et des bras emplumés d'un oiseau primitif (Sloan, 1999).

[2] Les repères chronologiques des paléontologues ne sont pas fixes. On dispose d'une dizaine de techniques utilisables pour dater les échantillons. Chaque technique a ses limites. Elles n'ont pas toutes la même résolution et ne sont pas équivalentes. En outre, on ne peut dater n'importe quel matériau avec n'importe quelle technique. Par exemple, la datation au radiocarbone 14 ne s'adresse qu'à des échantillons organiques appartenant aux derniers 50.000 ans. Elle est basée sur une estimation de la quantité de carbone 14 présente dans un échantillon de matière par rapport au carbone non radioactif (C12), sachant que la période radioactive du premier est de 5.730 ans et que la quantité du second dans l'atmosphère est stable à travers le temps (ou, au moins, que ses fluctuations peuvent être estimées).

[3] Seralini (1994, 1996) remarque que les discours «anthropogénétiques» tendent à présenter l'ADN mitochondrial ou nucléaire, et leur évolution comme essentiellement indépendants du milieu. Il insiste sur les nombreux facteurs environnementaux qui peuvent modifier l'expression génétique, même dans les cellules germinales. On se rappellera que la marge d'expression d'un gène n'est pas restreinte à deux possibilités (oui ou non) mais comporte toute une gamme possible. Seralini rappelle en autre que : (1) l'ADN ne se transmet jamais «nu», mais habillé de protamines et autres protéines qui lui confèrent un degré de superenroulement (et donc de lisibilité différente) pour les différents gènes, (2) l'ADN ne se transmet jamais «seul», mais avec des protéines maternelles et des facteurs de transcriptions qui influencent l'expression génétique dès les premiers stades de développement de l'embryon, et (3) l'ADN ne se transmet jamais «simple», mais hyper- ou hypométhylé de manière variable avec des «produits» environnementaux (polluants et cancérigène éventuels, etc., en concentrations variables, par exemple). En outre, les fonctions des transposons, des ARN guides, des «superpromoteurs» géniques et des remaniements du génome d'un individu *au cours de sa vie propre* sont à peine connus. On ne peut ignorer, cependant, que ces effets existent. Il n'y a donc pas que la séquence génétique «en elle-même et pour elle-même» qui entre en compte en ce qui concerne l'hérédité.

[4] Contrairement à Cyrulnik (1999), je suis convaincu que «l'image» (et le geste, notamment) et le mot n'ont cessé d'être amis et le sont toujours, même si selon la modalité de langage utilisée l'un ou l'autre système peut dominer, pratiquement jamais exclusivement, cependant, puisque la parole, en contexte social, s'accompagne de mimiques, postures et gestes divers (les aspects paraverbaux du langage parlé), que l'écriture (manuscrite au moins) exprime des contenus additionnels selon la forme, la régularité, la disposition spatiale, etc., des caractères, et qu'à côté de l'expression gestuelle conventionnalisée dans les langages de signes gestuels existe le volet paragestuel (mimiques, attitudes, etc.), le correspondant du paraverbal pour la modalité gestuelle. Il est vrai que de nombreuses personnes sourdes (particulièrement, parmi les sourds de naissance) compensent en partie leur déficit auditif par une plus grande sensibilité visuelle. De même, certains aphasiques, ayant récupéré le langage, rapportent que durant la période où ils étaient privés de parole ou gravement déficients à ce point de vue, ils éprouvaient de vives images mentales et une intensité particulière de leur imagerie onirique. Il reste que les systèmes symboliques visuels et verbaux (contemporains) sont synergiques.

[5] Curieusement, dans un ouvrage précédent, Bickerton (1981) se faisait l'avocat du gradualisme en matière d'évolution langagière (impliquant nécessairement nombre de mutations dispersées sur une période évolutive longue). Bickerton ne s'explique pas sur les raisons de ce changement d'hypothèse explicative.

[6] Je n'entre pas dans le débat sur la question de savoir ce que recouvrent exactement les notions d'asymétrie et de dominance hémisphérique cérébrale. Les aires cérébrales ne sont pas «simplement» asymétriques gauches ou droites. Dans certains cerveaux, certaines aires peuvent être sept fois plus volumineuses d'un côté que de l'autre tandis que dans

d'autres cerveaux l'asymétrie ne dépasse pas 15% (Galaburda, 1995). De même, ce qui correspond concrètement à une dominance hémisphérique pour les fonctions langagières est loin d'être simple, ne fusse qu'en raison de la nature componentielle du langage, rarement traitée de manière adéquate dans cette littérature (d'où la relative grossièreté des catégories utilisées — également Pinel, 1997) et du caractère insuffisamment tranché des différences fonctionnelles entre hémisphères pour les traitements langagiers (par exemple, en écoute dichotique, la supériorité de l'oreille droite — et donc du cerveau gauche — est de l'ordre de 55 à 70%; dans les études d'imagerie cérébrale, les activités langagières déterminent habituellement une plus grande activation de l'hémisphère gauche que de l'hémisphère droit, mais le cerveau droit est loin d'être inactif; Rondal, 1995; Pinel, 1997).

[7] La vieille idée de Haeckel (1866) selon laquelle «l'ontogenèse récapitule la phylogenèse», le plus souvent vilipendée au XXe siècle, paraît retrouver des défenseurs en embryologie comparative et en génétique (*cf.* Chaline & Marchand, 1992). Mais elle ne correspond pas à ma perspective théorique.

[8] Anati (1999), analysant les mythes et les religions ancestrales souligne que «... Le souvenir le plus tenace peut-être est celui des mythes des origines, en particulier, celui de la grande migration, du premier exode. Un mythe qui, revu et corrigé, existe dans les mythologies de presque tous les peuples de la terre. La mémoire des origines est toujours vivante à l'intérieur de nous» (p. 155). Quelque part, peut-être, l'humain moderne porte-t-il avec lui le regret d'un âge d'or fait de temps plus simples.

Références bibliographiques

Ammann, K. (1999), « Les OGM entre mensonges et hystérie », *La Recherche*, 325, 104-107.
Anati, E. (1999), *La religion des origines*, Paris : Bayard.
Anonyme (1997), « L'europanto, Pidgin européen », *Pour la Science*, octobre, 118.
Arensburg, B., Shepartz, L., Tillier, A., Vandermeersch, B. & Rak, Y. (1990), « A reappraisal of the anatomical basis for speech in middle paleolithic hominids », *American Journal of Physical Anthropology*, 83, 137-146.
Arensburg, B., Tillier, A., Vandermeersch, B., Duday, H., Shepartz, L. & Rak, Y. (1989), « A Middle Paleolithic human hyoïd bone », *Nature*, 388, 758-760.
Atherton, M. & Schwartz, R. (1983), « Linguistic innateness and its evidence », in J. de Luce & H. Wilder (eds), *Language in primates. Perspectives and implications* (p. 125-136), New York : Springer.
Auroux, S. (1997), *Les sciences du langage. Pour la Science*, Octobre, 4-5.
Bandura, A. (1978) *L'apprentissage social*, Bruxelles : Mardaga.
Bard, E. (1999), « La datation au carbone 14 fait peau neuve », *La Recherche*, 323, 52-56.
Barsky, R. (1997), *Noam Chomsky. A life of dissent*, Cambridge, MA : MIT Press.
Bates, E., Elman, J., Johnson, M., Karmiloff-Smith, A., Parisi, D. & Plunket, K. (May, 1996), *On innateness*, Technical Report 9602, Center for Research in Language University of California at San Diego, La Jolla.
Batteau, D. & Markey, P. (1967), *Man/dolphin communication* (Final report, contract N00123-67-1103), China Lake, CA : US Naval Test Station.
Beals, K., Smith, C. & Dodd, S. (1984), « Brain size, cranial morphology, climate, and time machines », *Current Anthropology*, 25, 301-330.
Becker, G. (1979), « Communication between termites by means of biofields and the influence of magnetic and electric fields on termites », in F. Popp, U. Warnke, H. König & W. Peschka (eds), *Electromagnetic bio-information* (p. 116-127), München : Urban & Schwarzenberg.
Bellugi, U. & Klima, E. (1975), « Aspects of sign language and its structure », in J. Kavanagh & K. Cutting (eds), *The role of speech in language* (p. 171-203), Cambridge, MA : MIT Press.
Bennet-Clark, H. (1998), « How cicadas make their noise », *Scientific American*, May, 36-38.
Benveniste, E. (1966), *Problèmes de linguistique générale*, Paris : Gallimard.
Bernstein, E. (1987), « Response to Terrace », *American Psychologist*, 42, 272-273.

Bickerton, D. (1981), *Roots of language*, Ann Arbor, MI : Karoma.
Bickerton, D. (1984), « The language bioprogram hypothesis », *Behavioral and Brain Sciences*, 7, 173-221.
Bickerton, D. (1990), *Language and species*, Chicago : The University of Chicago Press.
Bloch, M. (1990), « Language, anthropology and cognitive science », *Man*, 26, 183-198.
Bloom, L. & Lahey, M. (1978), *Language development and language disorders*, New York : Wiley.
Bloom, L., Hood, L. & Lightbown, P. (1974), « Imitation in language development : if, when and why », *Cognitive Psychology*, 6, 380-420.
Bouvet, D. (1998), *Le corps et la métaphore dans les langues gestuelles*, Paris : L'Harmattan.
Bower, B. (1984), « Grammar-schooled dolphins », *Science News*, 126, 346-348.
Braine, M. (1976), *Children's first word combinations. Monographs of the Society for Research in Child Development*, 41, 1 (numéro entier).
Brédart, S. & Rondal, J.A. (1982), *L'analyse du langage chez l'enfant. Essai de métalinguistique développementale*, Bruxelles : Mardaga.
Brown, R. (1968), « The development of Wh questions in child speech », *Journal of Verbal Learning and Verbal Behavior*, 7, 277-290.
Brown, R. (1973), *A first language*, Cambridge, MA : Harvard University Press.
Brunet, M. (1999), *L'origine des hominidés. La Recherche*, 318, 82.
Bühler, K. (1934), *Sprachtheorie*, Iena (Allemagne) : Fischer.
Busnel, R.G. & Granier-Deferre, C. (1977), « Apprentissage de langages humains par divers anthropoïdes », *L'Année Psychologique*, 77, 551-578.
Cann, R., Stoneking, M. & Wilson, A. (1987), « Mitochondrial DNA and human evolution », *Nature*, 325, 31-36.
Carlson, A. & Copeland, J. (1978), « Behavioral plasticity in the flash communication systems of fireflies », *American Scientist*, 66, 340-346.
Caspari, R. (1997), « Une diversité multimillénaire, fruit d'échanges continus », *La Recherche*, 302, 74-81.
Catchpole, C. (1979), *Vocal communication in birds*, Londres : Arnold.
Cavalli-Sforza, L. (1991), « Genes, people and languages », *Scientific American*, November, 104-110.
Cavalli-Sforza, L. (1994), *The history and geography of human genes*, Princeton, NJ : Princeton University Press.
Cavalli-Sforza, L. (1996), *Gènes, peuples et langues*, Paris : Jacob.
Cavalli-Sforza, L. & Cavalli-Sforza, F. (1994), *Qui sommes-nous ?*, Paris : Flammarion.
Chadwick, D. & Nicklin, F. (1999), « Listening humpbacks », *National Geographic*, 196 (1), 111-129.
Chaline, J. & Marchand, D. (1999), « Quand l'évolution change le temps des êtres », *La Recherche*, 316, 56-59.
Chomsky, N. (1957), *Syntactic structures*, La Haye : Mouton.
Chomsky, N. (1965), *Aspects of the theory of syntax*, Cambridge, MA : MIT Press.
Chomsky, N. (1968), *Language and mind*, New York : Harcourt, Brace & World.
Chomsky, N. (1969), *La linguistique Cartésienne*, Paris : Seuil.
Chomsky, N. (1984), *Modular approaches to the study of mind*, San Diego, CA : San Diego State University Press.
Chomsky, N. (1986), *Knowledge of language : Its nature, origin, and use*, New York : Praeger.
Chomsky, N. (1997), Préface à J.Y. Pollock, *Langage et cognition. Introduction au programme minimaliste de la grammaire générative* (p. XIII-XIX), Paris : Presses Universitaires de France.
Churchland, P. (1995), *The engine of reason, the seat of the soul : A philosophical journey into the brain*, Cambridge, MA : MIT Press.
Clark, C. (1982), « The acoustic repertoire of the southern right whale : A quantitative analysis », *Animal Behaviour*, 30, 1060-1071.
Classe, A. (1997), « Le langage sifflé de Gomera », *Pour la Science*, Octobre, 108-109.

Cleveland, J. & Snowdon, C. (1982), «The complex vocal repertoire of the adult cottontop tamarin (Sanguinus oedipus oedipus)», *Zeitschrift für Tierpsychologie, 58*, 231-270.
Cloarec-Heiss, F. (1997), «Langue naturelle, langage tambouriné», in C. Fuchs & S. Robert (eds), *Diversité des langues et représentations cognitives* (p. 136-149), Paris : Ophrys.
Condillac (Bonnot de), E. (1746, 1924), *Essai sur l'origine des connaissances humaines*, Paris : Colin.
Coppens, Y. (1988), *Préambules* Paris : Jacob.
Coppens, Y. (1994), «East side story : The origin of humankind», *Scientific American*, May, 62-69.
Cordemoy, G. de (1666, 1968), *Discours physique de la parole*, Paris : Seuil.
Crelin, E. (1987), *The human vocal tract : Anatomy, function, development, and evolution*, New York : Vantage Press.
Cyrulnik, B. (1999), «L'image et le mot : un couple en conflit», *La Recherche, 320*, 107.
Dahbi, A., Jaisson, P., Lenoir, A. & Hefetz, A. (1998), «Comment les fourmis partagent leur odeur», *La Recherche, 314*, 32-34.
Damasio, A. & Damasio, H. (1992), «Brain and language», *Scientific American*, September, 89-95.
Damasio, A. & Damasio, H. (1997), «Le cerveau et le langage», *Pour la Science*, Octobre, 8-15.
Damasio, H. & Damasio, A. (1989), *Lesion analysis in neuropsychology*, Oxford, UK : Oxford University Press.
Danchin, A. (1998), «L'opportunisme absolu de l'évolution», *La Recherche, 307*, 108.
Danchin, A. (1999), «La logique de Saint Thomas», *La Recherche, 320*, 107.
Darwin, C. (1871), *The descent of man and selection in relation to sex*, Londres : Murray.
Dawkins, R. (1982), *The extended phenotype : The long reach of the gene*, New York : Freeman.
Dawkins, R. (1986), *The blind watchmaker*, Harlow, UK : Longman.
Dawkins, R. (1989), *L'horloger aveugle*, Paris : Seuil.
Dawkins, R. (1998), *Unweaving the rainbow. Science, delusion, and the appetite for wonder*, New York : Houghton Mifflin.
De Waal, F. (1995), «Bonobo sex and society», *Scientific American*, March, 58-64.
De Waal, F. (1997), *Le bon singe. Les bases de la morale naturelle*, Paris : Bayard.
Deacon, T. (1989), « The neural circuitry underlying primate calls and human language», *Human Evaluation, 4*, 367-401.
Demoule, J.-P. (1998), «Les indo-européens, un mythe sur mesure», *La Recherche, 308*, 40-47.
Descartes, R. (1637, 1934), *Discours de la méthode*, Paris : Larousse.
DeVore, I. & Eimerl, S. (1969), *Les primates*, New York : Life-Time.
Dore, F. & Dumas, C. (1987), «Psychology of animal cognition : Piagetian studies», *Psychological Bulletin, 102*, 219-233.
Doyle, R. (1998), «Ethnic groups on the world», *Scientific American*, September, 19.
Dröscher, V. (1969), *Le langage secret des animaux*, Paris : Laffont.
Duchin, L. (1990), «The evolution of articulate speech», *Journal of Human Evolution, 19*, 687-697.
Dutrillaux, B. & Richard, F. (1997), «Notre nouvel arbre de famille. L'analyse des chromosomes permet de réécrire l'histoire des primates», *La Recherche, 298*, 54-61.
East, M. & Hofer, H. (1991), «Loud calling in a female-dominant mammalian society : Behavioral context and functions of whooping of spotted hyaenas», *Animal Behaviour, 42*, 651-669.
Eco, U. (1994), *La recherche de la langue parfaite*, Paris : Seuil.
Ehret, G. (1987), «Categorical perception of sound signals : Facts and hypotheses from animal studies», in S. Harnad (ed.), *Categorical perception. The groundwork of cognition* (p. 301-331), New York : Cambridge University Press.
Eisenberg, J. (1981), *The mammalian radiations*, Chicago : University of Chicago Press.
Eldredge, N. (1985), *Time frames : The rethinking of Darwinian evolution and the theory of punctuated equilibria*, New York : Simon & Schuster.

Eldredge, N. (1995), *Reinventing Darwin : The great debate at the high table of evolutionary theory*, New York : Wiley.
Eldredge, N. (1998), *Life in the balance : Humanity and the biodiversity vision*, Princeton, NJ : Princeton University Press.
Ellis, R. (1996), *The chaperonins*, New York : Academic.
Elman, N.J., Bates, E., Johnson, M., Karmiloff-Smith, A., Parisi, D. & Plunkett, K. (1997), *Rethinging innateness : A connectionist perspective on development*, Cambridge, MA : MIT Press.
Epstein, R., Lanza, R. & Skinner, B.F. (1980), «Symbolic communication between two pigeons (Columba livia domestica)», *Science*, *207*, 543-545.
Ervin-Tripp, S. (1970), «Discourse agreement : How children answer questions», in J. Hayes (ed.), *Cognition and the development of language* (p. 89-112), New York : Wiley.
Eskov, E. & Sapozhnikov, A. (1976), «Mechanisms of generation and perception of electric fields by honeybees», *Biophysik*, *21*, 1097-1102.
Excoffier, L. (1997), «Ce que nous dit la généalogie des gènes», *La Recherche*, *302*, 82-89.
Fabbro, F. (1999), *The neurolinguistics of bilingualism*, New York : Psychology Press.
Finlay, B. & Darlington, R. (1995), «Linked regularities in the development and evolution of mammalian brains», *Sciences*, *268*, 1578-1584.
Flavell, J. (1968), *The developmental psychology of Jean Piaget*, New York : Van Nostrand.
Fodor, J. (1983), *The modularity of mind*, Cambridge, MA : MIT Press.
Fouts, R. (1973a), «Acquisition and testing of gestural signs in four young chimpanzees», *Science*, *180*, 978-980.
Fouts, R. (1973b, Septembre), *Capacities for language in great apes*, Communication au IXth International Congress of Anthropological and Ethnological Sciences, Chicago, IL.
Fouts, R. (1972), «The use of guidance in teaching sign language to a chimpanzee (Pan troglodytes)», *Journal of Comparative and Physiological Psychology*, *80*, 515-522.
Fouts, R. & Church, J. (1976), «Cultural evolution of learned language in chimpanzees», in M. Hahn & E. Simmel (eds), *Communicative behavior and evolution* (p. 121-147), New York : Academic Press.
Fouts, R., Fouts, D. & S. Schönfeld, D. (1984), «Sign language conversational interaction between chimpanzees», *Sign Language studies*, *34*, 1-12.
Fouts, R., Fouts, D. & Van Cantfort, T. (1989), «The infant Loulis learns signs from cross-fostered chimpanzees», in A. Gardner, B. Gardner & T. Van Cantford (eds), *Teaching sign language to chimpanzees* (p. 178-207), Albany, NY : State University of New York Press.
Fouts, R., Hirsch, A. & Fouts, D. (1982), «Cultural transmission of a human language in a chimpanzee mother-infant relationship», in H. Fitzgerald, J. Mullins & P. Page (eds), *Psychobiological perspectives : Child nurturance series* (vol. 3, p. 159-193), New York : Plenum.
Fouts, R., Mellgren, R. & Lemmon, W. (1973, Mai), *American Sign Language in the chimpanzee : Chimpanzee-to-chimpanzee communication*, Communication à l'Annual Meeting of the MidWestern Psychological Association, Chicago, IL.
Frisch, K., von (1950), *Bees, their vision, chemical senses, and language*, Ithaca, NY : Cornell University Press.
Frisch, K., von (1954), *The dancing bees : An account of the life and senses of the honey bee*, Londres : Methuen.
Frisch, K., von (1967), *The dance language and orientation of bees*, Cambridge, MA : Harvard University Press.
Furness, W. (1916), «Observations on the mentality of chimpanzees and orang-outans», *Proceedings of the American Philosophical Society*, *55*, 281-290.
Furth, H. (1972), *Piaget and knowledge*, Englewood Cliffs, NJ : Prentice-Hall.
Galaburda, A. (1995), «Anatomic basis of cerebral dominance», in R. Davidson & K. Hugdahl (eds), *Brain asymmetry* (p. 51-73), Cambridge, MA : MIT Press.
Gardner, B. (1977, Octobre), *Communication personnelle*.

Gardner, B. & Gardner, R. (1971), «Two-way communication with an infant chimpanzee», in A. Schrier & F. Stollnitz (eds), *Behavior of nonhuman primates* (vol. 4, p. 117-184), New York : Academic.
Gardner, B. & Gardner, R. (1974), «Comparing the early utterances of child and chimpanzee», in A. Pick (ed.), *The Minnesota symposia on child psychology* (vol. 8, p. 3-24), Minneapolis, MN : The University of Minnesota Press.
Gardner, R. & Gardner, B. (1975), «Early signs of language in child and chimpanzee», *Science, 187*, 752-753.
Gardner, B. & Gardner, R. (1975), «Evidence for sentence constituents in the early utterances of child and chimpanzee», *Journal of Experimental Psychology : General, 104*, 244-267.
Gardner, R. & Gardner, B. (1969), «Teaching sign language to a chimpanze», *Science, 165*, 644-672.
Gazzaniga, M. (1998), *The mind's past*, Los Angeles : University of California Press.
Gee, H. (1999), *In search of deep time : Beyond the fossil record to a new history of life*, New York : Free Press.
Geschwind, N. (1965), «Disconnexion syndromes in animals and man», *Brain, 88*, 237-294.
Geschwind, N. & Levitsky, W. (1968), «Human brain : Left-right asymmetries in temporal speech region», *Science, 161*, 186-187.
Gibbons, A. (1998), «L'horloge de l'évolution ne tourne pas rond», *La Recherche, 307*, 40-42.
Gibson, K. (1981), «Comparative neuro-ontogeny, its implications for the development of human intelligence», in G. Butterworth (ed.), *Infancy and its epistemology* (p. 52-82), Brighton, UK : Harvester.
Gibson, K. (1990), «New perspectives on instincts and intelligence : Brain size and the emergence of hierarchical mental constructional skills», in S. Taylor Parker & K. Gibson (eds), *Language and intelligence in monkeys and apes : Comparative developmental perspective* (p. 97-128), New York : Cambridge University Press.
Gisiner, R. & Shusterman, R. (1992), «Sequence, syntax, and semantics : Responses of a language-trained sea lion (Zalophus californianus) to novel sign combinations», *Journal of Comparative Psychology, 106*, 78-91.
Goldin-Meadow, S. (1984), «Gestural communication in deaf children», *Monograph of the Society for Research in Child Development, 49*, (serial n° 207).
Gopnik, M. (1990a), «Dysphasia in an extended family», *Nature, 344*, 715.
Gopnik, M. (1990b), «Feature blindness : A case study», *Language acquisition, 1*, 139-164.
Gopnik, M. & Crago, M. (1991), «Familial aggregation of a developmental language disorder», *Cognition, 21*, 73-93.
Gould, S. (1979), «Panselectionist pitfalls in Parker & Gibson's model of the evolution of intelligence», *Behavioral and Brain Sciences, 2*, 385-386.
Gould, S. (1982), *Ethology. The mechanisms and evolution of behavior*, New York : Norton.
Gould, S. (1991), «Exaptation», *Journal of Social Issues, 47*, 43-65.
Gould, S. (1997), «Archaeologically-relevant dating techniques for the next century», *Journal of Archaeological Science, 23*, 123-138.
Gould, S. (1998), *La vie est belle*, Paris : Seuil.
Gould, S. & Lewontin, R. (1979), «The spandrels of San Marco and the Panglossian paradigm : A critique of the adaptationist programme», *Proceedings of the Royal Society of London, 205*, 281-288.
Gould, S. & Vrba, E. (1982), «Exaptation - a missing term in the science of form», *Paleobiology, 8*, 4-15.
Greenfield, P. & Savage-Rumbaugh, E. (1990), «Grammatical combination in Pan paniscus : Processes of learning and invention in the evolution and development of language», in S. Taylor Parker & K. Gibson (eds), *Language and intelligence in monkeys and apes : Comparative developmental perspectives* (p. 540-578), New York : Cambridge University Press.

Grether, W. (1940), « Chimpanzee color vision. I. Discrimination at three spectral points », *Journal of Comparative and Physiological Psychology, 29*, 167-177.
Gross, M. (1999a), « Le double jeu d'une protéine », *La Recherche, 321*, 42-45.
Gross, M. (1999b), « La parade cellulaire aux variations thermiques », *La Recherche, 317*, 82-86.
Gross, M. (1998), *Life on the edge. Amazing creatures thriving in extreme environments*, New York : Plenum.
Habib, M., Giraud, K., Rey, V. & Robichon, F. (2000), « Neurobiologie du langage », in J.A. Rondal & X. Seron (eds), *Troubles du langage. Bases théoriques, diagnostic et rééducation* (p. 11-55), Hayen (Liège) : Mardaga.
Haeckel, E. (1866), *Generale morphologie der organismens*, Berlin : Reimer.
Hagège, C. (1985), *L'homme de parole*, Paris : Fayard.
Hagège, C. (1992), *Le souffle de la langue. Voies et destins des parlers d'Europe*, Paris : Jacob.
Hahn, E. (1978), *Look who's talking*, New York : Crowell.
Hamilton, C. (1977), « An assessment of hemispheric specialization in monkeys », in S. Dimond & D. Blizard (eds), *Evolution and lateralization of the brain. Annals of the New York Academy of Sciences, Vol. 299*, p. 222-232.
Hayashi, A. (1999), « Profile : Pinker and the brain », *Scientific American*, July, 18-20.
Hayes, C. (1951), *The ape in our house*, New York : Harper & Row.
Hayes, K. & Hayes, C. (1951), « The intellectual development of a home-raised chimpanzee », *Proceedings of the American Philosophical Society, 95*, 112-138.
Hayes, K. & Nissen, C. (1971), « Higher mental functions of a home-raised chimpanzee », in A. Schrier & F. Stollnitz (eds), *Behavior of nonhuman primates* (Vol. 4, p. 106-110), New York : Academic.
Heffner, H. & Heffner, R. (1984), « Temporal lobe lesions and perception of species-specific vocalizations by macaques », *Science, 226*, 75-76.
Herman, L. (1980), « Cognitive characteristics of dolphins », in L. Herman (ed.), *Cetacean behavior : Mecanisms and functions* (p. 363-429), New York : Wiley.
Herman, L. (1986), « Cognition and language competencies in bottlenosed dolphins », in R. Schusterman, J. Thomas & F. Woods (eds), *Dolphin cognition and behavior : A comparative approach* (p. 221-252), Hillsdale, NJ : Erlbaum.
Herman, L. (1987), « Receptive competencies of language-trained animals », in J. Rosenblatt, C. Beer, M.-C. Busnel & P. Slater (eds), *Advances in the study of behavior* (Vol. 17, p. 1-60), New York : Academic.
Herman, L. (1988), « The language of animal language research : Reply to Schusterman and Gisiner », *The Psychological Record, 38*, 349-362.
Herman, L. (1989), « In which procrustean bed does the sea lion sleep tonight? », *The Psychological Record, 39*, 19-50.
Herman, L. (1990), « Cognitive performance of dolphins in visually-guided tasks », in J. Thomas & R. Kastelein (eds), *Sensory abilities of cetaceans* (p. 455-462), New York : Plenum.
Herman, L. (1991), « What the dolphin knows, or might know, in its natural world », in K. Pryor & K. Norris (eds), *Dolphin societies : Discoveries and puzzles* (p. 349-364), Los Angeles, CA : University of California Press.
Herman, L. (1995), « Excluding relevant data precludes any analysis », *Marine Mammal Science, 11*, 267-270.
Herman, L. & Forestell, P. (1977, Décembre), « The Hawaiian humpback whale : Behaviors », *Proceedings of the 2nd Conference on the Biology of Marine Mammals* (p. 29, abstract), San Diego, CA.
Herman, L. & Forestell, P. (1985), « Reporting presence or absence of named objects by a language-trained dolphin », *Neuroscience and Behavioral Reviews, 9*, 667-681.
Herman, L. & Morrel-Samuels, P. (1993), « Knowledge acquisition and asymmetry between language comprehension and production : Dolphins and apes as general models for animals », in H. Roitblat, L. Herman & P. Nachtigall (eds), *Language and communication : Comparative perspectives* (p. 283-312), Hillsdale, NJ : Erlbaum.
Herman, L. & Richards, D. & Wolz, J. (1984), « Comprehension of sentences by bottlenosed dolphins », *Cognition, 16*, 129-219.

Herman, L. & Tavolga, W. (1980), «The communication systems of cetaceans», in L. Herman (ed.), *Cetacean behavior : Mechanisms and functions* (p. 149-209), New York : Wiley.

Herman, L., Kuczaj, S. & Holder, M. (1993), «Responses to anomalous gestural sequences by a language-trained dolphin : Evidence for processing of semantic relations and syntactic information», *Journal of Experimental Psychology : General, 122*, 184-194.

Herman, L., Morrel-Samuels, P. & Pack, A. (1990), «Bottlenosed dolphin and human recognition of veridical and degraded video displays of an artificial gestural language», *Journal of Experimental Psychology : General, 119*, 215-230.

Herman, L., Pack, A. & Morrel-Samuels, P. (1993), «Representational and conceptual skills of dolphins», in H. Roitblat, L. Herman & P. Nachtigall (eds), *Language and communication : Comparative perspectives* (p. 403-442), Hillsdale, NJ : Erlbaum.

Hérodote (1964), *Œuvres complètes*, Paris : Gallimard.

Hewes, G. (1973), «Primate communication and the gestural origin of language», *Current Anthropology, 14*, 5-24.

Hockett, C. (1958), *A course in modern linguistics*, New York : Macmillan.

Hockett, C. (1960), «The origin of speech», *Scientific American*, November, 89-96.

Hockett, C. & Altman, P. (1968), «A note on design features», in T. Sebeok (ed.), *Animal communication* (p. 574-575). Bloomington, IN : Indiana University Press.

Hoffmeister, R. (1978, Septembre), *Word order acquisition in ASL*, communication présentée à la Third Annual Conference on Child Language, Boston University, Boston, MA.

Hoffmeister, R., Moores, D. & Ellenberger, R. (1975), «Some procedural guidelines for the study of the acquisition of sign language», *Sign Language Studies, 7*, 121-125.

Holder, M., Herman, L. & Kuczaj, S. (1993), «A bottlenosed dolphin's responses to anomalous sequences expressed within an artificial gestural language», in H. Roitblat, L. Herman & P. Nachtigall (eds), *Language and communication : Comparative perspectives* (p. 382-402), Hillsdale, NJ : Erlbaum.

Horai, S., Hayasaka, K., Kondo, R., Tsugane, K. & Takakata, N. (1995), «Recent Africa origin of modern humans revealed by complete sequences of homonoid mitochondrial DNAs», *Proceedings of the National Academy of Sciences, 92*, 523-536.

Houghton, P. (1993), «Neanderthal supralaryngual vocal tract», *American Journal of Physical Anthropology, 90*, 139-146.

Hunt, E. (1993), «A proposal for computer modeling of animal linguistic comprehension», in H. Roitblat, L. Herman & P. Nachtigall (eds), *Language and communication : Comparatives perspectives* (p. 85-93), Hillsdale, NJ : Erlbaum.

Hustler, J. & Gazzaniga, M. (1997), «The organization of human language cortex : Special adaptation on common cortical design?», *The Neuroscientist, 3*, 61-72.

Ikatura, S. & Matsuzawa, T. (1993), «Acquisition of personal pronouns by a chimpanzee», in H. Roitblat, L. Herman & P. Nachtigall (eds), *Language and communication : Comparative perspectives* (p. 347-363), Hillsdale, NJ : Erlbaum.

Jakobson, R. (1969), *Language enfantin et aphasie*, Paris : Editions de Minuit.

Jaubert, J. (1999), *Chasseurs et artisans du Moustérien*, Paris : La Maison des Roches.

Jerison, H. (1973), *Evolution of the brain and intelligence*, New York : Academic.

Johanson, D. & Edey, M. (1983), *Lucy, une jeune femme de 3.500.000 ans*, Paris : Laffont.

Johanson, D. & Edgar, B. (1996), *From Lucy to language*, London : Orion.

Jouison, P. (1998), *Ecrits sur la langue des signes française*, Paris : L'Harmattan.

Jürgens, U. (1992), «On the neurobiology of vocal communication», in H. Papousek, U. Jürgens & M. Papousek (eds), *Nonverbal vocal communication. Comparative and developmental approaches* (p. 31-42), New York : Cambridge University Press.

Kafka, F. (1917, 1952), *Selected short stories*, New York : Modern Library.

Kaiser, M. & Chevorochkine, V. (1988), «Nostratic», *Annual Review of Anthropology, 17*, 309-329.

Kellogg, W. (1968), «Communication and language in the home-raised chimpanzee», *Science, 187*, 423-427.

Kellogg, W. (1969), « Research on the home-raised chimpanzee », in G. Bourne (ed.), *The chimpanzee : A series of volumes on the chimpanzee* (Vol. 1 : Anatomy, behavior, and diseases of chimpanzees, p. 121-147), Bâle : Karger.
Kellogg, W. & Kellogg, L. (1933), *The ape and the child*, New York : McGraw-Hill.
Kimura, D. & Watson, N. (1989), « The relation between oral movement controle and speech », *Brain and Language, 37*, 665-690.
King, M. & Wilson, A. (1975), « Evolution at two levels in human and chimpanzees », *Science, 188*, 107-116.
Kipling, R. (1891, 1907), *Life's handicap : Being stories of mine own people*, New York : Doubleday.
Kirchner, W. & Towne, W. (1994), « The sensory basis of the honeybee's dance language », *Scientific American*, June, 52-57.
Klima, E. & Bellugi, U. (1972), « The signs of language in child and chimpanzee », in T. Alloway, L. Krames & P. Pliner (eds), *Communication and affect : A comparative approach* (p. 112-136), New York : Academic.
Konishi, M. (1985), « Birdsong : From behavior to neuron », *Annal Review of Neuroscience, 8*, 125-170.
Kreutzer, M. (1983), « Le chant des oiseaux », *La Recherche*, 114, 312-323.
Krings, M. & Pääbo, S. (1997), « Neandertal DNA sequences and the origin of modern humans », *Cell, 90*, 124-128.
Kuczaj, S. & Kirkpatrick, V. (1993), « Similarities and differences in human and animal language research : Toward a comparative psychology of language », in H. Roitblat, L. Herman & P. Nachtigall (eds), *Language and communication : Comparative perspectives* (p. 45-63), Hillsdale, NJ : Erlbaum.
Laidler, K. (1978), « Language in the orang-utan », in A. Lock (ed.), *Action, gesture and symbol. The emergence of language* (p. 132-160), New York : Academic.
Lalande, A. (1968), *Vocabulaire technique et critique de la philosophie*, Paris : Presses Universitaires de France.
Landa, S., Drobchenko, E. & Bol'shakov, V. (1994), « Analysis of light communication in fireflies lucida mingrelica », *Sensory Systems, 8*, 1-7.
Lane, H. (1979), « Histoire chronologique de la répression de la langue des signes en France et aux Etats-Unis », *Langages, 13*, 92-124.
Langanez, A. (1997), « La génétique des populations à l'appui de la linguistique », *Pour la Science*, Octobre, 50-52.
Lashley, K. (1951), « The problem of serial order in behavior », in A. Jeffress (ed.), *Cerebral mechanisms in behavior* (p. 112-136), New York : Wiley.
Lassègue, J. (1998), « Turing, l'ordinateur et la morphogenèse », *La Recherche, 305*, 76-77.
Latham, R. & Matthews, W. (eds)(1970), *The diary of Samuel Pepys* (2 Vol.), Berkeley, CA : University of California Press.
Leakey, M. & Walker, A. (1997), « Early hominid fossils from Africa », *Scientific American*, June, 60-65.
Leibniz, H. (1990), *Nouveaux essais sur l'entendement humain*, Paris : Flammarion.
Leiner, H., Leiner, A. & Dow, R. (1986), « Does the cerebellum contribute to mental skills? », *Behavioral Neuroscience, 100*, 443-454.
Lenneberg, E. (1967), *Biological foundations of language*, New York : Wiley.
Leroy, Y. (1977), « L'univers des sons produits par les animaux », *Journal de Psychologie Normale et Pathologique, 74*, 165-187.
Leroy, Y. (1979), *L'univers sonore animal*, Paris : Gauthier-Villars.
Leroy, Y. (1982), « Communication acoustique et socialisation chez les mammifères terrestres », *Journal de Psychologie Normale et Pathologique, 79*, 5-35.
Leroy-Gourhan, A. (1986), *Les religions de la préhistoire*, Paris : Presses Universitaires de France.
Lestel, D. (1995), *Paroles de singes. L'impossible dialogue homme-primate*, Paris : La Découverte.
Levergeois, B. (1995), *Giordano Bruno*, Paris : Fayard.

Liberman, A. (1970), «Some characteristics of perception in the speech made», in D. Hamburg (ed.), *Perception and its disorders* (p. 238-254), Baltimore : Williams & Wilkins.

Liberman, A., Harris, K., Hoffman, H. & Griffith, B. (1957), «The discrimination of speech sounds within and across phoneme boundaries», *Journal of Experimental Psychology*, 54, 358-368.

Lieberman, D. (1997), «Making behavioral and phylogenetic inferences from hominid fossils : Considering the developmental influence of mechanical forces», *Annal Review of Anthropology*, 26, 185-210.

Lieberman, P. (1968), «Primate vocalizations and human linguistic ability», *The Journal of the Acoustical Society of America*, 44, 1574-1585.

Lieberman, P. (1975), *On the origins of language*, New York : Macmillan.

Lieberman, P. (1989), «Biological constraints on universal grammar and learnability», in M. Rice & R. Schiefelbusch (eds), *The teachability of language* (p. 199-225), Baltimore : MD : Brooks.

Lieberman, P. (1991), *Uniquely human. The evolution of speech, thought, and selfless behavior*, Cambridge, MA : Harvard University Press.

Lieberman, P., Crelin, E. & Klatt, D. (1972), «Phonetic ability and related anatomy of the newborn and adult human, Neandertal man, and the chimpanzee», *American Anthropologist*, 74, 287-307.

Lieberman, P., Laitman, J., Reidenberg, J. & Gannon, P. (1992), «The anatomy, physiology, acoustics and perception of speech», *Journal of Human Evolution*, 23, 447-467.

Lilly, J. (1961), *Man and dolphin*, New York : Doubleday.

Lilly, J. (1963), «Distress call of the bottlenose dolphin», *Science*, 139, 116-118.

Lilly, J. & Miller, A.M. (1961), «Vocal exchanges between dolphins», *Science*, 134, 1873-1876.

Limbert, J. (1977), «Language in child and chimp», *American Psychologist*, 32, 280-295.

Lindauer, M. (1967), *Communication among social bees*, New York : Atheneum.

Lorblanchet, M. (1999), *La naissance de l'art - genèse de l'art préhistorique*, Paris : Errance.

Lorenz, K. (1952), *King Salomon's ring, new light on animal ways*, Londres : Methuen.

Lynch, M. (1996), «And what of human musicality?», *Behavioral and Brain Sciences*, 19, 788.

MacNeilage, P. (1998), «The frame/content theory of evolution of speech production», *Behavioral and Brain Sciences*, 21, 499-511.

MacNeilage, P., Studdert-Kennedy, M. & Lindblom, B. (1993), «Hand signals : Right side, left brain and the origin of language», *The Sciences*, January/February, 32-37.

MacWhinney, B. (1991), *The CHILDES project. Tools for analyzing talk*, Hillsdale, NJ : Erlbaum.

Maestas y Moores, J. & Rondal, J.A. (1981), «Le premier environnement linguistique des enfants nés de parents sourds», *Enfance*, 4-5, 245-252.

Malherbe, M. (1995), *Les langues de l'humanité*, Paris : Laffont.

Maple, T. (1980), *Orang-utan behavior*, New York : Van Nostrand.

Maratsos, M. (1984), «How degenerate is the input to Creoles and where do its biases come from?», *Behavioral and Brain Sciences*, 7, 200-201.

Marcus, G., Vijayan, S., Bandi Rao, S. & Vishton, P. (1999), «Rule learning by seven-month-old infants», *Science*, 283, 77-80.

Marker, P. (1972), «Vocalizations of East African monkeys : 2. Black and white Colobus», *Behaviour*, 42, 175-197.

Markov, A. (1913), «Essai d'une recherche statistique sur le texte du roman 'Eugène Onegin'», *Bulletin de l'Académie Impériale des Sciences* (St. Petersbourg), VII.

Marler, P. (1965), «Communication in monkeys and apes», in I. de Vore (ed.), *Primate behaviour : Field studies of monkeys and apes* (p. 88-112), New York : Holt, Rinehart and Winston.

Marler, P. (1977), «The structure of animal communication sounds», in T. Bullock (ed.), *Recognition of complex acoustic signals* (p. 17-35), Berlin : Dahlem.

Marler, P., Evans, C. & Hauser, M. (1992), « Animal signals : Motivational, referential, or both ? », in H. Papousek, U. Jürgens & M. Papousek (eds), *Nonverbal vocal communication : Comparative and developmental approaches* (p. 66-86), Cambridge, UK : Cambridge University Press.

Marshack, A. (1984), « The ecology and brain of two-handed bipedalism : An analytic, cognitive, and evolutionary assessment », in H. Roitblat, T. Bever & H. Terrace (eds), *Animal cognition* (p. 491-511), Hillsdale, NJ : Erlbaum.

Masur, E. (1989), « Individual and dyadic patterns of imitation : Cognitive and social aspects », in G. Speidel & K. Nelson (eds), *The many faces of imitation in language learning* (p. 53-71), New York : Springer.

Matsuzawa, T. (1985), « Colour naming and classification in a chimpanzee (Pan troglodytes) », *Journal of Human Evolution*, *14*, 283-291.

Mayr, E. (1970), *Populations, species, and evolution*, Cambridge, MA : Harvard University Press.

Mayr, E. (1981), *La biologie de l'évolution*, Paris : Hermann.

McCarthy, D. (1952), « Le développement du langage chez les enfants », in L. Carmichael (ed.), *Manuel de psychology de l'enfant* (p. 751-916), Paris : Presses Universitaires de France.

McCowan, B. & Reiss, D. (1997), « Vocal learning in captive bottlenose dolphins : A comparison with humans and nonhuman animals », in C. Snowdon & M. Hansberger (eds), *Social influences on vocal development* (p. 178-207), Cambridge, UK : Cambridge University Press.

McFarland, D. (1987), *The Oxford companion to animal behaviour*, Oxford, UK : Oxford University Press.

McNeil, D. (1966), « Developmental psycholinguistics », in F. Smith & G. Miller (eds), *The genesis of language* (p. 15-84), Cambridge, MA : MIT Press.

McNeil, D. (1974), « Sentences structure in chimpanzee communication », in K. Connolly & J. Bruner (eds), *The growth of competence* (p. 75-93), New York : Academic.

Meillet, A. (1937, 1964), *Introduction à l'étude comparative des langues indo-européennes*, Paris : Hachette ; Birmingham, AL : University of Albama Press.

Michelsen, A. (1998), « Danse techno chez les abeilles », *La Recherche*, *310*, 52-56.

Miles, H.L. (1983), « Apes and language : The search for communicative competence », in J. de Luce & H. Wilder (eds), *Language in primates. Perspectives and implications* (p. 43-61), New York : Springer.

Miles, H.L. (1990), « The cognitive foundations for reference in a signing orangutan », in S. Taylor Parker & K. Gibson (eds), *Language and intelligence in monkeys and apes. Comparative developmental perspectives* (p. 511-539), New York : Cambridge University Press.

Miller, G. (1964), « The psycholinguists », *Encounter*, *23*, 29-37.

Miller, G.(1958), « Free recall of redundant strings of letters », *Journal of Experimental Psychology*, *56*, 485-491.

Moerk, E. (1983), *The mother of Eve as a first language teacher*, Norwood, NJ : Ablex.

Moerk, E. (1992), *A first language taught and learned*, Baltimore, MD : Brookes.

Monod, J. (1970), *Le hasard et la nécessité. Essai sur la philosophie naturelle de la biologie moderne*, Paris : Seuil.

Moody, B. (1983), *La langue des signes*, Paris : Ellipses.

Moores, D. (1975), *Educating the deaf*, Boston : Houghton Mifflin.

Morgan, J. & Demuth, K. (ds)(1996), *From signal to syntax*, Mahwah, NJ : Erlbaum.

Morrel-Samuels, P. & Herman, L. (1993), « Cognitive factors affecting comprehension of gesture language signs : A brief comparison of dolphins and humans », in H. Roitblat, L. Herman & P. Nachtigall (eds), *Language and communication : Comparative perspectives* (p. 311-327).

Mowrer, D. (1960), *Learning theory and the symbolic processes*, New York : Wiley.

Muysken, P. (1988), « Are Creoles a special type of language ? », in F. Newmeyer (ed.), *Linguistics : The Cambridge survey* (Vol. 2, p. 285-301), Cambridge, UK : Cambridge University Press.

Newman, J. & Goedeking, P. (1992), « Noncategorical vocal communication in primates : The example of common marmouset phee calls », in H. Papousek, U. Jürgens & M. Papousek (eds), *Nonverbal vocal communication. Comparative and developmental approaches* (p. 87-101), Cambridge, UK : Cambridge University Press.

Nida, E. (1970), *Morphology : The descriptive analysis of words*, Ann Arbor, MI : The University of Michigan Press.

Noble, W. & Davidson, I. (1996), *Human evolution, language and mind*, New York : Cambridge University Press.

Nottebohm, F. & Nottebohm, M. (1976), « Left hypoglossal dominance in the control of canary and white-crowned sparrow song », *Journal of Comparative Physiology : Sensory, Neural, and Behavioral Psychology, 108*, 171-192.

O'Connor, K., Roitblat, H. & Bever, T. (1993), « Auditory sequence complexity and hemisphere asymmetry of function in rats », in H. Roitblat, L. Herman & P. Nachtigall (eds), *Language and communication : Comparative perspectives* (p. 275-292), Hillsdale, NJ : Erlbaum.

Oléron, P. (1975), *L'enfant et l'acquisition du langage*, Paris : Presses Universitaires de France.

Owings, D. & Leger, D. (1980), « Chatter vocalizations of California ground squirrels. Predator- and social-role specificity », *Zeitscrift für Tierpsychologie, 54*, 163-184.

Owren, M. (1990), « Acoustic classification of alarm calls by vervet monkeys (Cercopithecus aethiops) and humans (Homo sapiens) : II. Synthetic alls », *Journal of Comparative Psychology, 104*, 29-40.

Owren, M., Seyfarth, R. & Hopp, S. (1992), « Categorical vocal signalling in nonhuman primates », in H. Papousek, U. Jürgens & M. Papousek (eds), *Nonverbal vocal communication : Comparative and developmental approaches* (p. 102-122), Cambridge, UK : Cambridge University Press.

Passingham, R. (1979), « Specialization and the language areas », in H. Steklis & M. Raleigh (eds), *Neurobiology of social communication in primates : An evolutionary perspective* (p. 221-256), New York : Academic.

Patou-Mathis, M. (2000), « Aux racines du cannibalisme », *La Recherche, 327*, 16-19.

Patterson, F. (1978), « The gestures of a gorilla : Language acquisition in another pongid », *Brain and Language, 5*, 72-97.

Patterson, F. (1980), « The novative use of language by a gorilla : A case study », in K. Nelson (ed.), *Children's language* (Vol. 2, p. 497-561), New York : Gardner.

Patterson, F. & Linden, E. (1981), *The education of Koko*, New York : Holt, Rinehart and Winston.

Patterson, F., Patterson, C. & Brentari, D. (1987), « Language in child, chimp, and gorilla », *American Psychologist, 42*, 270-272.

Pearce, J. (1996), *Animal learning and cognition*, Londres : Psychology Press.

Pelot, P., Liberatore, F. & Coppens, Y. (1990), *Le rêve de Lucy*, Paris : Seuil.

Pepperberg, I. (1981), « Functional vocalizations by an African Grey Parrot (Psittacus erithacus) », *Zeitschrift für Tierpsychologie, 55*, 139-160.

Pepperberg, I. (1993), « Cognition and communication in an African Grey Parrot (Psittacus erithacus) : Studies on a nonhuman, nonprimate, nonmammalian subject », in H. Roitblat, L. Herman & P. Nachtigall (eds), *Language and communication. Comparative perspectives* (p. 221-248), Hillsdale, NJ : Erlbaum.

Petersen, M., Beecker, M., Zoloth, S., Moody, D. & Stebbins, W. (1978), « Neural lateralization of species-specific vocalizations by Japanese Macaques (Macaca fuscata) », *Science, 202*, 324-327.

Petitto, L. & Seidenberg, M. (1979), « On the evidence for linguistic abilities in signing apes », *Brain and Language, 8*, 162-183.

Piaget, J. (1967), *La psychologie de l'intelligence*, Paris : Colin.

Piaget, J. & Inhelder, B. (1966), *La psychologie de l'enfant*, Paris : Presses Universitaires de France.

Piatelli-Palmarini, M. (1989), « Evolution, selection, and cognition. From 'learning' to parameter setting in biology and the study of language », *Cognition, 31*, 1-44.

Pinel, J. (1997), *Biopsychology*, Boston, MA : Allyn & Bacon.

Pinker, S. (1989), « Language acquisition », in M. Posner (ed.), *Foundation of cognition science* (p. 359-399), Cambridge, MA : MIT Press.
Pinker, S. (1991), « Rules of language », *Science, 253*, 530-535.
Pinker, S. (1994), *The language instinct*, New York : Morrow.
Pinker, S. & Bloom, P. (1990), « Natural language and natural selection », *Behavioral and Brain Sciences, 13*, 707-727.
Pisoni, D. (1978), « Speech perception », in W. Estes (ed.), *Handbook of learning and cognitive processes* (Vol. 6, p. 167-233), Hillsdale, NJ : Erlbaum.
Plomin, R. & Thompson, L. (1993), « Genetics and high cognitive ability », in R. Bock & K. Ackrill (eds), *The origines and development of high ability* (p. 67-79), New York : Wiley.
Ploog, D. (1992), « The evolution of vocal communication », in H. Papousek, U. Jürgens & M. Papousek (eds), *Nonverbal vocal communication. Comparative and developmental approaches* (p. 6-30), New York : Cambridge University Press.
Poeck, K. (1997), « L'aphasie et la localisation du langage dans le cerveau », *Pour la Science*, Octobre, 16-19.
Poizner, H., Klima, E. & Bellugi, U. (1987), *What the hands reveal about the brain*, Cambridge, MA : MIT Press.
Premack, A. & Premack, D. (1972), « Teaching language to an ape », *Scientific American, 227*, 92-99.
Premack, D. (1971), « Language in chimpanzee », *Science, 172*, 808-822.
Premack, D. (1972), « An animal intelligence », in H. Jerison (ed.), *Perspectives on intelligence* (p. 126-175), New York : Appleton-Century-Crofts.
Raj, K. (1997), « La compagnie des Indes. Du commerce à la linguistique », *La Recherche, 300*, 46-49.
Rasmussen, A. (1997), « Langue internationale : Histoire d'une quête (1880-1914) », *Pour la Science*, Octobre, 116-117.
Reeves, H., de Rosnay, J., Coppens, Y. & Simonnet, D. (1996), *La plus belle histoire du monde. Les secrets de nos origines*, Paris : Seuil.
Reich, P. (1976), « The early acquisition of word meaning », *Journal of Child Language, 3*, 117-123.
Reiss, D., McCowan, B. & Marino, L. (1997), « Communicative and other cognitive characteristics of bottlenose dolphins », *Trends in Cognitive Sciences, 1*, (4), 140-145.
Renfrew, C. (1990), *L'énigme indo-européenne. Archéologie et langage*, Paris : Flammarion.
Renfrew, C. (1992), « Archaeology, genetics and linguistics », *Man, 27*, 445-478.
Renfrew, C. (1994), « World linguistic diversity », *Scientific American*, January, 104-110.
Reynolds, G. (1968), *A primer of operant conditioning*, Glenview, IL : Scott and Foresman.
Richards, D., Wolz, J. & Herman, L. (1984), « Vocal mimicry of computer-generated sounds and vocal labeling to objects by a bottlenosed dolphin Tursiops truncatus », *Journal of Comparative Psychology, 98*, 10-28.
Rimbaud, A. (15 mai, 1871), *Lettre à Paul Demeny* (passage cité par U. Eco; cf. Eco, 1994).
Riskin, J. (1999), « Chimie et révolution. Le pouvoir des mots », *La Recherche, 320*, 75-80.
Robinson, J. (1984), « Syntactic structures in the vocalisations of wedge-capped capuchin monkeys (Cebus olivaceus) », *Behaviour, 90*, 46-79.
Roitblat, H., Harley, H. & Helweg, D. (1993), « Cognitive processing in artificial language research », in H. Roitblat, L. Herman & P. Natchtigall (eds), *Language and communication : Comparative perspectives* (p. 1-23), Hillsdale, NJ : Erlbaum.
Roitblat, H., Herman, L. & Nachtigall, P. (eds)(1993), *Language and communication : Comparative perspectives*, Hillsdale, NJ : Erlbaum.
Rondal, J.A. (1978), « Maternal speech to normal and Down's syndrome children matched for mean length of utterance », in E. Meyers (ed.), *Quality of life in severely and profoundly mentally retarded peopole : Research foundations for improvement* (p. 193-265), Washington, DC : American Association Mental Deficiency, Monograph Series N° 3.

Rondal, J.A. (1980), «Verbal imitation by Down syndrome and nonretarded children», *American Journal of Mental Deficiency*, 85, 318-321.
Rondal, J.A. (1985), *Adult-child interaction and language acquisition*, New York : Praeger Press.
Rondal, J.A. (1994), «Exceptional language development in mental retardation : Natural experiments in language modularity», *Current Psychology of Cognition*, 13, 427-467.
Rondal, J.A. (1995), *Exceptional language development in Down syndrome. Implications for the cognition-language relationship*, New York : Cambridge University Press.
Rondal, J.A. (1997), *L'évaluation du langage*, Hayen (Liège) : Mardaga.
Rondal, J.A. (1998a), *Comment le langage vient aux enfants*, Bruxelles : Labor.
Rondal, J.A. (1998b), «Cases of exceptional language development in mental retardation and Down syndrome : Explanatory perspectives», *Down syndrome*, 5, 1-15.
Rondal, J.A. & Brédart, S. (1982), «Le développement psycholinguistique», in J.A. Rondal & X. Seron (eds), *Troubles du langage : Diagnostic et rééducation* (p. 21-61), Bruxelles : Mardaga.
Rondal, J.A. & Comblain, A. (1999), «Current perspectives on developmental dysphasias», *Journal of Neurolinguistics*, 12, 181-212.
Rondal, J.A., Henrot, F. & Charlier, M. (1986), *Le langage des signes*, Bruxelles : Mardaga.
Rondal, J.A. & Neves, S. (1979), «Quand 'mon papa' est 'ton papa'. Une note sur le développement des adjectifs possessifs», *Le Langage et l'Homme*, Octobre, 37-46.
Rondal, J.A., Thibaut, J.-P. & Brédart, S. (1999), *Processus intellectuels*, in J.A. Rondal (ed.), *Introduction à la psychologie scientifique* (p. 329-378), Bruxelles : Labor.
Rosenthal, R. (ed.)(1965), *Clever hans (The horse of Mr. von Osten), by Oskar Pfungst*, New York : Holt, Rinehart and Winston.
Ruhlen, M. (1997), *L'origine des langues*, Paris : Belin.
Ruhlen, M. (1998), «Toutes parentes, toutes différentes. Pourquoi l'idée de remonter à une langue ancestrale originelle n'est pas absurde», *La Recherche*, 306, 68-75.
Rumbaugh, D. & Gill, T. (1977), «Lana's acquisition of language skills», in D. Rumbaugh (ed.), *Language learning by a chimpanzee. The Lana project* (p. 165-192), New York : Academic.
Rumbaugh, D. & Savage-Rumbaugh, S. (1994), «Language in comparative perspective», in N. Mackintosh (ed.), *Animal learning and cognitive* (p. 307-333), New York : Academic.
Rumbaugh, D., Gill, T. & von Glasersfeld, E. (1973), «Reading and sentence completion by a chimpanzee (Pan)», *Science*, 182, 731-733.
Rumelhart, D. & McClelland, J. (eds) (1986), *Parallel distributed processing : Explorations in the microstructure of cognition* (2 Vol.), Cambridge, MA : MIT Press.
Sampson, G. (1985), *Writing systems*, Stanford, CA : Stanford University Press.
Saussure, F., de (1916), *Cours de linguistique générale*, Paris : Payot.
Savage-Rumbaugh, S. (1987), «Communication, symbolic communication and language : Reply to Seidenberg and Petitto», *Journal of Experimental Psychology : General*, 116, 288-292.
Savage-Rumbaugh, S. & Lewin, R. (1994), *Kanzi : The ape at the brink of the human mind*, New York : Wiley.
Savage-Rumbaugh, S., Rumbaugh, D. & Boysen, S. (1978a), «Linguistically mediated tool use and exchange by chimpanzees (Pan troglodytes)», *Behavioral and Brain Sciences*, 1, 539-554.
Savage-Rumbaugh, S., Rumbaugh, D. & Boysen, S. (1978b), «Symbolic communication between two chimpanzees (Pan troglodytes)», *Science*, 201, 641-644.
Savage-Rumbaugh, S., Rumbaugh, D. & Boysen, S. (1980), «Do apes use language?», *American Scientist*, 68, 49-61.
Scherer, K. (1992), «Vocal affect expression as symptom, symbol, and appeal», in H. Papousek, U. Jürgens & M. Papousek (eds), *Nonverbal vocal communication : Comparative and developmental approaches* (p. 43-60), Cambridge, UK : Cambridge University Press.
Schusterman, R. (1977), «Temporal patterning in sea lion barking (Zalophus californianus)», *Behavioral and Neural Biology*, 20, 404-408.

Schusterman, R. & Gisiner, R. (1988), «Artificial language comprehension in dolphins and sea lions», *The Psychological Record, 38,* 311-348.
Schusterman, R. & Gisiner, R. (1989), «Please parse the sentence : Animal cognition in the procrustean bed of linguistics», *The Psychological Record, 39,* 3-18.
Schusterman, R., Gisiner, R. Grimm, B. & Hanggi, E. (1993), «Behavior control by exclusion and attempts at establishing semanticity in marine mammals using match-to-sample paradigms», in H. Roitblat, L. Herman & P. Nachtigall (eds), *Language and communication : Comparative perspectives* (p. 249-274), Hillsdale, NJ : Erlbaum.
Schusterman, R., Hanggi, E. & Gisiner, R. (1993), «Remembering in California sea lions : Using priming cues to facilitate language-like performance», *Animal Learning & Behavior, 21,* 377-383.
Searle, J. (1980), «Minds, brains, and programs», *Behavioral and Brain Sciences, 3,* 417-424.
Sebeok, T. & Rosenthal, R. (eds) (1981), *The Clever Hans Phenomenon,* New York : New York Academy of Sciences.
Sebeok, T. & Umiker-Sebeok, J. (1979), «Performing animals : Secrets of the trade», *Psychology Today,* November, 78-91.
Seidenberg, M. & Petitto, L. (1979), «Signing behavior in apes : A critical review», *Cognition, 7,* 177-215.
Seidenberg, M. & Petitto, L. (1987), «Communication, symbolic communication and language : Comment on Savage-Rumbaugh, McDonald, Sevcik, Hopkins & Rupert (1982)», *Journal of Experimental Psychology : General, 116,* 279-287.
Seralini, G. (1994), *L'évolution de la matière, de la naissance de l'Univers à l'ADN,* Paris : Pocket.
Seralini, G. (1996), «Origine de l'homme», *La Recherche, 289,* 6-7.
Seyfarth, R. & Cheney, D. (1984), «The acoustic features of vervet monkey grunts», *Journal of the Acoustical Society of America, 75,* 1623-1628.
Seyfarth, R. & Cheney, D. (1993), «Meaning, reference, and intentionality in the natural vocalizations of monkeys», in H. Roitblat, L. Herman & P. Nachtigall (eds), *Language and communication : Comparative perspectives* (p. 195-219), Hillsdale, NJ : Erlbaum.
Seyfarth, R., Cheney, D. & Marler, P. (1980), «Monkey responses to three different alarm calls : Evidence of predator classification and semantic communication», *Science, 210,* 801-803.
Shannon, C. & Weaver, W. (1949), *The mathematical theory of communication,* Urbana, IL : University of Illinois Press.
Simmel, E. (1983), «Genes, evolution and language in apes : The nature of the phenotypes», in J. de Luce & H. Wilder (eds), *Language in primates. Perspectives and implications* (p. 77-83), New York : Springer.
Skinner, B. (1938), *The behavior of organisms,* New York : Appleton-Century-Crofts.
Skinner, B. (1957), *Verbal behavior,* Englewood Cliffs, NJ : Prentice-Hall.
Skinner, B. & Ferster, C. (1957), *Schedules of reinforcement,* New York : Appleton-Century-Crofts.
Sloan, C. (1999), «Feathers for T. Rex ? New birdlike fossils are missing links in dinosaur evolution», *National Geographic, 196* (5), 98-107.
Slobordchikoff, C., Kiriazis, J., Fischer, C. & Creef, E. (1991), «Semantic information distinguishing individual predators in the alarm calls of Gunnison's prairie dogs», *Animal Behaviour, 42,* 713-719.
Smith, W. (1969), «Messages of vertebrate communication», *Science, 165,* 145-150.
Snowdon, C. (1987), «A naturalistic view of categorical perception», in S. Harnad (ed.), *Categorical perception. The groundwork of perception* (p. 332-354), New York : Cambridge University Press.
Snowdon, C. (1993), «Linguistic phenomena in the natural communication of animals», in H. Roitblat, L. Herman & P. Nachtigall (eds), *Language and communication : Comparative perspectives* (p. 175-194), Hillsdale, NJ : Erlbaum.
Snowdon, C. & Cleveland, J. (1984), «Conversations among pygmy marmosets», *Animals Behaviour, 28,* 717-727.
Staats, A. (1968), *Learning, language and cognition,* New York : Holt.

Stanford, C. (1999), *The hunting apes : Meat eating and the origines of human behavior*, Princeton, NJ : Princeton University Press.

Stokoe, W. (1960), *Sign language structure : An outline of the visual communication systems of the American deaf. Studies in linguistics*, Occasional paper N° 8, University of Buffalo, Buffalo, NY.

Stokoe, W. (1972), *Semiotics and human sign languages*, La Haye : Mouton.

Stokoe, W. (1975), « The shape of soundless language », in J. Kavanagh & J. Cutting (eds), *The role of speech in language* (p. 207-228), Cambridge, MA : MIT Press.

Stokoe, W. (1983), « Apes who sign and critics who don't », in J. de Luce & H. Wilder (eds), *Language in primates. Perspectives and implications* (p.147-158), New York : Springer.

Strauss, E. (1999), « Le tempo variable des horloges à ADN », *La Recherche, 321*, 34-37.

Stringer, C. & Andrews, P. (1988), « Genetic and fossil evidence for the origin of modern humans », *Science, 239*, 1263-1268.

Studdert-Kennedy, M. (1980), « Speech perception », *Language and Speech, 23*, 45-65.

Studdert-Kennedy, M. (1992), « Leap of faith : A review of 'Language and species' », *Applied Psycholinguistics, 13*, 515-527.

Studdert-Kennedy, M. & Shankweiler, D. (1970), « Hemispheric specialization for speech perception », *Journal of the Acoustical Society of America, 48*, 570-594.

Swedden, W. & Sakaluk, S. (1992), « Acoustic signalling and its relation to male making success in sagebrush crickets », *Animal Behaviour, 44*, 633-639.

Swerdlow, J. (1999), « The power of writing », *National Geographic, 196* (2), 110-133.

Szulmajoter-Celniker, A. (1998), « Eloge de la prudence méthodologique. La complexité des données décrédibilise la quête d'une langue originelle », *La Recherche, 306*, 76-81.

Takasaki, H. (1981), « Troop size, habitat quality, and home range area in Japanese macaques », *Behavioral Ecology and Sociobiology, 9*, 277-281.

Tattersall, I. (1997), « Out of Africa again and again ? », *Scientific American*, April, 46-53.

Tattersall, I. (1998), *Becoming human : Evolution and human uniqueness*, New York : Harcourt Brace & Company.

Tattersall, I. (2000), « Once we were not alone », *Scientific American*, January, 38-44.

Taylor Parker, S. (1990), « Why big brains are so rare : Energy costs of intelligence and brain size in anthropoide primates », in S. Taylor Parker & K. Gibson (eds), *« Language » and intelligence in monkeys and apes* (p. 129-154), New York : Cambridge University Press.

Taylor Parker, S. & Gibson, R. (1979), « A developmental model for the evolution of language and intelligence in early hominids », *The Behavioral and Brain Sciences, 2*, 367-381.

Terrace, H. (1979a), « How Nim Chimpsky changed my mind », *Psychology Today*, November, 65-76.

Terrace, H. (1979b), *Nim. A chimpanzee who learned sign language*, New York : Knopf.

Terrace, H. (1983), « Apes who 'talk' : Language or projection of language by their teachers ? », in J. de Luce & H. Wilder (eds), *Language in primates. Perspectives and implications* (p. 19-42), New York : Springer.

Terrace, H. (1985), « In the beginning was the 'name' », *American Psychologist, 40*, 1011-1028.

Terrace, H., Petitto, L., Sanders, R. & Bever, T. (1979), « Can an ape create a sentence ? », *Science, 206*, 891-902.

Thiessen, D. & Rice, M. (1979), « Mammalian scent gland marking and social behavior », *Psychological Bulletin, 83*, 505-539.

Tobias, P. (1980), « L'évolution du cerveau humain », *La Recherche, 11*, 282-292.

Tobias, P. (1981), *The evolution of the human brain, intellect and spirit*, Adelaïde, AU : The University of Adelaïde Press.

Tobias, P. (1996), « The dating of linguistic beginnings », *Behavioral and Brain Sciences, 19*, 789-792.

Tobias, P. (2000), « L'évolution du cerveau humain » (relu 20 ans après par son auteur), *La Recherche, 329*, 70.

Tomasello, M. (1990), «Cultural transmission in the tool use and communicatory signalling of chimpanzees», in S. Taylor Parker & K. Gibson (eds), *«Language» and intelligence in monkeys and apes. Comparative developmental perspectives* (p. 274-311), New York : Cambridge University Press.

Tomasello, M. (1995), «Language is not an instinct», *Cognitive Development, 10*, 131-156.

Tomblin, B. (1989), «Familial concentration of developmental language impairment», *Journal of Speech and Hearing Disorders, 54*, 287-295.

Tulving, E. (1974), «Cue-dependent forgetting», *American Scientist, 62*, 74-82.

Turing, A. (1950), «Computing machinery and intelligence», *Mind, 59*, 433-440.

Turner, E. & Rommetveit, R. (1967), «The acquisition sentence voice and reversibility», *Child Development, 38*, 649-660.

Tyack, P. (1993), «Animal language research needs a broader comparative and evolutionary framework», in H. Roitblat, L. Herman & P. Nachtigall (eds), *Language and communication : Comparative perspectives* (p. 115-152), Hillsdale, NJ : Erlbaum.

Vauclair, J. (1990), «Primate cognition : From representation to language», in S. Taylor Parker & K. Gibson (eds), *«Language» and intelligence in monkeys and apes : Comparative developmental perspectives* (p. 312-329), New York : Cambridge University Press.

Vauclair, J. (1996), *La cognition animale*, Paris : Presses Universitaires de France.

Vauclair, J. (1998), *L'homme et le singe. Psychologie comparée*, Paris : Flammarion.

Visalberghi, E. & Munkebeck Fragaszy, D. (1990), «Do monkeys ape?», in S. Taylor Parker & K. Gibson (eds), *«Language» and intelligence in monkeys and apes : Comparative developmental perspectives* (p. 247-273), New York : Cambridge University Press.

Wada, J. (1977), «Pre-language and functional asymmetry of the infant brain», in S. Dimond & D. Blizard (eds), *Evolution and lateralization of the brain. Annals of the New York Academy of Sciences* (Vol. 299, p. 370-379), New York.

Wada, J., Clarke, R. & Hamm, A. (1975), «Cerebral hemispheric asymmetry in humans», *Archives of Neurology, 32*, 239-246.

Wallman, J. (1992), *Aping language*, Cambridge, UK : Cambridge University Press.

Ward, E. (1983), «Teaching sign language to a chimpanzee : Some historical references», *Journal of the Experimental Analysis of Behavior, 40*, 341-342.

Warden, C. & Warner, L. (1928), «The sensory capacities and intelligence of dogs, with a report on the ability of the noted dog 'Fellow' to respond to verbal stimuli», *Quarterly Review of Biology, 3*, 1-28.

Watzlawick, P. (1972), *Une logique de la communication*, Paris : Seuil.

Weinberg, S. (1997), *Le rêve d'une théorie ultime*, Paris : Jacob.

Wenner, A. (1971), *The bee language controversy*, Boulder, CO : Educational Products Improvement Corporation.

Wilkins, W. & Wakefield, J. (1995), «Brain evolution and neurolinguistic preconditions», *Behavioral and Brain Sciences, 18*, 161-182.

Willis, C. (1991), *Exons, introns, and talking genes : The science behind the human genome project*, New York : Basic Books.

Winn, H. & Winn, L. (1978), «The song of the humpback whale megaptera novaeangliae in the West Indies», *Marine Biology, 47*, 97-114.

Wintle, A. (1998), «Des datations au grain près», *La Recherche, 308*, 63-67.

Witelson, S. (1977), «Early hemisphere specialization and interhemisphere plasticity : An empirical and theoretical review», in S. Segalowitz & F. Gruber (eds), *Language development and neurological theory* (p. 213-287), New York : Academic.

Witmer, L. (1909), «A monkey with a mind», *The Psychological Clinic, 3*, 179-205.

Wolpoff, M. (1989), «Multiregional evolution : The fossil alternative of Eden», in C. Stringer & P. Mellers (eds), *The human revolution* (p. 62-108), Edinburgh : Edinburgh University Press.

Woods, B. (1983), «Is the left hemisphere specialized for language at birth?», *Trends in Neuroscience, 6*, 115-117.

Yerkes, R. (1925), *Almost human*, New York : Century.

Yngve, V. (1960), «A model and a hypothesis for language structure», *Proceedings of the American Philosophical Society*, *104*, 444-446.

Youssef, V. (1988), «The language bioprogram hypothesis revisited», *Journal of Child Language*, *15*, 451-458.

Index des matières

Aboiements des phoques à crinière, 45
Analysabilité du langage, 22
Apprentissages langagiers
  technique des Gardner, Fouts, Miles, Patterson et Terrace, 76-78
  technique de Herman, 112-118
  technique d'Ikatura et Matsuzawa, 74-75
  technique de Premack, 55-56, 59
  technique de Rumbaugh et Savage-Rumbaugh, 61-62
  technique de Schusterman et Gisiner, 125-127
Arbitrarité des formes langagières, 21, 183
Asymétries cérébrales, 174-175
Australopithèques, 142, 160

Bioprogramme langagier, 172

Cannibalisme alimentaire et rituel, 151
Capacité de langage, 11, 35
Cerveau langagier, 160, 169-177
Changement allopatrique, 140
Chant des baleines, 45
Chant des oiseaux, 43-45
Combinabilité des formes linguistiques, 23
Communication
  chimique, 40, 42-43
  sifflée, 46
  signaux auditifs, 43
  signaux catégoriels, 47-48
  signaux lumineux, 46-47
  signaux tactiles, 47
  systèmes de signes, 30
  vibrationnelle, 46

Cro-Magnon, 150
Culte des morts, 150-151, 159

Danse des abeilles, 36-39
Dispositif théorique à « cadres et emplacements », 135

East side story, 141
Echolocation et échopalpation, 41
Effet « Clever Hans », 60-61
Emergence des langues créoles, 176
Encyclopédie, 184
Equilibres ponctués, 143-144
Espèces, définition, 50
Evolution
  des capacités langagières, 167
  cérébrale, 178
  humaine (analyse génétique), 144
Exaptation, 167
Expressivité langagière, 21

Familles de langues, 153-159

Grammaticalité du langage, 24

Hiérarchisation des constituants linguistiques, 25-26
Homo
  abilis, 143, 160-161
  erectus, 143, 161
  sapiens sapiens, 143, 152-155

Indices, traces et symptômes, 30
Information, définition, 16

Innéisme représentationnel, 170, 172

Langue
  Adamique, 181
  artificielle internationale, 180
  définition, 15
  multiplicité, 153, 181-182
  naturelle, 33
  signes gestuels, 28

Modalités langagières, 27-28
Modèles connexionistes du langage, 134
Modèle à états finis, 133
Monogenèse linguistique, 157-159

Neandertal, 147-148
  parole, 162-163
  capacité syntaxique, 165
  analyse mitochondriale, 145-148
Neodarwinisme, 143-145

Ontogenèse et phylogenèse du langage, 20, 186
Opportunisme de la fonction langagière, 167-169

Ordre énonciatif, 182-183
Origine africaine de l'homme, 141-143

Paramètres d'analyse du langage gestuel, 78-79
Paranthropes, 142
Pathologies langagières, dissociations, 17
Perception catégorielle, 164

Réappropriation évolutive, 167
Récursivité formelle, 25
Règles de mouvement, 25

Signification, 16, 23, 32
Spécialisation hémisphérique cérébrale, 172-175
Structures neuro-anatomiques de la parole, 53-54

Techniques de datation, 143, 185
Théories anthropogénétiques, 145-147

Volume cérébral et coefficient d'encéphalisation, 177

Table des matières

Préface 9

Chapitre 1
Introduction 11

Chapitre 2
Langage et langue 21

1. Caractéristiques des langues humaines 21

2. Limites de la notion de langage 29

3. Niveaux de langage 30

Chapitre 3
Capacités langagières animales 35

1. Langage dansé des abeilles 36

2. Communication animale 41

3. Capacité langagière des singes anthropoïdes 49

4. Capacité langagière des dauphins 112

5. Capacité langagière des phoques à crinière 125

Chapitre 4
Origines du langage humain 139

1. Paléoanthropologie 139
2. Paléolinguistique 151
3. Mythe de la langue parfaite 179

Références bibliographiques 187

Index des matières 205